悪用禁止！

悪魔の心理学大全

齊藤 勇 監修

宝島社

はじめに

「一枚の紙にも表裏《ひょうり》あり」ということわざをご存じでしょうか？
文字通り「どんな物事にも表の面と裏の面がある」ということを表した言葉ですが、それは人間の心とて例外ではありません。

我々の普段の心の動き、人の心の「表」にあたる部分は心理学の分野において「顕在意識」と呼ばれています。
そしてその裏には、人間の意識の及ばない「裏」の領域、「潜在意識」の世界が広がっているのです。

この「潜在意識」の領域にはさまざまな欲望や感情が渦巻いていてそれが時に人間を突き動かす大きな原動力となってくれるのですが、この顕在意識と潜在意識の心を占める割合は、1対9とも言われています。

つまり、我々の意識がコントロールを握っている部分は
ほんの氷山の一角でしかないというわけですね。

本書では、この潜在意識に訴えかけることで
人を操作するテクニックの数々を紹介していきます。

「操作」というと悪い言葉のように聞こえるかもしれませんが、
これは言い換えれば、相手の心の中に眠るエネルギーを解放に導くこと。
職場や取引先、はたまた家庭や友人関係などさまざまな場面で
相手の心の中に秘められた欲求や願望を引き出してあげることができれば
あなたにとっても相手にとっても素晴らしいことだとは思いませんか？

心理学とは何よりも「人を知るための学問」。
本書から学ぶことで、あなた自身とその周囲の人々が望むものを手にし、
満ち足りた人生を送ってもらえる手助けとなれれば幸いです。

齊藤 勇

悪用禁止！ 悪魔の心理学大全 contents

はじめに……2

第一章 思いのままに人を動かす！ 操作心理学

難題を出して義理をつくれば次の交渉が有利に進む……12
動作をマネるだけで商談相手を上機嫌にできる……14
人づてに褒めて部下を手なずけろ……16
自分のヤバい話を暴露すれば目下の者を従わせられる……18
「君ならできる」がデキない部下をデキる部下へ変える……20
「して！」を「してくれる？」に変えて部下を従わせる……22
結論を会話の最後にすると相手を納得させられる……24
遅刻されたくなければ「11時55分」に待ち合わせろ……26
男は励まし、女にはお願いで思いのままに動かせる……28
相手に反論させないためには話を一度認めてしまえ！……30
短所や欠点を伝えると信頼度がアップする……32
交渉を優位に進めたければ相手の口グセを指摘しろ……34
仕事の作業効率アップには「監視」が効果的……36
ランキングを使って客の購買意欲をあおる……38
失敗を人のせいにすれば職場はストレスフリー……40
あなたの本性がわかる心理テスト①……42

第二章 どうしても「YES」と言わせる！ 誘導心理学

契約成立一歩手前にはセンスを褒めれば決着する……52
自分の希望を通すには「〜だろ？」と決めつけて話す……54
ここぞというとき大声を出せば交渉が決着する……56
「ここだけの話」をぶっちゃけて営業相手をトリコにする……58

奥さんに取り入れば上司に気に入られる……60
笑顔と世間話を繰り返せば営業相手は落とせる！……62
「常識です」の一言で客を購買に結びつける……64
ツンデレになるだけで相手の好意をゲットできる……66
YESと言わせ続ければデカい要求も快諾される……68
交渉は相手を呼び出せ！
アウェイにすれば勝ちやすい……70
相手の会社を調べ上げて自分の要求をすんなり通す……72
右側から忍び寄れば、
上司は機嫌よく「YES」と言う……74
簡単な頼みを数回すれば大きな要求も快諾される……76
あなたの本性がわかる心理テスト②……78

第三章 あなたの見た目・印象を変える！トリック操作

目的＋理由っぽい表現で相手を丸め込め……88
最初から全部売ろうとしたって誰も買わない！……90
食・性・金・休
「欲」を絡めると人を惹きつけられる……92
アゴを20度上げるだけで見た目の好感度アップ……94
赤は血の気を上げる色、勝負のときは赤パンをはけ！……96
青、緑、紫など、
色の使い分けでイメージを操作する……98
「4割失敗」も「6割成功」と言えば
よい印象に変えられる……100
人は実際の能力よりも数の多さに負けてしまう……102
黒を着るだけで強く見えて威厳が上がる……104
威厳を保つためには、
意地でもネクタイとスーツは脱ぐな……106
どんなに時代が変わっても
メガネは謹厳実直に見える……108
顔の右側は強さ左側は優しさを魅せる……110
ファーストコンタクトは
ウソでもいい格好をしなさい……112
人間関係はポジティブな表現のほうがうまくいく……114
「みんな」という言葉で多数意見であると強調しろ……116
9割の人が外見で判断「見た目いのち」はホント……118

声を大きくするだけで不思議と説得力アップ……120
すべての音が騒音‼ せめて自然音でストレス軽減……122
急に目線を外すと相手を言いなりにできる……124
人の怒りは鏡を見せるだけで鎮まる……126
あなたの本性がわかる心理テスト③……128

第四章 勝ち組の階段を駆けのぼれ！ 自己暗示

自信をもつことで運気も上げることができる……138
少し無理をしても自信をつけるためには高価なものを身に着けよ……140
心を強くするには体を鍛えろ……142
思考をポジティブにせよ 実際の能力もグイグイ上がる……144
やらなきゃいけないことは口に出すべし……146
楽観的になると成功が舞い込んでくる……148
手の届く夢を終わりなくつくり続けろ……150
成功するには人も自分も褒めまくれ……152
夢をリアルにイメージすると現実化する……154
よく笑う人は儲かる……156
自分を動かすにはご褒美をたっぷり用意すべし……158
マイナスの言葉を吐くと その通りの結果が生まれる……160
どうしても嫌いな人を好きになる方法……162
レスポンスの早い人はデキる人だと思われる……164
会話のキャッチボールで相手に信頼感を与えろ……166
深呼吸するだけで相手へのイライラを抑えられる……168
お金のためだけでなく 「人のため」がより大きな力を生み出す……170
落ち込んだらなるべく早めに手を打て……172
モヤモヤを消すには全部文字で書き出せ……174
あなたの本性がわかる心理テスト④……176

第五章 気になる相手をトリコにする！ 恋愛心理学

他人より一歩踏み込んだ気遣いで好印象をゲット……186
「今電話しようとしてた！」で運命の人になる……188
へこんでいるときに近づけば恋人になれる……190
相手の行動をマネすれば高嶺の花もオレのもの……192
字を見れば相手の性格がわかる……194
寝相を見れば相手のストレスがわかる……196
自分のダメさを訴えれば溺愛される……198
暗がりを狙えば相手をエッチな気分にさせられる……200
椅子にゆったり腰かけるとベッドに誘い込める……202
初体験を繰り返してあなたのトリコにし続ける……204
性格の違う女を選べば勝手に相手はメロメロになる……206
浮気を見破れば相手はあなたに一途になる……208
ふたり組に声をかければナンパの成功率アップ……210
デートに誘うなら「寿司か焼き肉、どっちにする？」……212
腹八分目で食事をやめればお持ち帰りできる……214
キスされたかったら唇をペロリ！……216
嫉妬させるとマンネリ化した恋がよみがえる……218
あなたの本性がわかる心理テスト⑤……220

第六章 人は3人集まれば操れる！ 集団心理学

行列を意図的につくれば人の行動を操れる……230
集団の団結力を上げるには敵をつくるだけでOK……232
新人たちは会社のPRをさせれば会社の信者になる……234
成功率半分の指令を出せば集団は100％力を発揮する……236
個別に仕事を割り振ればミッション達成率100％……238
味方をふたり確保しておけば会議で自分の案を通せる……240

「予測できない人」になれば チームは簡単に操れる …… 242
意志を主張し続けて多数決をひっくり返す …… 244
困った質問には「どう思う?」で返せ …… 246
他人をおとしめるには悪い噂を流せ …… 248
集中的にひとりを怒れば みんなが自然と姿勢を正す …… 250
ルールを破れば熱狂的ファンがついてくる …… 252
あなたの本性がわかる心理テスト⑥ …… 254

第七章 自分だけコッソリ得する！ 秘密の心理学

さりげなく体に触れれば 相手の警戒心が消え失せる …… 264
いけ好かない上司は孤立させれば丸くなる …… 266
ホットコーヒーを出せば交渉相手が妥協する …… 268
体をそらせば口だけ番長を黙らせられる …… 270
脚を褒めれば貧乏ゆすりをやめさせられる …… 272
3回繰り返して伝えれば部下を納得させられる …… 274
「姓」ではなく「名前」で呼んで 相手を自分になつかせる …… 276
浅く前かがみに座ると相手の長話はとまる …… 278
相手より高い位置からの発言は通りやすい …… 280
話を途中で打ち切れば相手をリードできる …… 282
右上を見るだけで熟考中に見せられる …… 284
「私なら」を主語にすれば 生意気な部下を手なずけられる …… 286
人の意見にケチをつければ 自分の意見の株が上がる …… 288
一度会ったら疎遠にすると営業がうまく運ぶ …… 290
商品は「おすすめ」しないほうが 購入に結びつく …… 292
あなたの本性がわかる心理テスト⑦ …… 294

第八章 ダメな自分が生まれ変わる！ 変身心理学

3秒の力強い握手で自分が上だと知らしめられる……304
気にすることをやめれば
嫌いな相手も好きになれる……306
人の手の動きを観察すれば気の利く奴になれる……308
メモを取るだけでデキる新人に大変身……310
面倒な仕事を押しつければ頼れる先輩になれる……312
「一緒に悩むフリ」だけで信頼ゲット……314
行きつけの店を多くもつとしゃべり上手になれる……316
部長の謙遜を否定できれば昇格間違いなし……318
ウソでも元気にしていると本当に元気になる……320
入室と退室を堂々とすれば「デキる奴」になれる……322
質問と相づちを挟めば会話が得意になる……324
失敗を口にしなければ失敗知らずの人間になれる……326
服装を少し乱すだけでまた会いたいと思われる……328
あなたの本性がわかる心理テスト⑧……330

第九章 「危ない」を回避する！ 長生き心理学

長生きしたければ人付き合いをよくしろ……340
誕生日前後は自殺に気をつけろ……342
ケンカはするな
ケンカっぱやい人は早死にする……344
ギャンブルには負けておけ
勝って依存するとやめられなくなる……346
不安情報は見すぎるな
心の中もお先真っ暗でアウト……348
虐待されたことのある人に注意
自分の子どもも虐待する？……350
よくおごる人は金持ちじゃない？
見栄を張ることに命がけなだけかも……352
夢に「赤い服」が出てきたら女に注意……354
心臓病になりたくなければ
「～しなきゃ」をやめなさい……356
危険を避けたいならキレるな
怒る人には危険が多い……358
医者がいないほうが病人はなぜか減る……360

前向きな人ほどPTSDに気をつけろ……362
「つくり笑い」はガンになる!?
強制される笑いはストレス……364
犯罪を一番起こすのは「長続きしない人」……366
飛ぶ夢・食事の夢を見た人は欲求不満に注意……368
夢を見ないという人は危険思想の持ち主かも?……370
聞き役に徹して相手の「怒り疲れ」を待て……372
ライバル心の強い交渉相手には戦わずして勝て……374
口達者なライバルはイチャモンで打ち負かせ……376
あなたの本性がわかる心理テスト⑨……378

第十章 1しかないものを100に見せる! 錯覚心理学

仕事の達成率を低く伝えて
上司からの評価を上げる……388
値段の端数を8にすれば
お得品だと思わせられる……390
ビタミンC1gより1000mg!
桁がデカいと量が多く見える……392
商品は何かでたとえると
実物以上のよい物に見える……394
値下げ交渉は話をすり替えてお断り……396
偉い人の言葉を使えば簡単に上司を出し抜ける……398
相手から見て右側に陣取れば
すごい奴だと思われる……400
大きなウソは小さなウソを重ねればバレない……402
褒めるときは倒置法を使うと
社交辞令だとバレない……404
あなたの本性がわかる心理テスト⑩……406
参考文献……415

第一章

思いのままに人を動かす！

操作心理学

難題を出して義理をつくれば次の交渉が有利に進む

TRICKキーワード
ドア・イン・ザ・フェイス・テクニック

仕事やプライベートなどで比較的困難なお願いを頼みたいとき、どのように依頼すると相手は受け入れてくれるだろうか。

その問題を解決してくれる心理的手法に『ドア・イン・ザ・フェイス・テクニック』がある。譲歩的要請法と呼ばれるこの方法は、最初に期待薄な無理な依頼をして、それを取り下げたあとでもう少し難易度が低いお願いをする。そうしたプロセスを経ると、相手の胸の中には「最初の依頼を断ってしまった」という罪悪感が発生する。

その罪悪感を利用して次の依頼を引き受けてもらいやすくするというテクニックなのだ。セールスを例に挙げてみよう。10万円の商品を勧めるとする。さすがに相手は断る。そのあと2万円の商品を紹介したところ、買ってもいいかなという気持ちにさせられ、取引完了となるわけだ。

この場合、最初の難題を断られた直後に次の依頼をすることが最大のポイントで、最初の依頼から時間を置けば置くほど次の依頼を受けてもらえる可能性は低くなって

これができれば
あなたは…

デキる奴！

借りと思わせたら勝ち？
譲歩が目的達成を生む

しまう。1万円のお小遣いをねだって断られたあとに「1000円でも…」などとお願いするのはこの手法と一緒だ。これが有効なのは、お返しをしなければならないという「返報性のルール」が我々の社会に存在しているからだ。「返報性のルール」とは他人から何らかの恩恵を受けた場合、似たような形でお返しをしなくてはいけないという社会的なルールのことだ。このルールは社会に深く浸透しており、逆らいがたい強制力を発揮している。『ドア・イン・ザ・フェイス・テクニック』の場合、「譲歩される＝恩恵」となる。結果、人々は「お返ししなくてはいけない」と感じるのだ。

悪魔の格言

本当の目的を遂げたければ、最初は無理難題をお願いする！

悪魔の実践度チャート

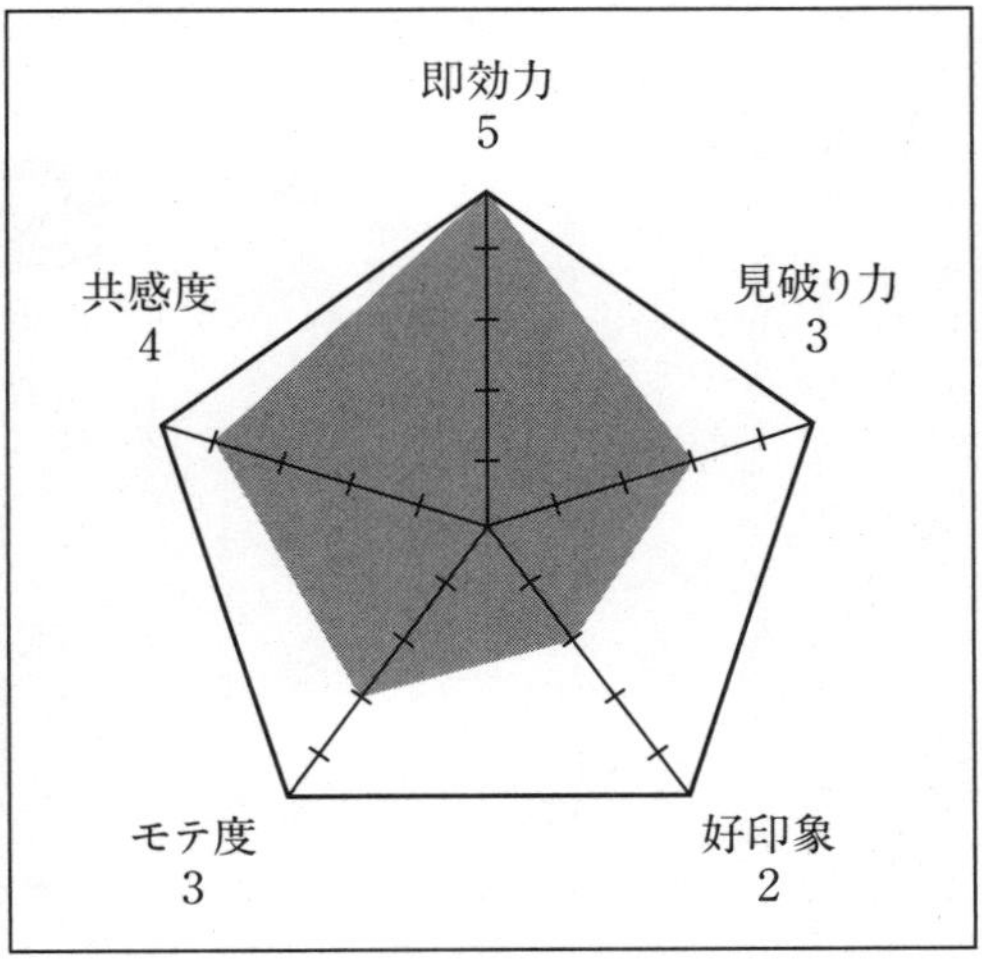

操作心理学

動作をマネるだけで商談相手を上機嫌にできる

TRICKキーワード　同調（シンクロ）

嫌いだと思う相手は誰にでも存在する。ご近所さんや職場にいた場合は、避けて通るわけにはいかない。身近にいる嫌いな相手や、苦手だがどうしてもよい関係をキープしておきたい商談相手などには、どうしたらいいだろうか。

同調（シンクロ）というよい方法がある。人間は自分と同じ行動をしてくれた相手に対し、「自分を受け入れてくれた」と解釈する。相手が自分に好意をもっていると感じ、同時に自分も相手に好意を感じるのだ。これを心理学的に『シンクロ効果』と呼ぶ。つまり、商談相手が使った言葉や身ぶり手ぶりをマネするだけで無意識に相手は気をよくし、物事がスムーズに運ぶのである。嫌いな相手はもちろん、意中の相手や家族、上司、会社の重要なクライアントなど、応用範囲も広い。ただし、簡単そうに思われるが、注意点もある。過度なリアクションは逆効果になってしまい「馬鹿にされている」と感じさせてしまうのだ。あくまでも「さりげなく」というのがポイントだ。

これができれば
あなたは…

行動をマネて相手の気分を上げろ

悪魔の格言

あくまでも「さりげなく」、相手の動きをマネするだけで簡単に手なずけられる！

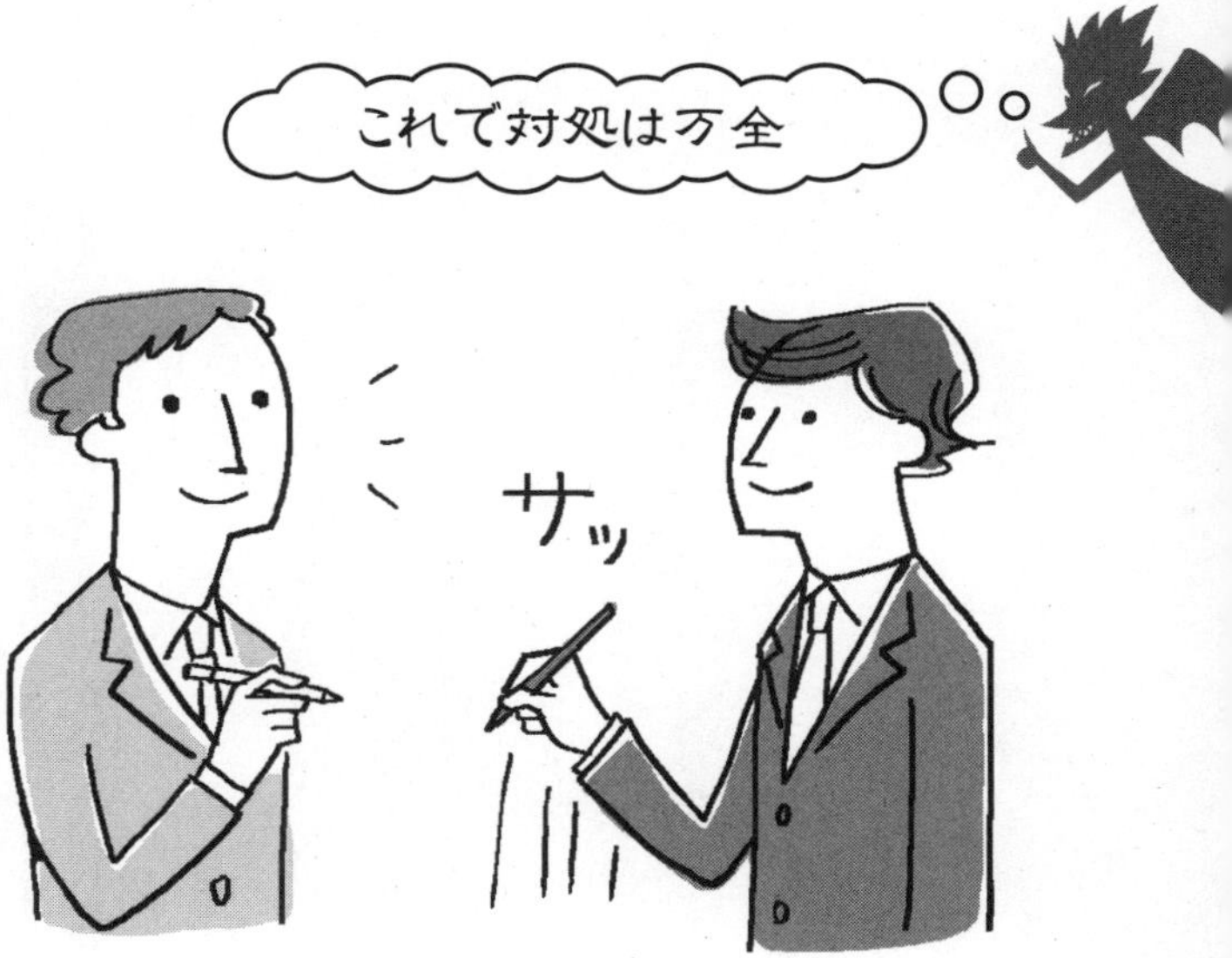

悪魔の実践度チャート

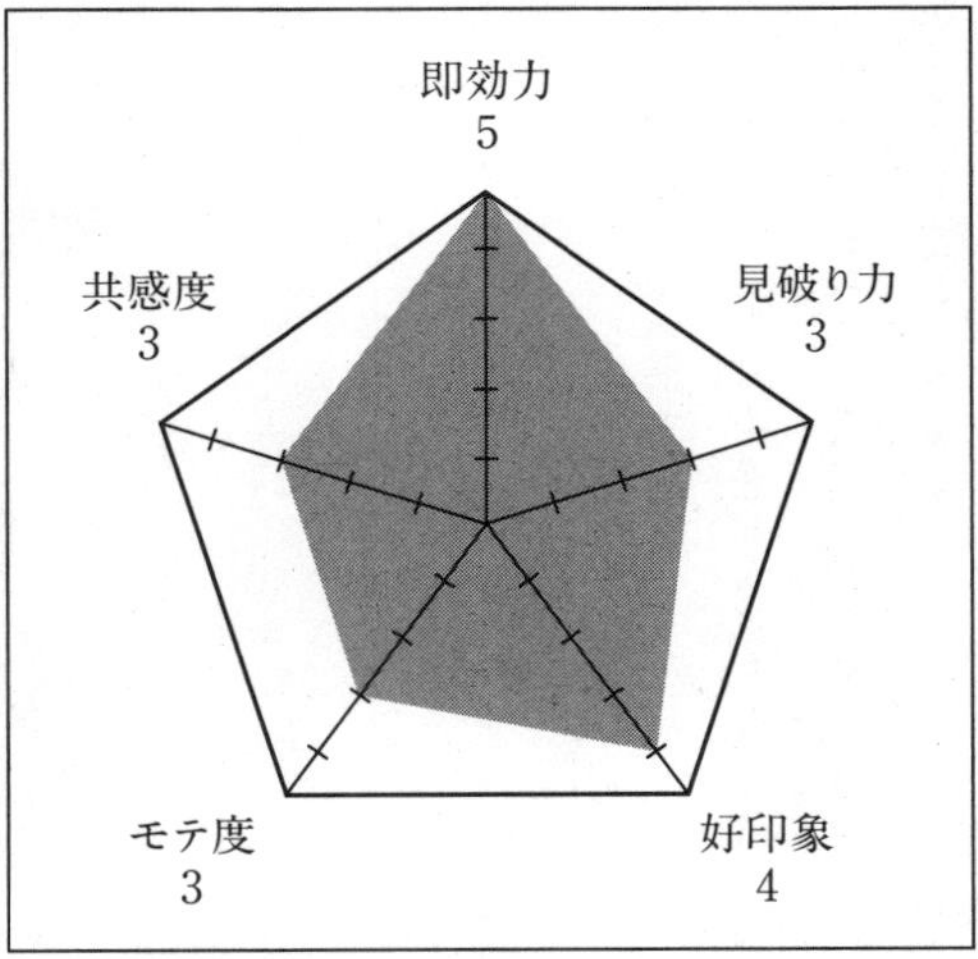

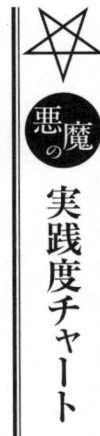

操作心理学

人づてに褒めて部下を手なずけろ

TRICKキーワード　ウィンザー効果

手のかかる部下、後輩など、社会には自分を悩ませる相手が必ず存在するもの。そんな相手を思いのままに操縦できれば、上の立場にある人間のストレスはかなり軽減されるはずだ。

たとえば、困った後輩や部下が、同僚からこのように言われたらどう思うだろうか。

「○○先輩が君のことを、見込みあるって褒めてたぞ」

「今回の営業成績、課長が褒めてたよ」

学校や職場で、人づてに自分の高評価を聞いて悪い気がする人はいないはず。自分とあまり親しくなかった相手やそんなに好きではない相手だった場合、「意外といいヤツなんだな」と今まで以上に好印象を持ち、自分の嬉しさも倍増する。

このように、直接褒められるより第三者から褒められることで、自分の受け取る好意が強調されることを『ウィンザー効果』と呼ぶ。ミステリー小説『伯爵夫人はスパイ』の登場人物、ウィンザー公爵夫人が言ったセリフ「第三者からの褒め言葉はどんなと

これができればあなたは…

デキる奴！

相手に好意を伝えるのは間接的が効果大!!

きにも一番効果があるのよ、忘れないでね」が由来とされている。

　人はまったく意識していない相手からでも、好意を伝えられると好感をもってしまう傾向がある。これを「好意の返報性」と呼ぶ。自分を肯定してもらいたかったら、まず相手のことを肯定し、その相手の仲のよい人物にそれを話してみよう。好意は強調されて相手に伝わり、よい印象をもってくれるだろう。

　同性・異性を問わず、まずは相手を認めることが重要だ。しかし、世間にはそれが苦手な人もいることには注意。陰で褒めて相手の心理をうまく利用していきたい。

悪魔の実践度チャート

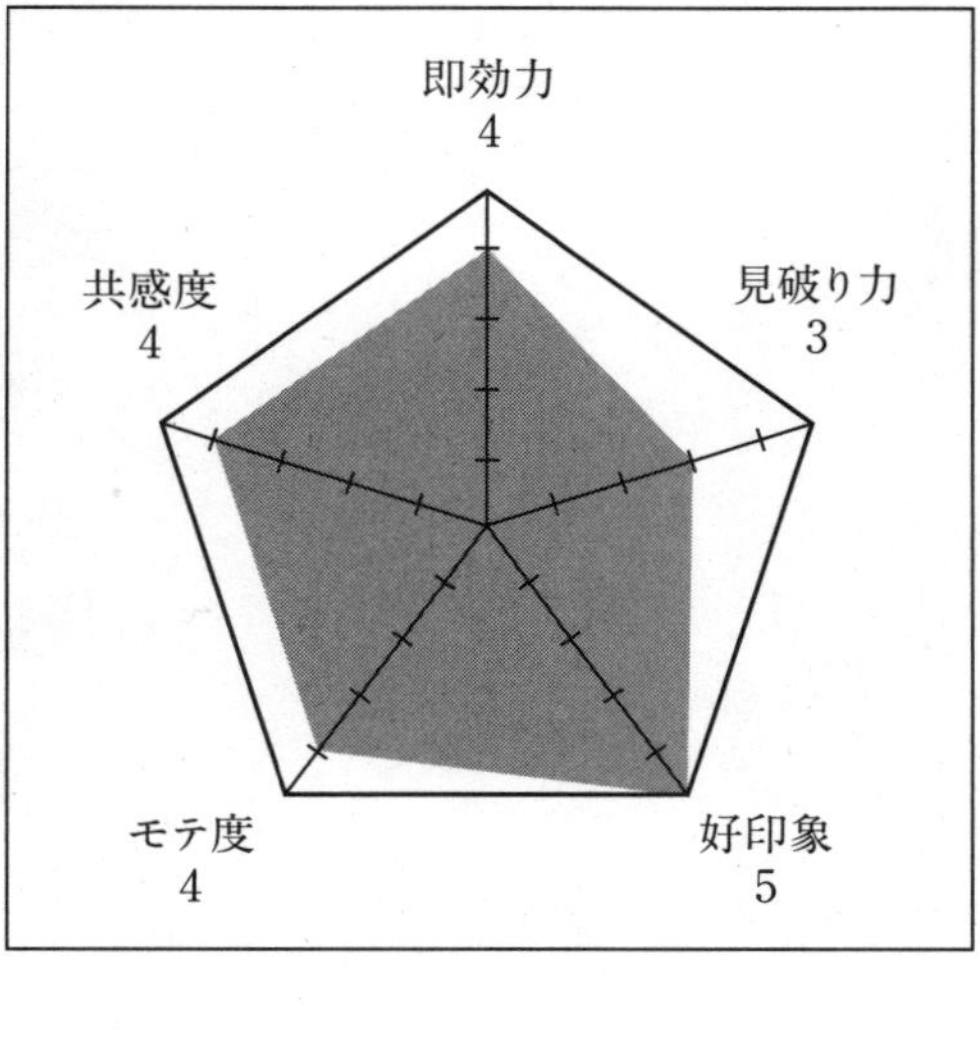

悪魔の格言

どんな面倒な部下でも褒められるのは嫌いじゃない。陰で褒めて好感度アップ!!

操作心理学

自分のヤバい話を暴露すれば目下の者を従わせられる

TRICKキーワード　自己開示

普段は無口で寡黙に仕事している上司が、急に自分のプライベートで起きたヤバい話を打ち明けてきたらどうだろう。きっと多くの人が「こんなことを私に話してくれるなんて」と思うはずだ。そして、相手がこれだけ心を開いてくれるのなら自分も……と、同じような話題を話しだすだろう。

　このように自分のことを話す『自己開示』は相手への信頼を示し、相手の自己開示を促すことになる。相手もヤバい話を打ち明ける『自己の相互開示』となる場合が多くなるのだ。

『自己開示』が『相互開示』を生むことは、次の心理実験からも明らかにされている。アメリカのボストン空港で、数人の実験者が、ロビーに座っている客に筆跡鑑定の名目で自己紹介を書いてもらうことにした。その際、実験者はそれぞれ、客に記入してもらう答案用紙の上に、自分のこととして模擬例文を記入しておいたという。その内容は以下の通り。

Aさん「私は、今、筆跡鑑定のためのサン

これができれば
あなたは…

相手を知るには自分をさらけ出そう!!

プルを集めています」

Bさん「私は友達が多いが、孤独を感じることがあります」

Cさん「私は正直、性的悩みを抱えています」

その結果、Cさんに依頼を受けた人は、AさんBさんに依頼を受けた人よりも、より赤裸々に自分の情報を書いたという。

つまり、よりプライベートに突っ込んだ話を先にされると、自分もそれにつられてしまう傾向があることが、この実験で証明されたのだ。

ビジネスシーンでも、交渉に入る前に雑談などで自分の「打ち明け話」を少し漏らしてみてはどうだろう。

悪魔の格言

先陣切って自己開示すれば、相手の本音を聞き出すチャンスだ!!

悪魔の実践度チャート

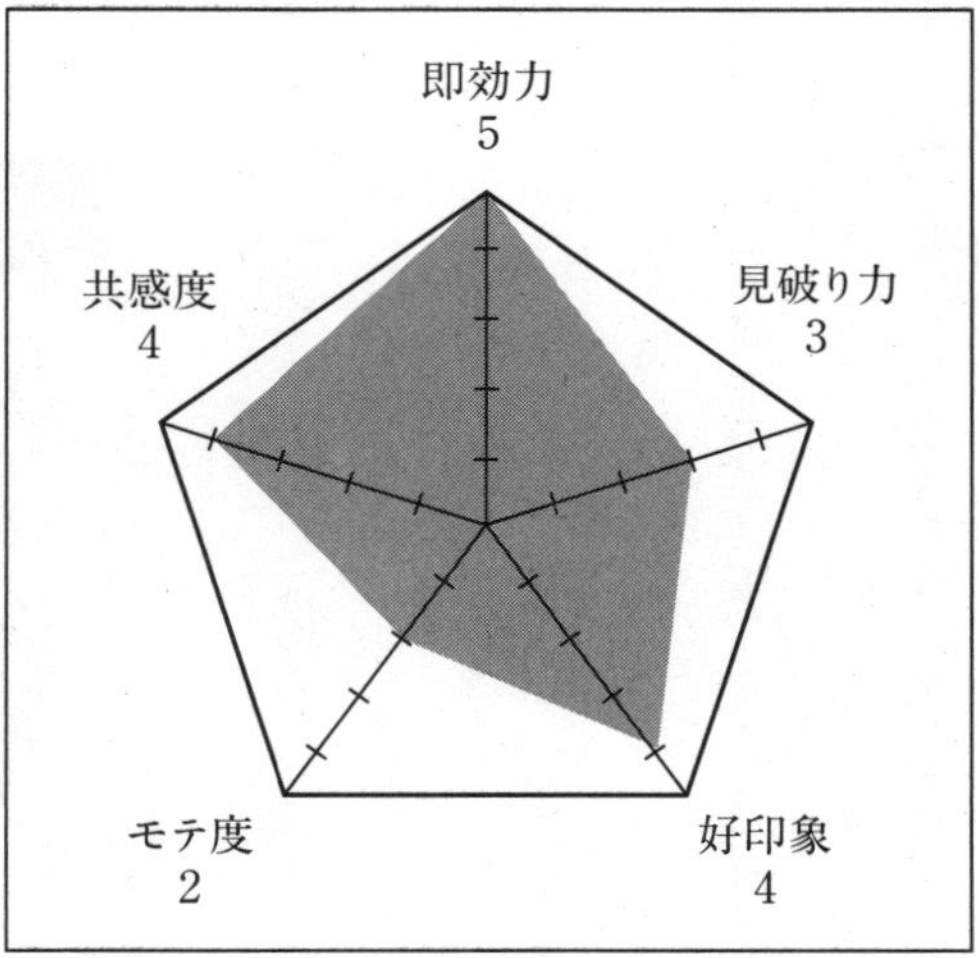

「君ならできる」がデキない部下をデキる部下へ変える

TRICKキーワード　ピグマリオン効果

　プロスポーツの世界では、結果が出ない選手でも、監督が期待して使い続けることがある。結果、監督の起用という期待に応えて結果を出した選手は何人もいる。このように期待をされた部下はそれを敏感に感じ取り、上司の熱いまなざしや指導を意気に感じ、結果に結びつくことがある。これを『ピグマリオン効果』と呼ぶ。

　アメリカの教育現場で行われた実験が興味深い。あるとき、サンフランシスコの小学校で生徒に知能テストが行われ、表向きは「学力が伸びそうな生徒を選抜するためのもの」だと通知された。実はこの検査にはなんの意味もなかったのだが、選抜した生徒の名簿を担任の先生に渡す際、「この名簿の生徒は学力が伸びる生徒です」と伝えた。すると先生は期待のまなざしでその生徒に接し、熱心に指導に取り組んだ。やがて期待を感じ取った生徒は成績を向上させたという。

　ある野球監督の言葉で「打てないから起用しないんじゃない。君が打者として素晴

これができれば
あなたは…

デキる奴！

「君しかいないんだ！」
はやる気のサプリメント

らしいことはわかっている。守備に集中する姿勢を練習でも見せてほしい」というものがある。これを言われた選手は、「自分の打撃は信頼されている」と自信をもつ半面、守備が課題であることに気づき、モチベーション高く熱のこもった守備練習をするようになったそうだ。このように、やる気と結果を出させるには、上の立場の人間が部下に信頼や期待をもって接するのが上策なのである。

「君ならできる」「頼むぞ！」「君しかいない」「あなたの味方だ」などのように、信頼や期待を込めた殺し文句も有効。部下は自信をもって仕事に臨むことだろう。

悪魔の格言

期待の言葉で部下のモチベーションを巧みに操れ!!

悪魔の実践度チャート

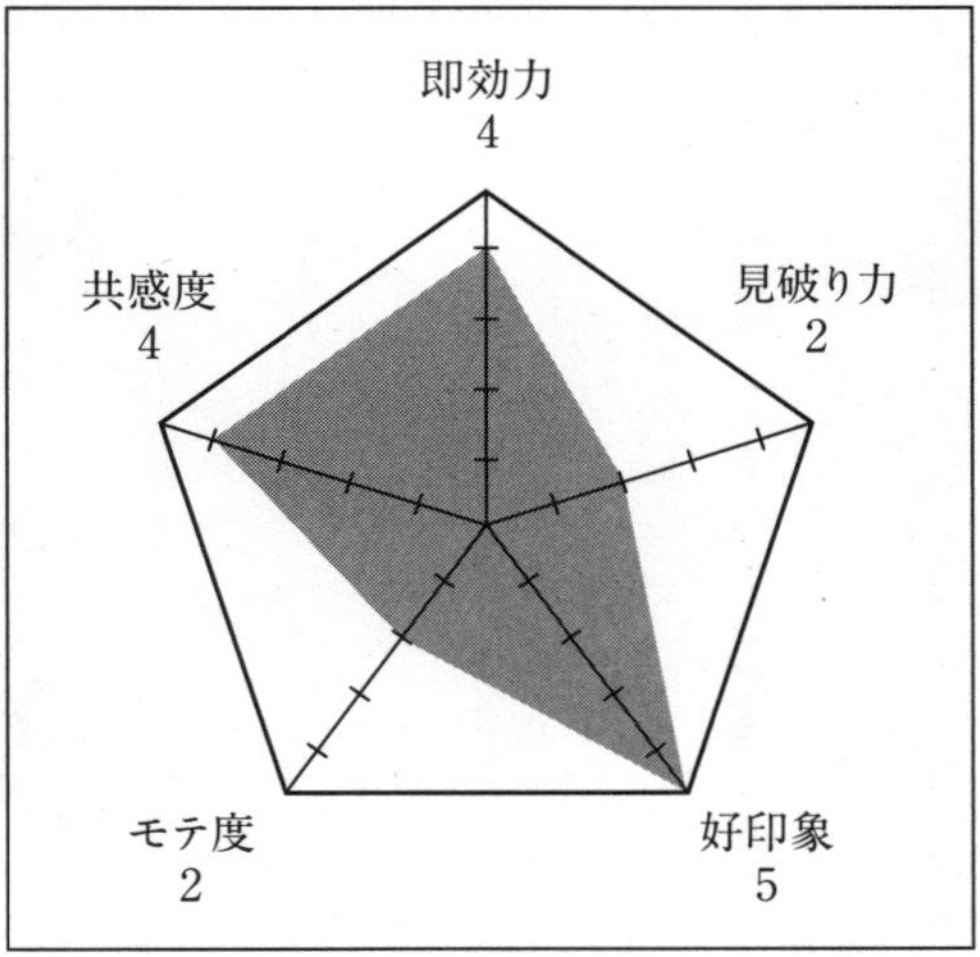

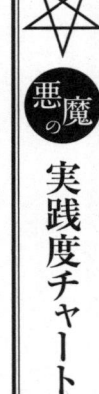

操作心理学

「して！」を「してくれる？」に変えて部下を従わせる

TRICKキーワード　疑問形指示の心理効果

これができればあなたは…

デキる奴！

なにげなく使っている疑問形の有用性!!

相手があなたの指示を気持よく聞いてくれたら、どんなに円滑に仕事が進むだろうか。

「書類を10部コピーして！」
「ここの文、差し替えて！」

というのが普通の指示の仕方だが、

「書類を10部コピーしてくれる？」
「ここの文、差し替えてもらえる？」

と、語尾を命令形から疑問形に変えたらどうだろう。語尾を疑問形に変えるだけで耳にやわらかく丁寧に聞こえるものだ。このちょっとした気遣いがあるだけで、相手は気持ちよく指示を受け入れてくれる。社員なのだから指示には従うのが当然、と思っていると社員の信頼は得られないのだ。

行列の最後尾を間違ってしまったとき「列の後ろに並んでください！」と言われるより「列の後ろにお並びいただけますか？」と耳にする機会が多いのも、この効果を期待してのこと。

社内に限らず、仕事を依頼している業者が作業の進捗状況の報告をしてこない場合

悪魔の格言

「!」を「?」に変えて相手に優しい指示を出せ！

なども疑問形指示を使ってみるとよい。「進み具合をご報告いただけますか?」と、「!」を「?」を変えて「報告しろ」の指示を棘のない言い回しに変えるだけで、相手が自身の報告が足りなかったのだと自覚することができ、今後の仕事がよい方向に転がるはずだ。もちろん、指示を受ける側にも気遣いは必要。気を遣っているのが理解できていないのか、「いいですよ！」と返す社員がいるそうだが、そこは「かしこまりました」「承知しました」などの言葉を使うと、お互いの気分を害することはない。指示する側も受ける側も、人との関係を大切にしてスムーズに仕事を進めていきたいものだ。

悪魔の実践度チャート

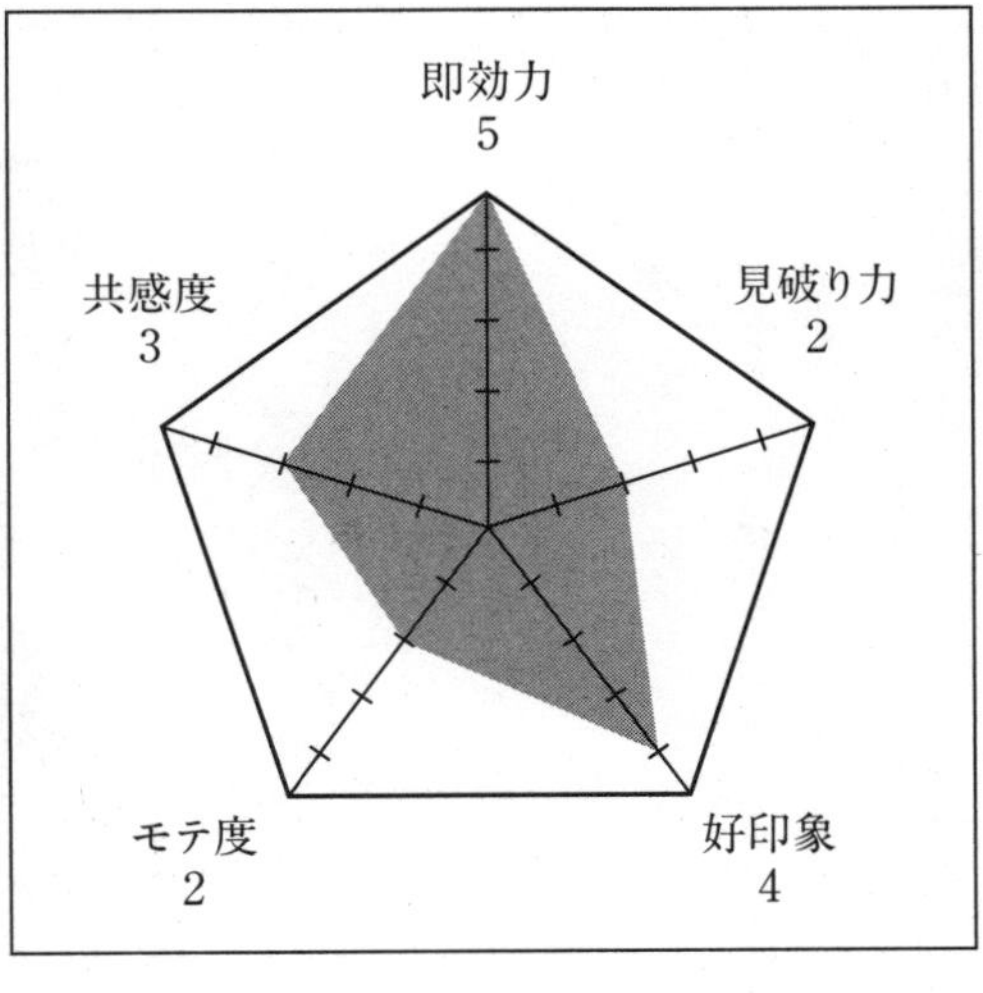

操作心理学

結論を会話の最後にすると相手を納得させられる

TRICKキーワード　クライマックス法

「週末、お台場で○○っていう日本初のイベントがあるんだって。一緒に行かない？」

「週末、お台場に行かない？　すごいの。日本初の○○っていうイベントがあるんだって！」

同じような例文だが、後者のほうが、聞き手は、話に対する期待感がより膨らまないだろうか。これは、結論が最後にきているからだ。このように結論を最後にもってくる会話手法を『クライマックス法』と呼ぶ。前置きや関係のない雑談をして相手を話に乗せてから、徐々に話の本質に迫っていく方法で、礼儀や形式にこだわる人がこの手法を好む傾向にある。

この手法は一般に聞き手が話の内容に強い関心・興味をもっている場合に有効で、講演やスピーチで多く採用される。推理小説はいろいろな事件が起こり、最後の最後で探偵が推理を完結させる形式をとっている。商談でも、相手が話にノッてきていると思ったら、結論はズバッと最後にしたほうが話が決まりやすいのだ。

これができればあなたは…

デキる奴！

時代劇や探偵ものも同じ手法を用いている！

悪魔の格言

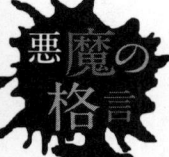

興味があるとわかったら最後までじっくり焦らせ！

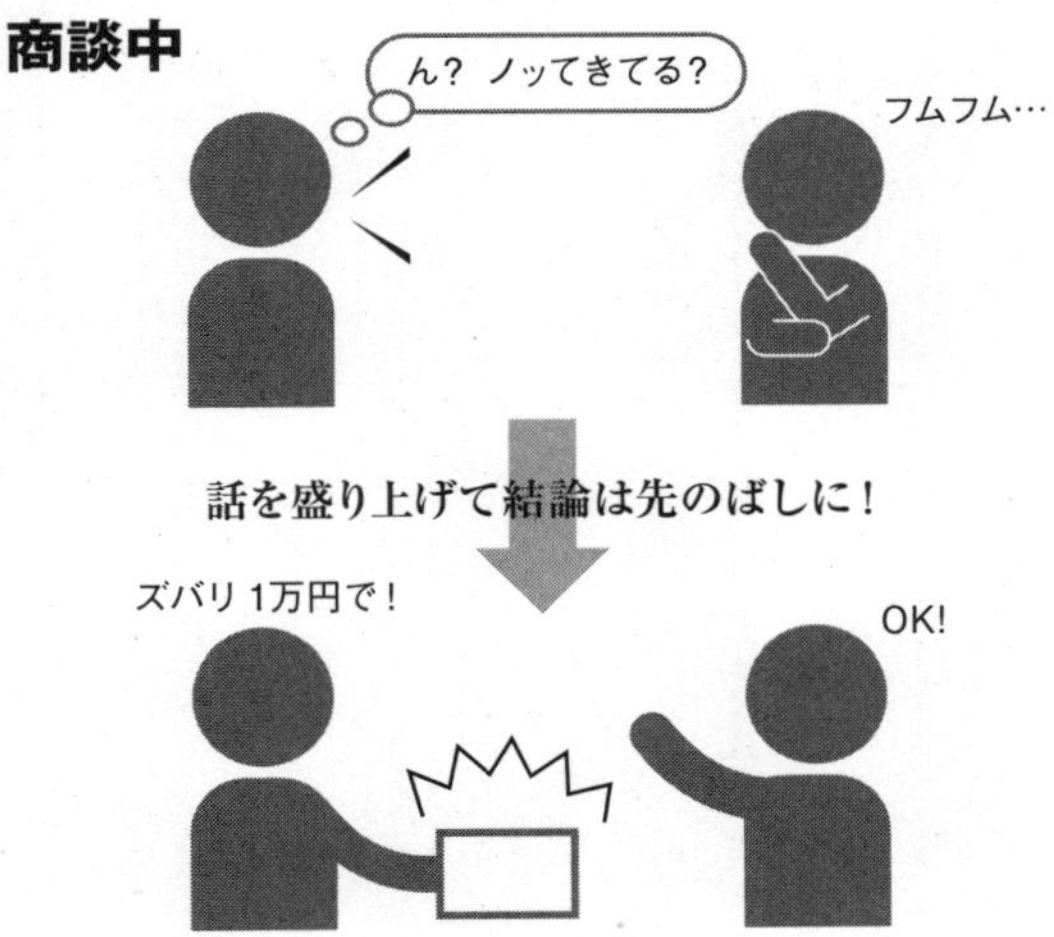

悪魔の実践度チャート

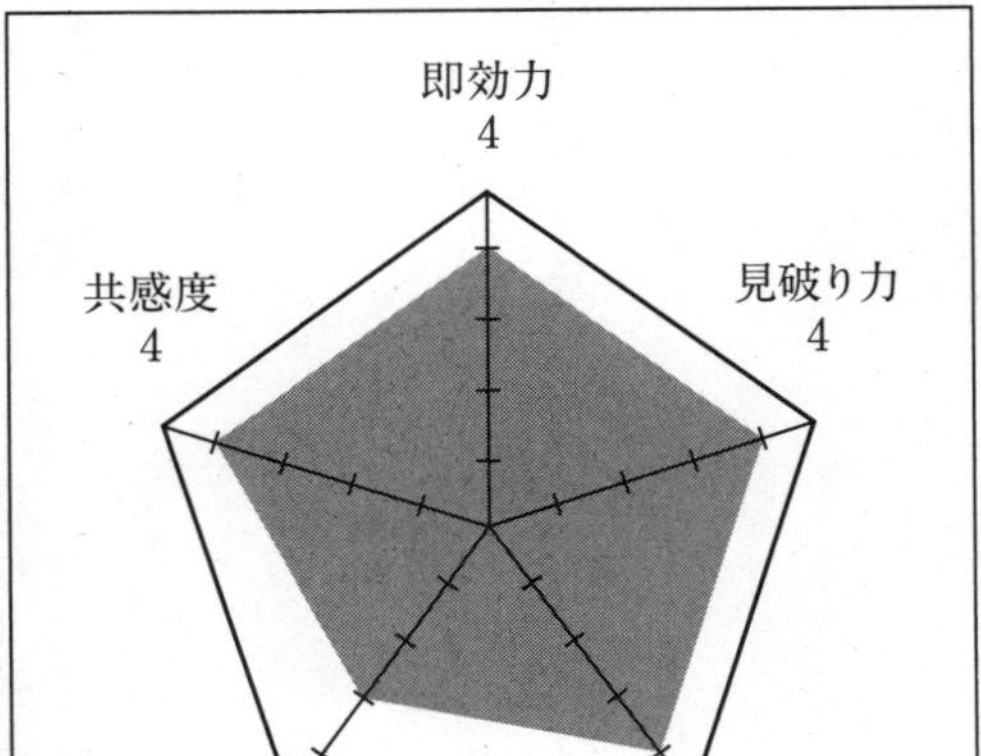

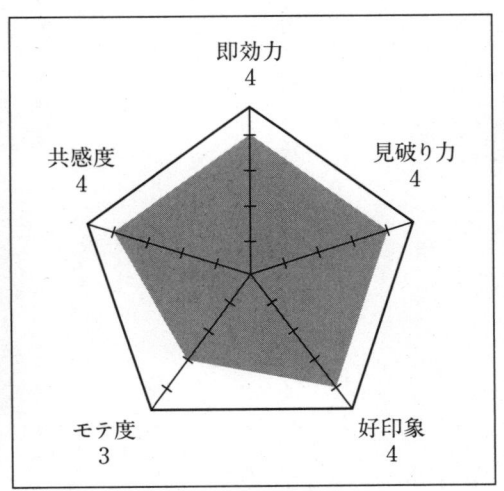

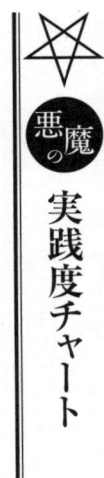

操作心理学

遅刻されたくなければ「11時55分」に待ち合わせろ

TRICKキーワード　半端な数字の心理効果

いつも待ち合わせに遅れてくる人はいるもの。「12時に集合」などと言っても必ず遅れてくる。遅刻癖がある人は「○○時集合」を「○○時くらいに集合」と変換してしまうようだ。そんな人には、「11時55分集合ね」などと指定時間を中途半端にすると、その悪癖を最大限に阻止することができる。人は、具体的な数字を出されると緊張し、無意識に「その数字には何か意味があるんだな」と思い込む。そして脳に強くインプットする傾向があるからだ。

この心理トリックは、通信販売などの広告でもよく見られる。ダイエット器具などの広告で「1週間で2・4kgダウン！」などと、小数点以下の数字まで詳細にうたっているものがあるが、これも、より具体的な数字を出すことで信ぴょう性を出し、なおかつ、中途半端な数字で視聴者の記憶に訴えているのである。

あなたの周りに困った遅刻者がいたら、次の待ち合わせには半端な時間を指定して、時間を強く脳に刻ませてみてはどうだろう。

これができれば
あなたは…

賢い奴

キリのいい数字より端数のほうが印象大!!

悪魔の格言

相手に勝手に考えさせる半端な数字を使いこなせ！

悪魔の実践度チャート

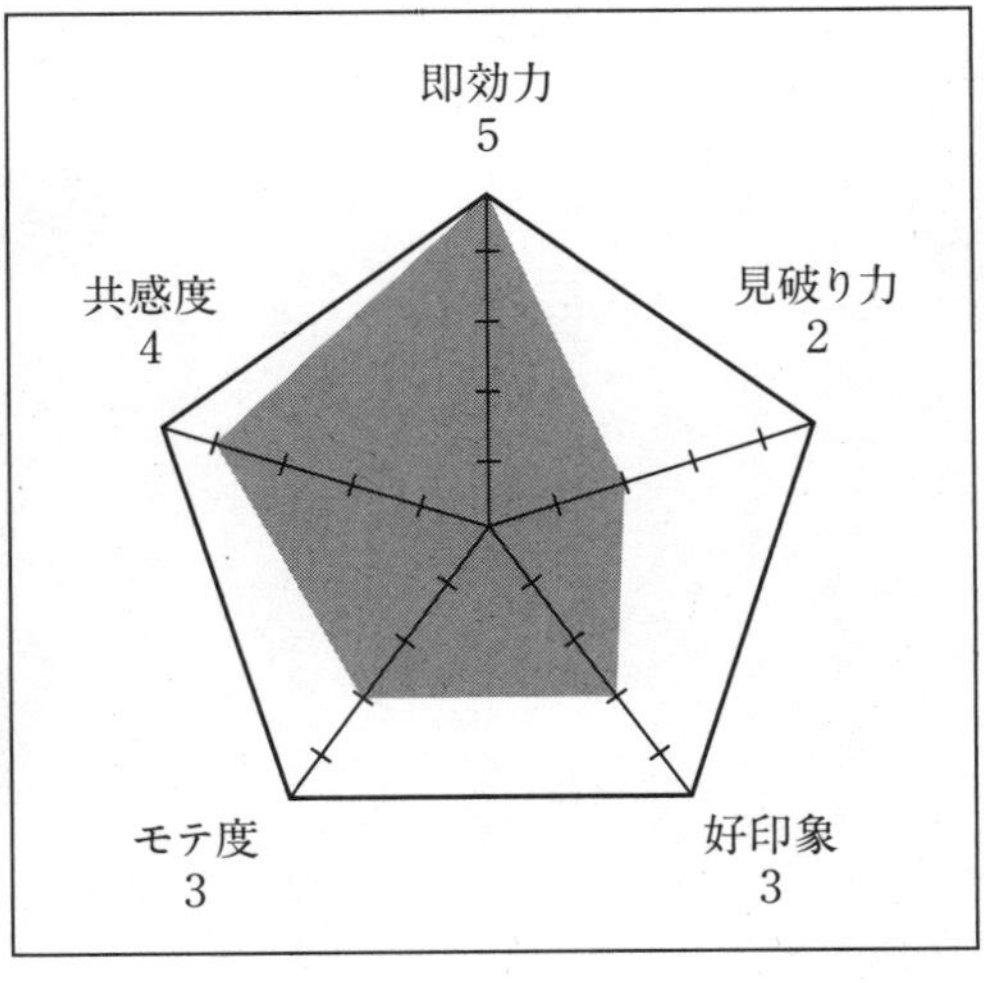

男は励まし、女にはお願いで思いのままに動かせる

TRICKキーワード　言葉の使い分け

男女の性差を考えずに行動を起こすと、気づかぬうちに異性を傷つけてしまう場合がある。このような傾向は女性を部下にもつ男性の管理職に多く、部下にやる気を出させようとかける言葉をひとつ間違えるだけで、女性がやる気をなくしてしまうケースが多いようである。

人間誰しも、人に頼られるとやる気が出るもの。では、人に「頑張ろう！」と思わせるにはどのような頼み方をすればいいだろうか。

これができれば
あなたは…

デキる奴！

お互いの信頼は重要！そのうえで言葉を変えよう‼

上司が男性の部下に仕事を頼む場合は以下の通りだ。「この調べものを急ぎでお願いできないか？」と上司から言われた部下は、会社の都合を考えて「わかりました」と引き受けてくれることが多いだろう。青春ドラマみたいに「頼んだぞ！　お前を信じてるよ」なんて励まされたら、奮起してやる気をアップしてくれることだろう。

では、女性の場合はどうだろうか。「私の仕事の都合も考えず、なんで急なことを言い出すんだろう」と考え、上司の信頼度が下がり、モチベーションも落ちていく。それを見越して上司がきちんと説明し、今の仕事をほかに振り分けるなりスケジュールを調整するなりして、きちんとお願いしてはじめて、女性社員は快く引き受けてくれるだろう。さらに終わったときはお礼を忘れないようにしよう。女性は、上司から気にかけられているか、気遣われているか、正当に評価されているか、といったことを、敏感に感じ取る生き物なのである。

女性には頭ごなしに「○○しろ」などという命令や指示はせず、しっかりと理由を説明したうえで「○○をお願い」と頼むのが効果的なのだ。

悪魔の格言

頼むときは男性は励まして奮起させ、女性にはお願いしてお礼を忘れるな!!

悪魔の実践度チャート

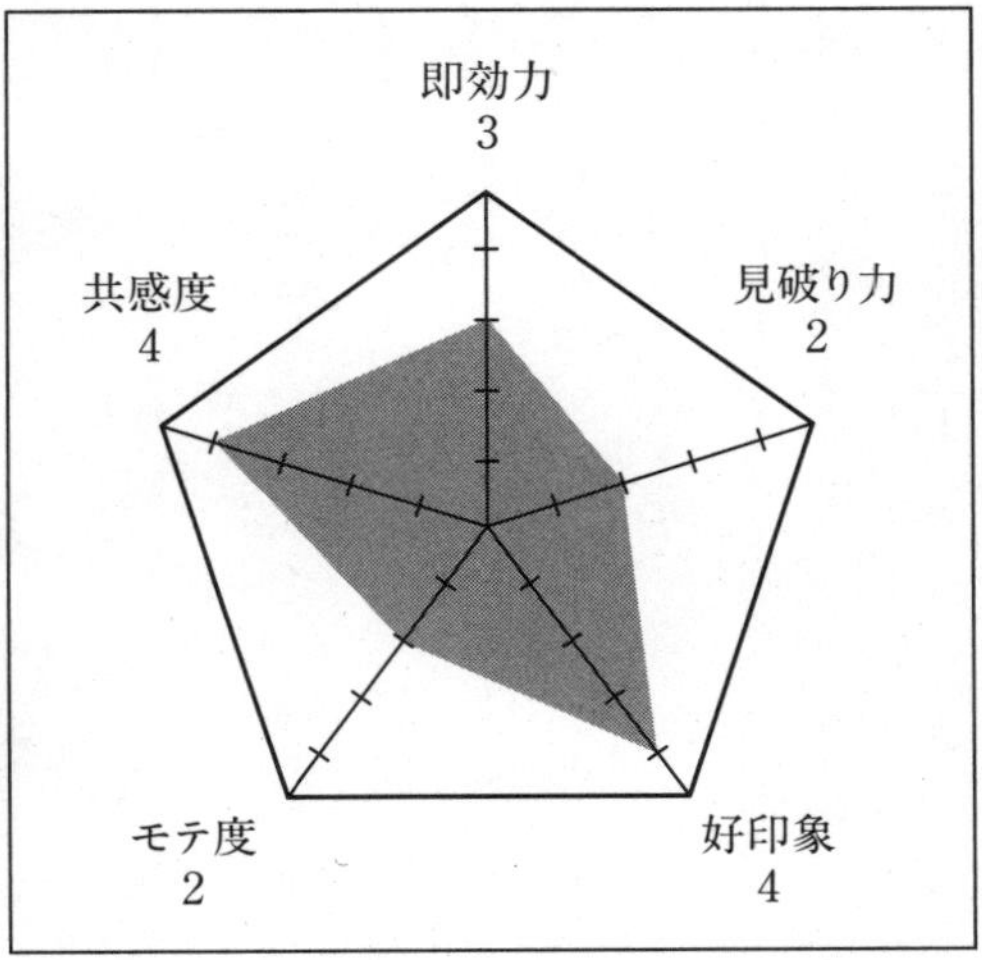

操作心理学

相手に反論させないためには話を一度認めてしまえ！

TRICKキーワード

イエス・バット法、イエス・アンド法

これができればあなたは…

デキる奴！

反論は相手を肯定して気分を害さないように！

友達と買い物に行った際、あなたが気に入った商品について、その友人がこう言ったとする。

「前に使ったことがあるから、こっちのほうが絶対おすすめ！　こっちを買いなよ‼」

友人はあなたの気に入っていない商品を支持している。こんなとき、どのように返事をするのがいいのだろうか。

1「いや、こっちのほうがいい！」

2「確かによさそうだね。でも、こっちの○○がかなりいい感じじゃない？」

この場合、1は相手をつっぱねて自分の意見を主張したぶん、その場の雰囲気は気まずくなる。2も意見は述べているが、はじめに相手の発言を肯定しているので友人も悪い気はしないはずだ。

この言い回しは、いったん肯定してから「でも」「しかし」とつなげるので、『イエス・バット法』と呼ばれている。販売などで相手に食い下がるとき、この手法を無意識に使っているセールスマンも多いのではないだろうか。相手の反感や怒りを買わずに反論できるが、多用しすぎると回りくどくなってこちらの意図が伝わりにくくなることがあるので注意が必要だ。そこが気になるときにおすすめなのが次の方法である。

さらに、「そうですね。ということは、○○でよろしいですね？」などというように肯定をさらに肯定して相手の話を受け止める話し方を『イエス・アンド法』と呼ぶ。相手の話したことを要約しつつ確認し、こちらの提案をする会話手法だ。この手法の場合、会話を「そして」「では」「それなら」などの接続詞でつなげるため、否定系の『イエス・バット法』より相手にソフトな印象を与える効果もあるのだ。

悪魔の実践度チャート

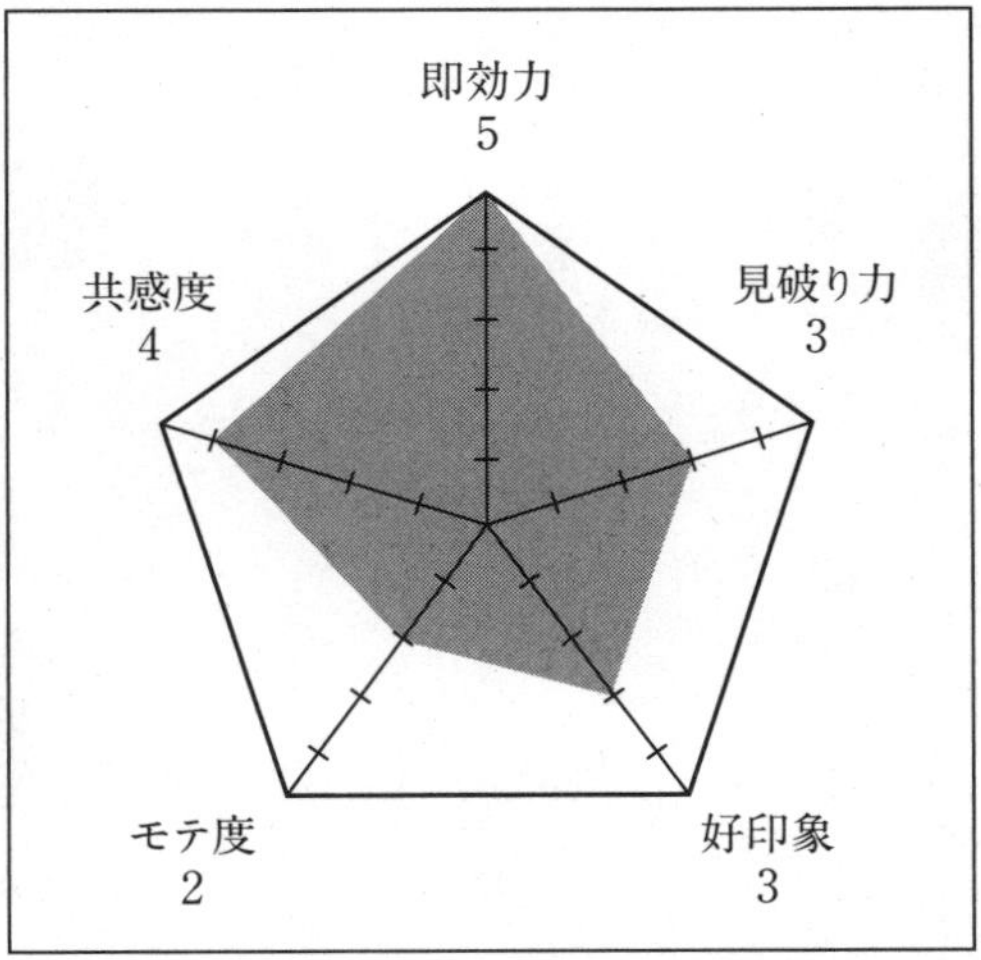

悪魔の格言

回りくどく＋《プラス》と－《マイナス》を駆使してうまく逆提案すべし！

操作心理学

短所や欠点を伝えると信頼度がアップする

TRICKキーワード 両面提示

「この掃除機は排気もきれいだし、吸引力も落ちない優れモノです」

「この掃除機の排気はきれいで吸引力も落ちませんが、少し音が気になるかもしれません」

家電量販店で掃除機を購入するときに店員さんが言ったセリフである。ひとつ目は片面提示といい、ポジティブな部分だけを提示する方法。ふたつ目はネガティブな面も提示する『両面提示』という方法だ。一般的に、片面提示が有効なケースは、最初からお客さんが賛同している場合や商品（サービス）について知識が深い場合、面倒なことを嫌う場合。『両面提示』の効果が高いのは、批判的なお客さんの場合や商品（サービス）について知識が浅い場合、決定を自分の意思で行いたい場合が挙げられる。

アメリカのイエール大学が行った実験によると、教育程度の高い人ほど一面的な説得には応じにくく、『両面提示』したほうが説得に応じやすいことが確認されている。

それはなぜか？

これができればあなたは…

デキる奴！

短所をうまく長所に言い換えられたら完璧！

いいことばかり言われると、人間は不信感や不誠実な印象を抱く。逆にプラス、マイナスの両面を言ってくれる人のほうに誠実さを感じ、信頼度は高くなる。

ポイントは、悪い面をいつ伝えるか、ということ。効果的なのは、会話のやりとりで相手にある程度好意をもってもらったあと。また、デメリットよりもメリットのほうが大きく伝えられるときも有効だ。デメリットを伝えることで、相手にメリットをより大きく感じさせることもできる。ちなみに、短所や欠点をはじめから述べておくことによってクレームを抑える効果も期待できる。

悪魔の格言

デメリットを述べて相手の信用をわしづかみ!!

悪魔の実践度チャート

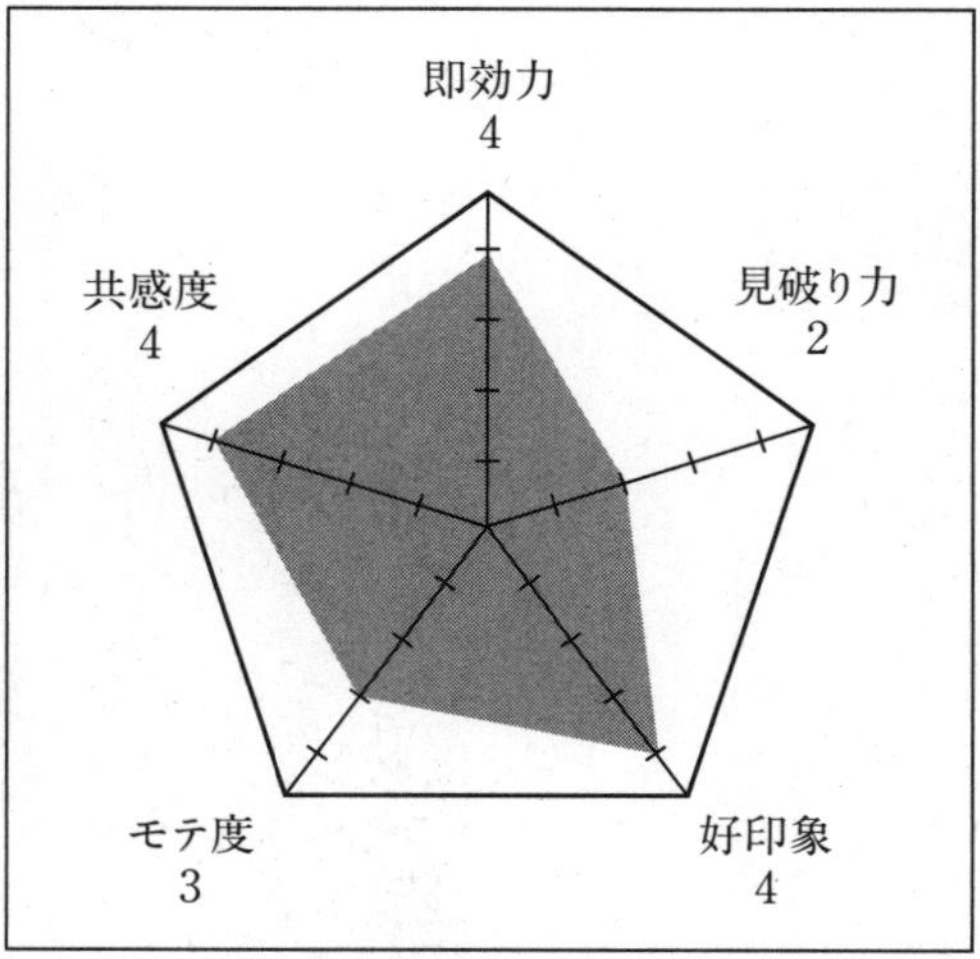

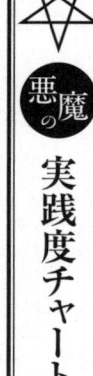

操作心理学

交渉を優位に進めたければ相手の口グセを指摘しろ

TRICKキーワード

習慣指摘の心理的効果

会社で電話応対をするAさんには口グセがあった。

「え～。その件は業者に確認します」

「承知しました。え～、すぐに見積もりを出させます」

Aさんの電話応対を聞いていた同僚が「君は『え～』が多いね」と指摘した。悪意はまったくなかったその一言で、Aさんは「え～」が口に出そうになると口ごもり、今までスムーズにできていた会話がぎこちなくなることが増えてしまった。調子を崩してしまったAさんは大事な商談でもぎこちない会話に終始し、取り引きが失敗に終わってしまったこともあったとか。

無意識のうちに行っていた行動（Aさんの『え～』と言う口グセ）や自分の習慣を誰かから指摘されると、必要以上に意識するあまり、以前のようなスムーズな行動がとれなくなることがある。

この現象を利用した「悪癖を直す」心理学的な実験が行われた。参加者に対して爪を噛む、タバコを吸うなど、いつも無意識

これができればあなたは…

無意識下の行動ほど他人の指摘に弱い!?

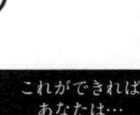

に行っている行為を意識的に行うように命ずる。すると、その行為をするたびに参加者たちは抵抗感や嫌悪感を抱きはじめ、今まで無意識に行っていたその行為をしなくなっていったという。

スポーツの世界では、この現象を利用して、相手のミスを誘発させているようだ。野球では、キャッチャーが打者のクセを指摘すると、そのクセが気になってしまい、好調だった打者が凡打の山を築く可能性が高くなるとか。このようにライバル関係にある相手のクセを見つけて指摘できれば、その行為を気にするあまり、勝手にペースを崩し、自滅してくれるかもしれない。

悪魔の格言

相手のクセを見抜いて言うだけで相手は勝手に自滅する!!

悪魔の実践度チャート

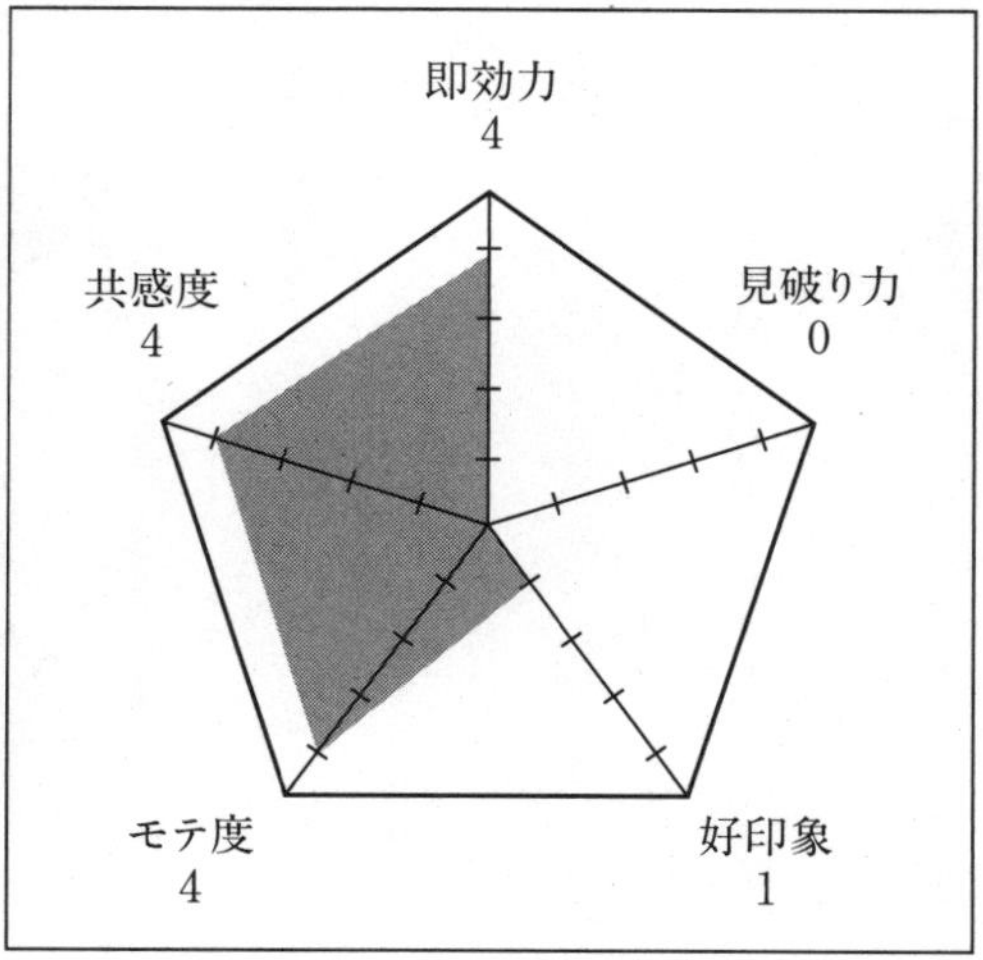

仕事の作業効率アップには「監視」が効果的

TRICKキーワード　社会的促進

ひとりで仕事をするよりもチームを組んだほうが、仕事がはかどると感じる人は多いだろう。このように、チームを組んだり、他人が見ている状況で仕事をしたほうが、作業量が増大・促進する効果を『社会的促進』という。

ただし、同じ仕事をするのでも、面識のない相手と組んだ場合と、気心の知れた相手と組んだ場合では異なる効果がでる。

たとえば、見知らぬ相手と共同で作業を行わなければならない場合、人間は相手の作業の進捗を「監視」してしまうものなのである。相手が効率よく、多くの作業をこなしていれば自分に対する見返りも大きくなる。逆に、相手がサボっていたり、要領が悪かった場合には自分が損をするという心理が働き、知らず知らずに相手の作業をチェックしてしまうのだ。

一方、友人同士で共同作業を行う場合には、たいていの人は相手を監視したりはしない。相手の作業が滞った場合などには、むしろ心配したり、助けたりと「協

これができれば
あなたは…

デキる奴！

「監視」と「協力」のいいとこ取りでデキる男に！

力」するのが普通である。

このように、同じ作業をしていても組む相手によって人間の心理はまったく異なる。

この2つのパターンは、職場に当てはめることもできる。常に上司や同僚が監視している職場よりも、困ったときは協力しあう職場環境のほうが望ましいとは誰もが思うところ。しかし、気心が知れた同士で慣れ合いになってしまうと、今度はミスが増え、作業効率が落ちる場合もある。複数の部下やチームをうまく動かしたければ、気心を知り合っている人たちでチームを作らせ、あとはリーダーをひとり立てて「監視役」を任せるのが効率的だ。

悪魔の格言

仲よしこよしで仕事をしている奴らには、監視を付けてハッパをかけろ

悪魔の実践度チャート

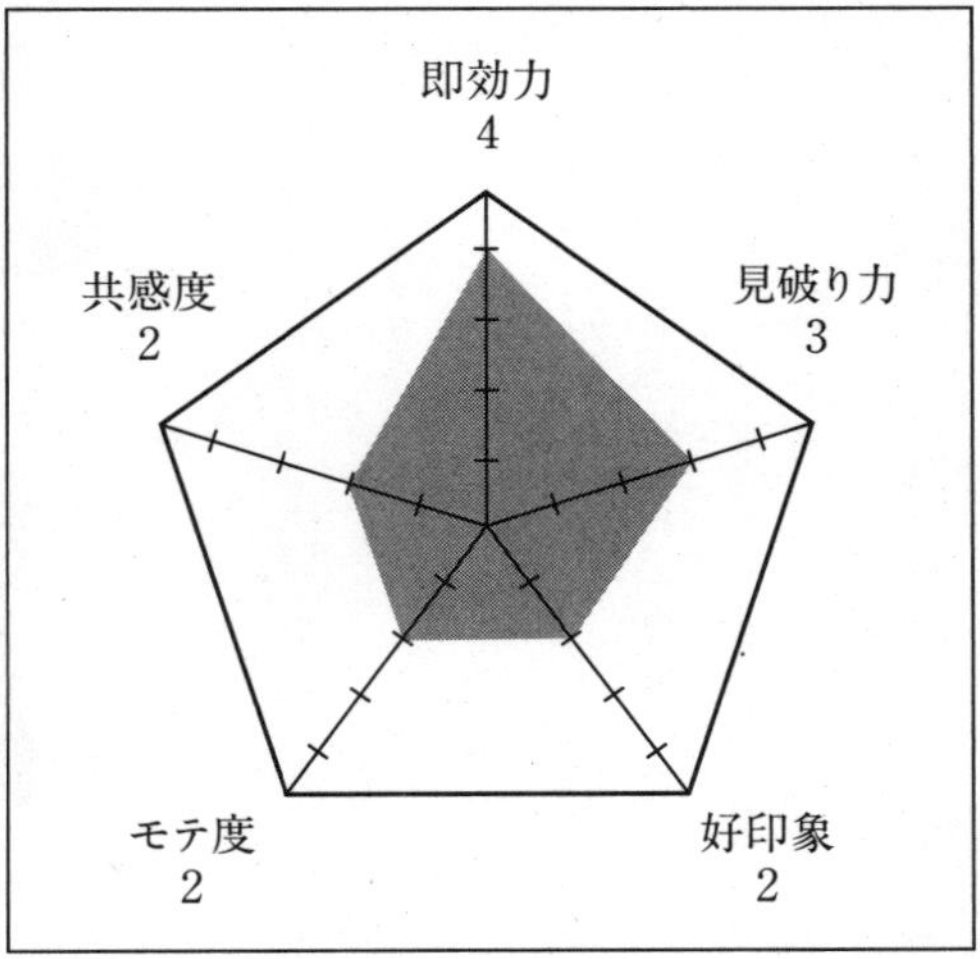

操作心理学

ランキングを使って客の購買意欲をあおる

TRICKキーワード　社会的比較論理

会社の同僚や友人たちとレストランなどに入ったとき、こんな会話をしてはいないだろうか。

Aさん「ハンバーグ定食をお願いします」

Bさん「あ、同じものをもうひとつ」

また学校などで

Cさん「このアーティストよくない？」

Dさん「すごくいいと思う！」

胸に手を当てるまでもない。

このように、我々は自分と同じ立場にいる人の意見や行動を参考にして次の行動を決定することが多い。誰しも、自分の判断を正当なものだと思いたいのである。これは、『社会的比較論理』と呼ばれる心理に基づく行動で、人は、社会生活を送るうえで、常に他者と自分を比較し、自分の立ち位置や評価を明確にしておきたい欲求があるのだ。

この理論を使うと、簡単に消費者の意識を誘導できる。方法は簡単で、売り場のいちばん目立つ所に「売れ筋ランキング」を表示するだけ。商品の選択に迷いがある人

これができればあなたは…

賢い奴

売れ筋表示で買い手の購買意欲を促進しよう

はランキングを見て安心して購入することができる。

　テレビや雑誌などで取り上げられる「行列のできる店」も同様。みんながおいしいと思っているのだから安心だ、という心理が働き、自分も行ってみようとなるのである。よくお店に置いてある「売れ筋商品‼」、「いま売れています！」、「ベストセラー商品」などのＰＯＰも消費者の購買意欲をかきたてる仕掛けだ。選択肢が多い場合は、「みんな」を意識させて選択を誘導できる。選ばせたいものが限定されている場合、どれだけ多くの人に支持されているかを提示することが重要だ。

悪魔の格言

売りたい商品に「大衆の支持」を集中させるべし‼

悪魔の実践度チャート

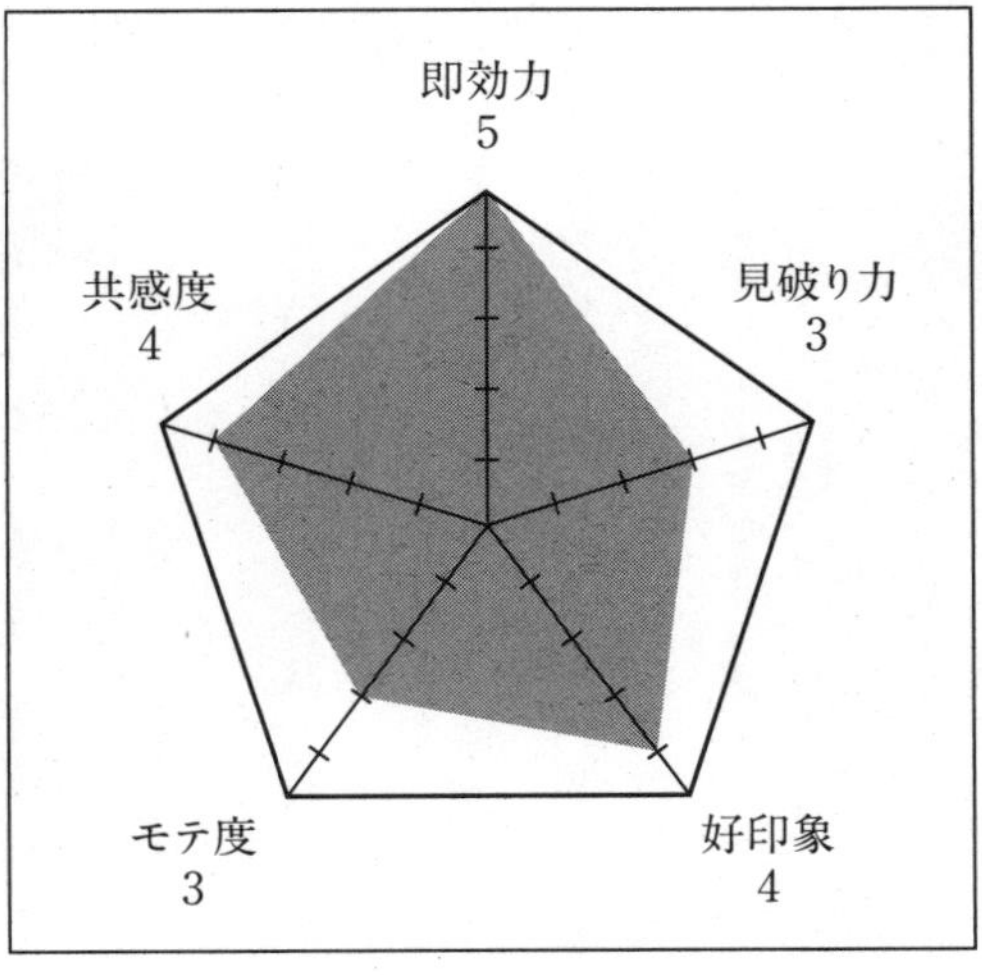

操作心理学

失敗を人のせいにすれば職場はストレスフリー

TRICKキーワード　思考回路の定着

「失敗をとにかくみんなのせいにする、という思考回路を定着させれば、暗い気持ちは一掃できる！」。これは、フロリダ大学の心理学者で医師でもあるジェームズ・シェバードの言葉だ。

彼が行ったこんな実験がある。

知能テストを控えた大学生をいくつかのグループに分けて、ある飲み物を与える。一方のグループには「飲み物にはテストの出来を悪くする成分が入っている」と伝え、もう一方のグループには「飲み物の成分はテストの出来にはまったく関係しない」と伝える。

テスト終了後、実験に参加した学生たちのうちで結果を楽観的にとらえている割合を調査。その調査結果は、前者は60％以上が、後者は前者より20％以上少ない約40％が、知能テストの結果を楽観的にとらえたということを示していたのである。

前者は「どうせテストの点数が悪くても飲み物のせいだ！」と、自分の実力ではなく、飲み物の成分を言い訳にできたから、楽観

これができればあなたは…

さわやかホレ対象

いつでも前向き。プラスのオーラがにじみ出る

的でいられたのだ。

先の実験を教訓とし、「今日の失敗は自分のせいではなく、自分を失敗に導いたみんなのせいだ」と考え、自分を責めないこと。そして、気持ちをパッと切り替えてしまうこと。これこそが、ストレスを溜めない良策なのだ。「みんな」を、「運」や「体調」などに置き換えてもいい。

ちなみに、誰かの成功に対して嫉妬心を募らせてしまいそうになったときは「アイツの成功は自分を含むみんなのおかげ」と考えるようにしよう。嫉妬心はみるみるうちにしぼみ、嫉妬心によるストレスを溜めずに仕事に打ち込めるはずだ。

悪魔の格言
他人が成功したら「自分のおかげでもある」とアピっとけ

悪魔の実践度チャート

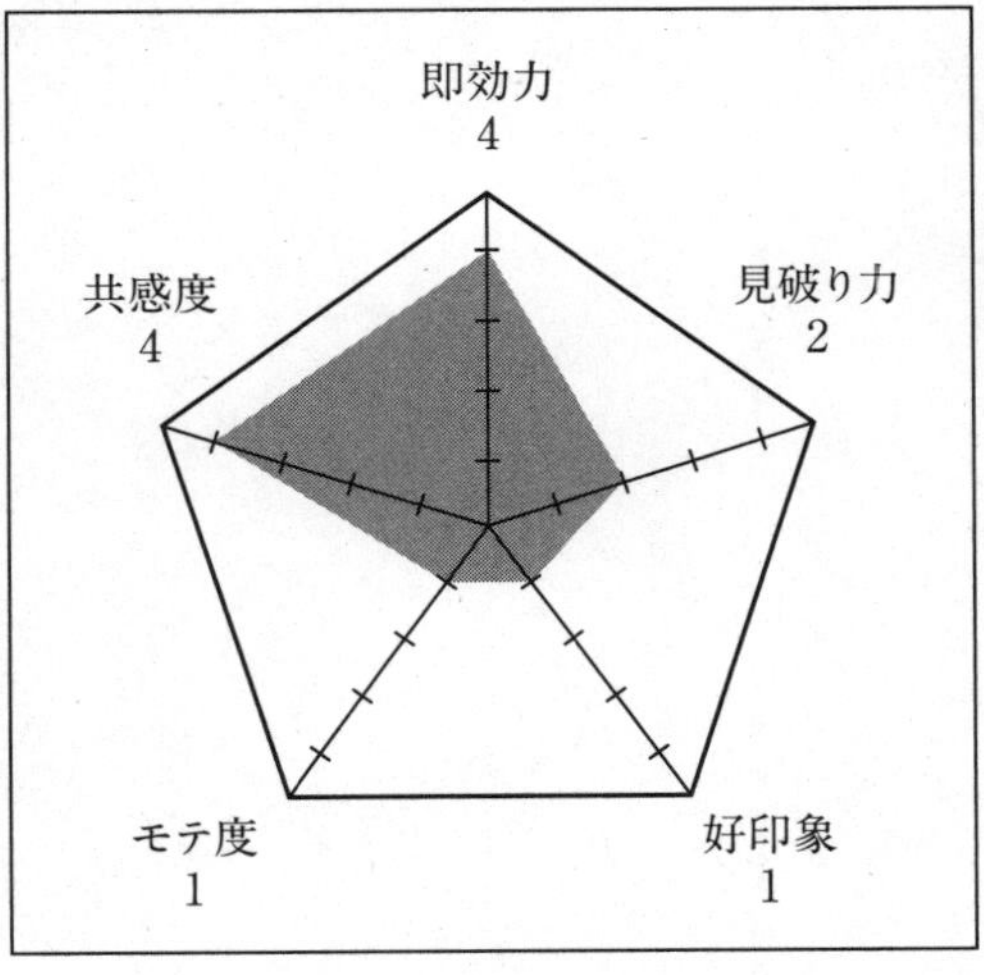

あなたの本性がわかる
心理テスト①

他人を思いのままに動かしているか!?
人を動かすスキルがわかる!

問題1

浦島太郎のお話の登場人物。あなたは次のうち、誰の気持ちにもっとも共感しますか？

C 浦島太郎をもてなそうとした姫	A いじめから助けてもらったカメ
D 玉手箱をあけて年老いた浦島太郎	B カメを助けたいと思った浦島太郎

「黒い優越感」診断

誰に共感するかで、日頃から友達や他人に強く抱いている優越感を探る。あなたは心の中で、友達や他人のどんなポイントを見下したがっているだろうか。

A アラ探しが趣味・特技

自分より権力のあると思われる相手を毛嫌いしている。そんな相手のアラを探して、「アイツはまったくすごくない」と思うことで、自分を慰める傾向が。他人をコキ下ろす前に、自分を高める努力をしてはいかが？

B 能力のなさを見下して

友達に能力がないのだと確認しては優越感を得たいと思うタイプ。自分は友達よりも優れているのだと認識しており、そこからくる余裕を、優しさに変えているという少々歪んだ性格の持ち主だ。

C 友達への同情心が活力

ゆくゆくは浦島太郎がおじいさんになってしまうかもしれないと思い、同情から楽しい宴でもてなそうとした姫に注目したあなた。自分より不要な人間への同情があなたの原動力に違いない。

D 人の外見をコキ下ろす

老いた姿の浦島太郎に注目したあなたは、自分に特別な才能がないと感じている一方で、外見には自信をもっている様子。友達が成功しても外見をコキ下ろし、この点でなら絶対に負けないと自分を安心させる。

問題2

直感でお答えください。
あなたの書斎に置く仕事机としてふさわしいのは?

C 自分で組み立てられる機能机	A キャスター付きの机
D 木製のナチュラルな机	B 透明なガラス製の机

「仕事への思い」診断

書類などを置いたり、デスクワークをしたりする、大事な机。どのような机を選ぶかで、あなたの仕事への思い入れがわかる。

C 仕事への思い入れ 99%

仕事にもメリハリをもって、楽しくできる人。結果にこだわり、粘り強く取り組むので、やりがいがある仕事に出会うことができたと感じたら、その仕事に一途に取り組む職人気質な面も。

A 仕事への思い入れ 20%

今の仕事にも、これからする仕事にも、大きなこだわりを持っていないタイプ。今の仕事に不都合が出てきたらすぐにでも辞めてしまえる。そのためいざという時の適応力もピカイチ。

D 仕事への思い入れ 40%

他人の意見も参考にしながら、まっさらな「自分」という存在に、色をつけていく途中のあなた。ただ、「自分に合わない」と感じたらすぐに仕事を辞める、思い切りのいい面もあるようだ。

B 仕事への思い入れ 60%

人に見られてカッコいいと思われる仕事を好んでする傾向が見られる。仕事内容ではなく、会社のネームバリューにこだわってしまうことも。モチベーションが保てるならいいが……。

問題3

ある国のニュース。不発弾が爆発するのをカメラがとらえた映像で、爆発の様子はどのようだったでしょうか？

C 破裂粉砕するかのように爆発	A 少しずつ爆発
D 光ってから爆発	B 一気にドカンと爆発

「後輩や部下へのキレ方」診断

爆発は、怒りの象徴。どのような爆発を想像したかで、あなたが後輩や部下にキレる瞬間がわかってしまう。

A だんだんヒートアップ

その場の雰囲気や部下の態度によって、怒りを少しずつヒートアップさせていくタイプ。最初は軽く注意を促す予定が、いつの間にかみっちりと説教をしていて部下が目に涙を浮かべている……なんていうことも。

B 突如として怒るタイプ

怒りを爆発させるのもクールダウンするのも、実に唐突。周囲はそんなあなたのテンションの乱高下についていけず、「あれっ？　何で怒っているの？」というように、戸惑いを隠せない!?

C 周りも巻き込んで爆発

周囲や物に八つ当たりするなど、怒られる当人以外にも迷惑がかかるキレ方をする。あまり迷惑をかけすぎると、ただの嫌われ者になる可能性も否定できないので、静かに自分を見つめてみるのがよい。

D 怒りが顔に出るタイプ

好むと好まざるとにかかわらず、怒りが顔に出るタイプ。そんなあなたの顔色が変わるのを見て、周囲の人たちはビクビクしているかも。「怒りが顔に出てしまう」というのは、未熟な証拠。

問題4

テレビでおなじみの芸能リポーターが、あなたの家に突然やってきました。 その芸能リポーターが言った言葉とは?

C「あなたの人生それでいいの?」	A「一緒にどこかに行かない?」
D「どうも、こんにちは!」	B「あなたに不老不死の調味料をあげる」

「トラブル対処法」診断

突然やってきた芸能リポーターへの対応。そんな非日常的な場面でのあなたの言葉は、あなたのトラブルへの対処法を示している。

C 責任転嫁タイプ

トラブルを起こした相手を責める傾向が強い。トラブルの原因を、自分ではなく、他人から探そうとする。自分に非があっても認めないため、トラブルが大きくなることも。自分に非がないか冷静に確認する作業も大切。

A とにかく楽観タイプ

「一緒にどこかに行かない?」を選んだあなたは、物事に対する考え方がとにかく楽観的。トラブルを誰のせいにするでもなく、「何とかなるさ」と乗り切ってしまう。自分も他人も悪者にせずに、場を乗り切れるタイプ。

D じっくり解決タイプ

Dを選んだあなたは、自分でしっかりと順を追って物事を考えられるタイプ。トラブルの原因は何か、その解決法は?というように、きちんと考えていくことができるので、解決の糸口もやがて必ず見つかるはず。

B 理論派タイプ

物事をきちんと順序立てて行う人。トラブルが起こると、考えすぎるクセが裏目に出てしまって、急に体を壊してしまうことも。理論派なのはいいのだが、「考えすぎは厳禁」と自分に言い聞かせることも必要だろう。

第二章

誘導心理学

どうしても「YES」と言わせる！

契約成立一歩手前にはセンスを褒めれば決着する

TRICKキーワード　自己重要感

誰であっても「褒められる」と悪い気はしないもの。褒められて気分がよくなると、脳には「嬉しかった」という信号が送られるからである。

ただし、褒め続ければいいというわけでもない。大人はしかるべき場所やしかるべきタイミングで褒められないと「嬉しい」には至らないのだ。逆にタイミングを間違えると「そう言って馬鹿にしているのだろう」と脳内に怒りホルモンと呼ばれるノルアドレナリンが分泌されてしまう。

人間は自分のことを価値ある存在だと思いたい欲求がある。それを『自己重要感』と呼ぶ。この欲求はただ褒めてあげればいいというものではない。「相手のいいところを見つけてあげる」「相手を認めてあげる」ことが必要になってくるため、相手のことを「見る力」が必要になってくる。

この感覚を研ぎ澄ましていると、相手の身に着けている物、所持品、相手の属性やセンスなど、あらゆる面が見えてくる。ビジネス上の契約など「ここぞ」という場面

これができればあなたは…

デキる奴！

褒めポイントを見極めて相手の欲求を満たせ!!

の前には、褒めることを繰り返して相手の気分を上げておくのがよい。

「その時計のデザイン、カッコいいですね」

「その時計を選ぶなんてセンスいいですね」

どちらの発言が相手の自己重要感を刺激し、好印象を与えられるだろうか。ひとつ目が時計を褒めているだけで人物を褒めていないのに対し、ふたつ目は時計を身に着けている相手のセンスを褒めている。後者には「私はあなたのものを選ぶセンスが素敵なことをわかっていますよ」というメッセージが込められているのだ。ただ「○○がすごいですね」ではなく、なぜ、どうすごいのかを示して相手を褒め殺そう。

悪魔の格言

相手の認められたい願望を満たして商談をまとめろ！

悪魔の実践度チャート

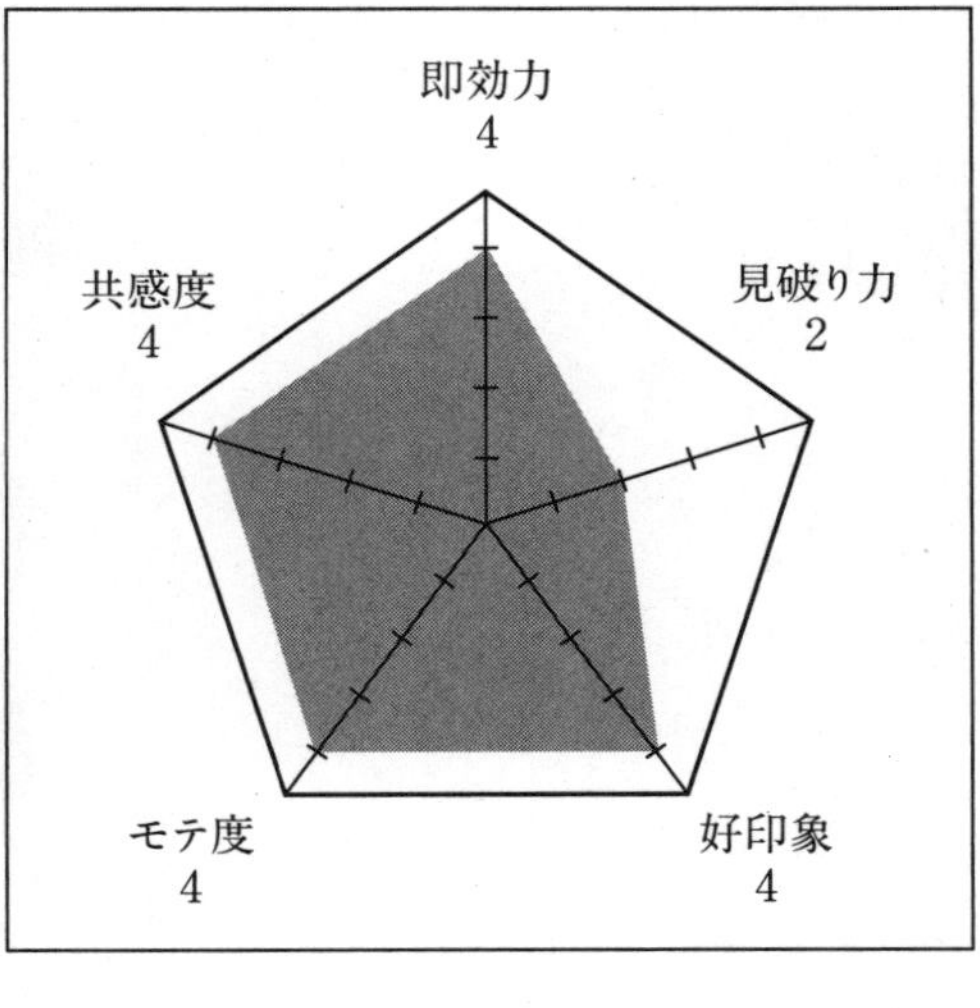

誘導心理学 YES!

自分の希望を通すには「～だろ？」と決めつけて話す

TRICKキーワード　同意心理

これができればあなたは…

賢い奴

本当の決定権は相手ではなくこちらが握る！

会話をしていて相手との意見が違うことがわかった。その場合、どうやって相手を説得していくのがよいだろうか。

1「こっちのほうが素敵だと思う」
2「こっちのほうが素敵じゃない？」
3「こっちのほうが素敵だと思うけど、どう？」
4「こっちのほうが素敵だろ？」

以上のように伝えると、相手の反応はおそらく以下のようなものが多いのではないだろうか。

1「あっそう」
2「そうかなあ」
3「いや、このままでいいよ」
4「そうだね」

1は自分の意見のみを伝えている。2は押しつけがましい印象がある。3は気乗りしなければ簡単な返答に終わる。4は特に否定する必要がなければ、一応肯定されるはずだ。

この場合、４のみが肯定された返答を得られた。実は、肯定させたい発言の終わりに「だろ?」や「ね」をつけることで相手に「どうだろう?」と考えるスキを与えず、よりこちらの意見に誘導することができるのだ。相手も、自然の流れの中で返答しているので違和感なく交渉が進んでいくのである。

また、「だよね?」などは口調も優しくなめらかなので相手に好感をもたれやすく、親近感が生まれる。その結果、同意を得られるのだからまさにいうことなしだ。

悪魔の格言

「よね」をつけて同じ意見だと錯覚させるべし!!

悪魔の実践度チャート

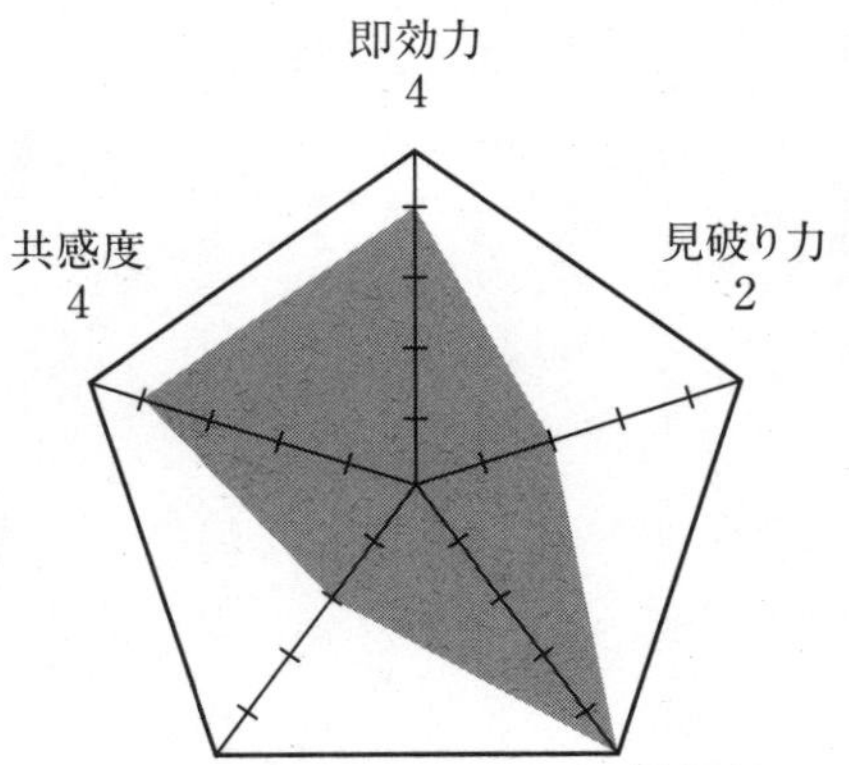

誘導心理学 YES!

ここぞというとき大声を出せば交渉が決着する

TRICKキーワード　高圧的な態度

人生には人と交渉する場面が幾度も存在するが、どんな姿勢で臨めばよいのだろうか。交渉を成功に導くうえでは、どのような方法が有効なのだろうか。

アメリカのスタンフォード大学で、次のような実験が行われた。男子大学生４人に２組のペアになってもらい、ペアのひとりが会社の雇い主、もうひとりが入社希望者という設定で、労働条件についての話し合いをしてもらった。すると、雇い主側が穏やかな態度をとっているペアは、入社希望者の希望条件がより反映されたが、雇い主側が眉間にしわを寄せたり、胸を反らしたりして高圧的な態度をとっているペアは、ほとんど雇い主の言いなりで進んでいったという。こうした態度をとられた側は「この場から逃れたい」という心理が無意識のうちに働き、条件を飲んでしまうのだ。

毎回大きな態度で交渉に臨むことは難しいが、ここ一番のときには大きな声を出したり、ペンを鳴らすなどの威圧的な行動をとってみたりするのはひとつの手だ。

これができればあなたは…

重要な場面だけという「限定」が信頼になる！

悪魔の格言

「ここぞ！」の高圧的態度で成功と信頼を勝ち取れ!!

悪魔の実践度チャート

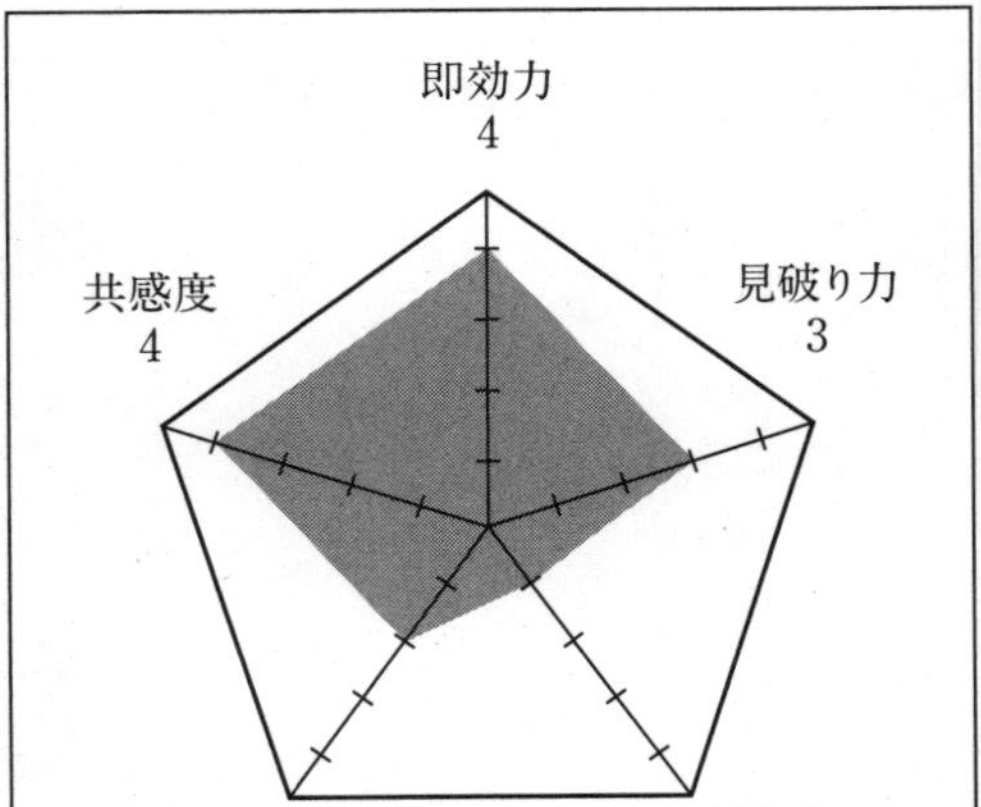

誘導心理学 YES!

「ここだけの話」をぶっちゃけて営業相手をトリコにする

TRICKキーワード　希少性の原理

これができればあなたは…

なんか気になる奴

特別扱いして相手の気分をよくさせよう

「あの～、ここだけの話なんですが……」と相手に言われたらどう思うだろうか。「なにか特別なことを話すんだろうか」と、秘密を共有したような、信頼されているような気持ちになり、ワクワク嬉しくなることはないだろうか。

　この「ここだけの話」という言葉には「あなたを信頼している」、「あなただけに特別に話します」、「あなただけに特別に教えます」のような意味が含まれている。ふたりだけの秘密をもった、いわば共犯関係を相手に意識させることで、以前より関係性がより親密になるのである。

　取引先との会話でこの会話術を使ってみると「ここだけの話ですが、実は来春の新製品に世界初の特許技術を組み込んだんです」などと伝えると、相手は秘密を打ち明けてくれるほど自分を信頼してくれていると感じ、自尊心をくすぐられる。それだけではなく、秘密めいた発言に好奇心をそそられ、高い関心をもつ。これだけ「重要な」情報を話してくれた「あなた」に親近感をいだき、話を聞こうとする姿勢になる。

人は、特別扱いや仲間意識をくすぐられると弱いのだ。

また、「ここだけの話」は本当に「ここだけの話」であれば、それに越したことはないが、相手の自尊心をくすぐる内容の話であればよいのだ。

しかし、「ここだけの話」を頻繁にしてしまうと、逆に、口が軽い、不信感などマイナスのイメージを相手が感じてしまうおそれがあるので、注意が必要だ。効果が強いぶん、使用するタイミングは適切に判断したいものである。

悪魔の格言

「ここだけの話」で、〝親密な関係〟と勘違いさせろ！

悪魔の実践度チャート

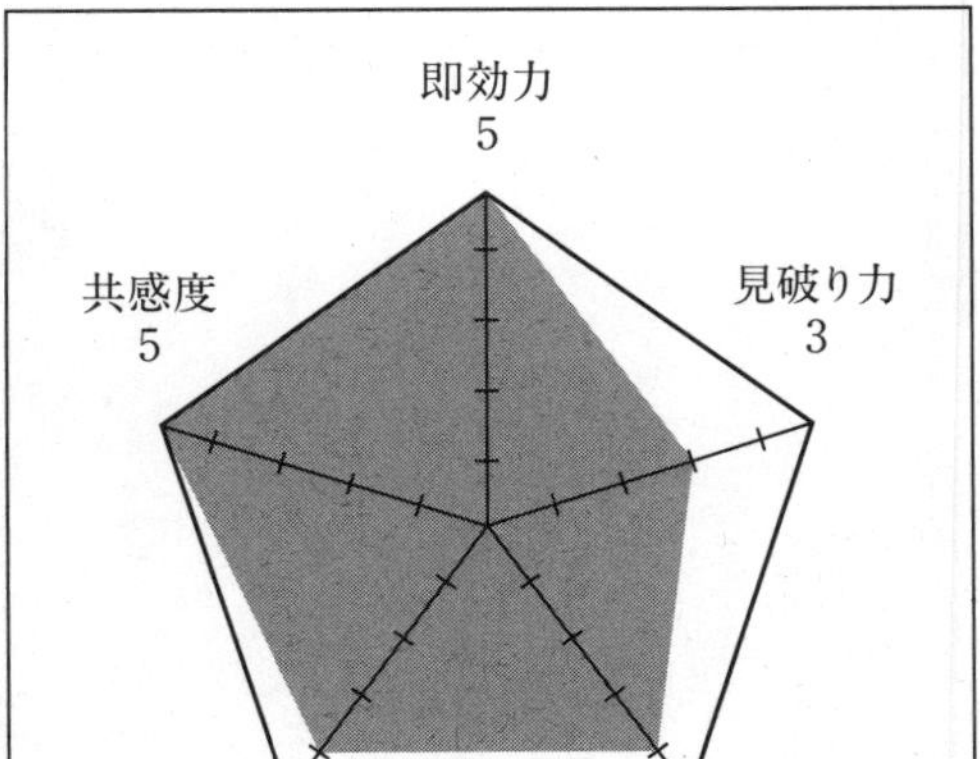

誘導心理学 YES!

奥さんに取り入れば上司に気に入られる

TRICKキーワード　奥さん

会社においてあらゆる決定権をもつ上司。自分の出世も上司の意向にかかっている。そんなあなたは、上司になんとかして気に入ってもらおうとゴマをすったり、飲みに誘ったりといろいろな手を尽くしているかもしれない。

しかしそんな直接的な方法よりも、もっと効率のいい間接的な手段がある。それは取り入りたいと思っている上司の奥さんに気に入ってもらうということ。

というのも、核家族化が進んだ現代社会では、物事を決める判断基準として妻や子どもの意見を取り入れる亭主が多いからだ。アメリカで行われた調査では、家庭内の決めごとの決定権を妻がもっている家庭は全体の43％、夫が26％、男女平等が31％ということがわかった。

さらに日本の第5回全国家庭動向調査（2014年発表）で夫婦における裁量権の所在を調査したところ、「車などの高価なものの購入」に関する決定権は「妻」12・1％、「夫」40・4％、「一緒」47・4％だったが、

これができれば
あなたは…

気に入られたい相手の奥さんと仲よくなれ

「家計の分配や管理・運営」においては「妻」63・1％なのに対し「夫」は16・0％、「育児や子どもの教育」の項目においても「妻」52・9％に対し、「夫」は3・2％という結果が出ている。このことからも、家庭における妻の権限が高いことが明らかである。

どんなに堅物上司でも、家に帰れば奥さんには頭が上がらない夫である可能性は大。気に入られたい上司にお中元やお歳暮などの贈り物をするときには、奥さんの好みのものを選んでみる。「あなたの部下はとっても気が利くのね」などと妻に言われたら、上司が抱くあなたへの好感度は急上昇するに違いない。

悪魔の格言

いばり散らす上司でも、家に帰ればただの尻に敷かれたオヤジかも？

悪魔の実践度チャート

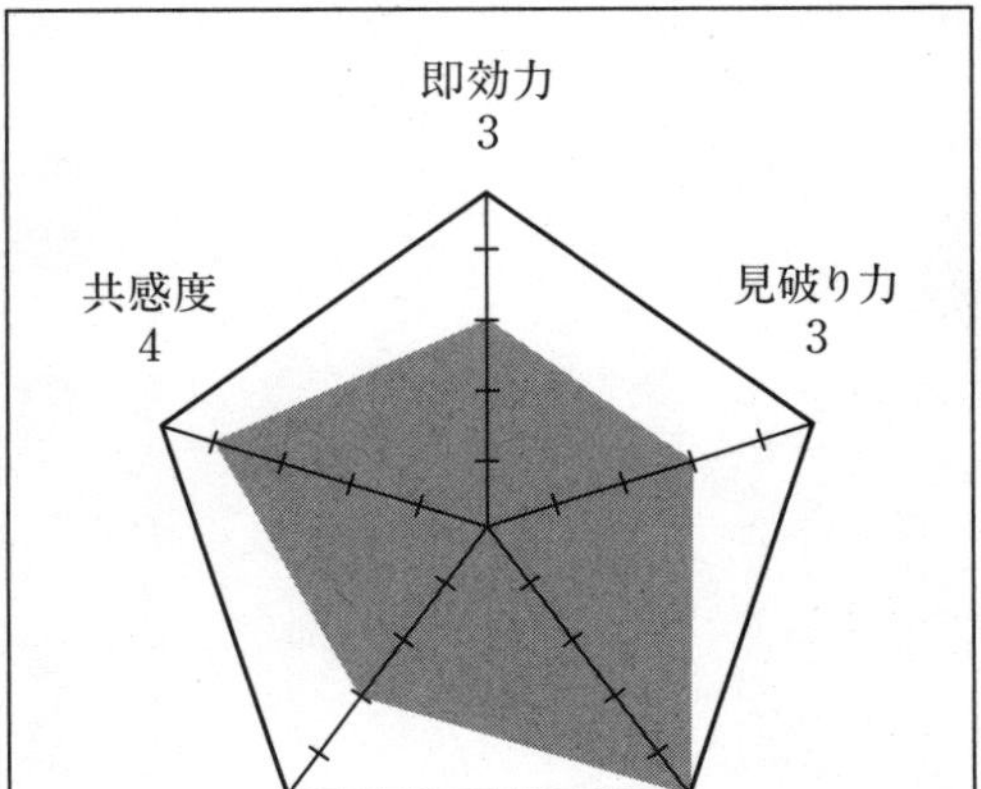

誘導心理学 YES!

笑顔と世間話を繰り返せば営業相手は落とせる！

TRICKキーワード 単純接触効果

毎日の通勤時、いつも同じ車両に乗っている人が気になったり、好意をもったりした経験はないだろうか。人は、何回も見かける（会う）だけで相手を身近に感じたり好感をもったりする傾向がある。このような心理的効果は『単純接触効果』と呼ばれる。

人間は不安定を恐れ、安定を求めて生きる生き物。目新しい刺激（新しく出会った人や物）には無意識に緊張する。それが、繰り返し接触することで慣れを生み、次第に好感につながっていく。

街なかやテレビでヘビーローテーションされている曲を好きになったり、気になったりするのはこのためだ。テレビのＣＭも、この「よく見かける商品のほうがより安心する」という消費者の心理をつかみ、より多くの購買を促しているにすぎない。

さて、ビジネスの営業の場では、一度に長時間話し込むよりも、たとえ5分だけでも何度も繰り返し会うほうが、契約成立につながりやすいことはよく知られた話だ。何度も会うことで相手の警戒心を解き、い

これができればあなたは…

なんか気になる奴

メリットを植えつけて相手の賛同を得よう！

つの間にか情まで抱かせる効果がある。

ただし、これにはひとつ条件がある。

それは、第一印象で相手に平均点以上の好印象をもたせておくこと。人の第一印象は、会わない間にそのイメージが数倍に膨れ上がる。初対面で「なんとなく恐い、不気味」などマイナスの印象を与えてしまうと、後に負の印象が増幅してしまう。つまり、会うたびに嫌われていくということになるのだ。

「とにかく顔を出す」ではなく、せめて笑顔を絶やさず、そのよいイメージを次の機会までに相手に膨らまさせておくことがポイントだ。

悪魔の格言

笑顔をすり込んで無意識に「イエス」と言わせろ！

悪魔の実践度チャート

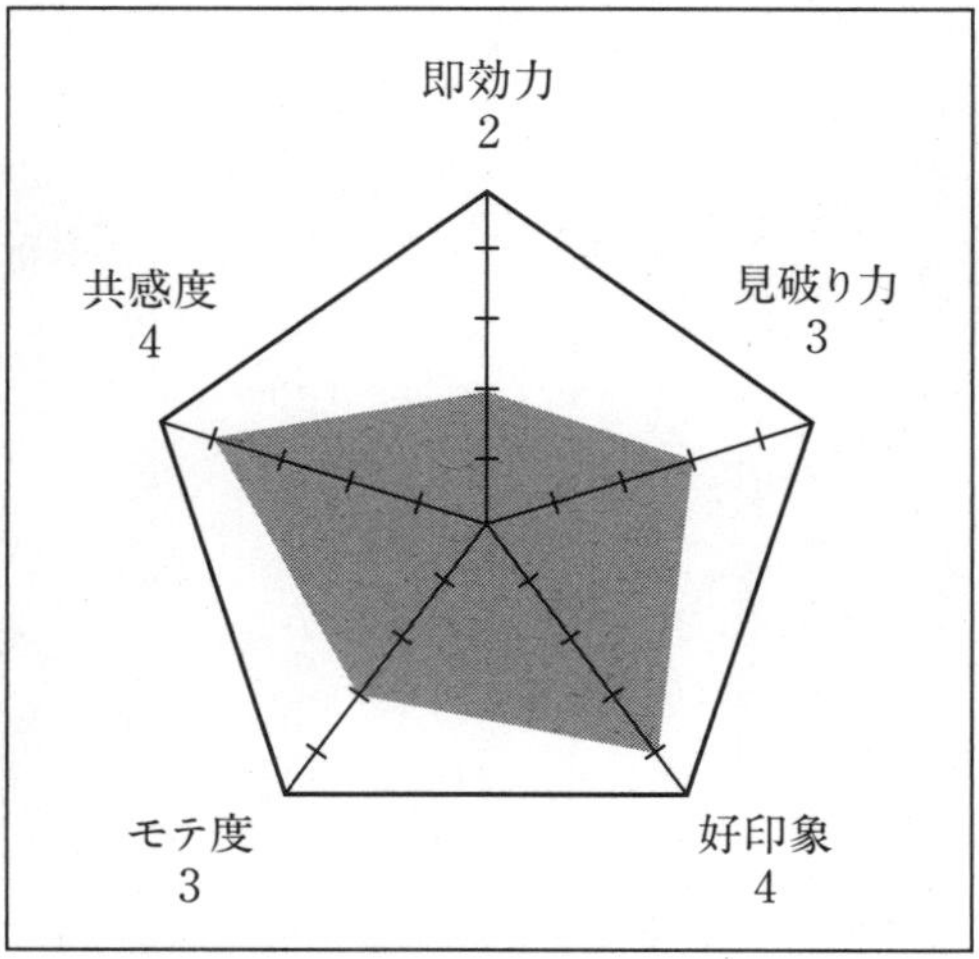

「常識です」の一言で客を購買に結びつける

TRICKキーワード 多数派の理論

引越しをしようと新しい町の不動産屋を訪れたとき、「この町では、この広さでこの値段が常識です」などと言われて妙に納得したことはないだろうか。このとき、不動産屋が発した「常識」の一言で、あなたの心は「多くの人がそうなんだ」という多数派の理論に支配されてしまう。「みんなこういっているんだぞ」と言われると、たとえ「そうか?」と疑っていても、人はおのずとそちらの意見に同意せざるを得ない気持ちになってしまうのだ。

「常識」は、相手の同意を引き出しながら、自分の意図するほうへ相手を誘導するときに非常に有効な言葉だ。

そもそも常識は、人によって定義もあいまいで、基準もバラバラ。特に、こちらがプロ、相手が素人といった場合には、でっちあげでも「業界の常識」をつくってしまえば、相手はコロリと自分の意見を変えて屈する確率が高くなる。

あなたが自分とは異なる業界に交渉に出向いたとしよう。

これができればあなたは…

デキる奴！

ウソも方便。「常識」の威力を味方につけろ

「外資系では○○は常識ですよ」

「IT業界では××は常識ですね」

このように言われたら「ああそうか」と受け入れざるを得ない心理状態になるのではないだろうか。

さらに、常識には「この業界では〜」「若者の間では」「欧米では」「最近は〜」などのエッセンスをちょこっと加えると、信ぴょう性がぐっと高くなる。特に年配の男性は「若者」攻撃に弱い。自分が企画したプロジェクトに渋い顔をする上司がいたら、「若い人には常識ですよ。これをしないと乗り遅れます！」などとプッシュをかけてみるのがよい。

悪魔の格言

〝業界の常識〟で煙に巻き、相手の同意をいただき!!

悪魔の実践度チャート

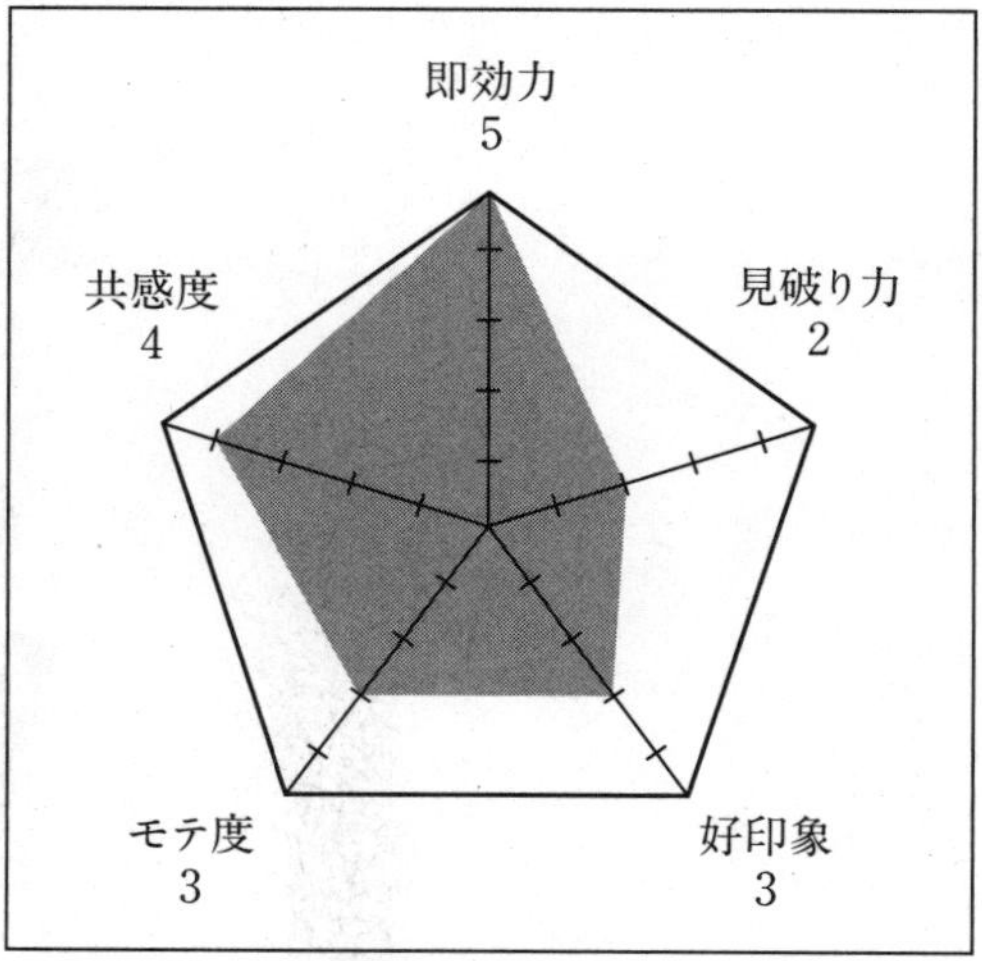

誘導心理学

YES!

ツンデレになるだけで相手の好意をゲットできる

TRICKキーワード

ゲイン・ロス効果

人がもっともやる気を出したり、好意を示したりするのは、次のうちどれだろうか。

1 最初から最後まで終始褒める。
2 最初は褒めておいて最後にけなす。
3 最初から最後までけなしまくる。
4 最初はけなしておいてあとから褒める。

普通に考えると、終始一貫して優しい1だと思うだろう。しかし、実際は4だ。人は、けなされたりして一度気分を落とされた後にプラスの言葉を与えられると、より大きな喜びがわき起こる。このように、マイナスイメージのあとにプラスのイメージを与えて実際以上に好印象に見せることを、心理学では『ゲイン・ロス効果』と呼ぶ。

実は、ときに冷たく突き放してときに好意的な態度をとる〝ツンデレ〟体質がモテるのも、この心理によるもの。ツンデレな相手に翻弄されて喜んだり悲しんだりしているとき、自分の感情の変化量が大きければ大きいほど、人はその相手に好意を感じてしまうのである。

どんなに叱られても、最後に一言フォロ

これができれば
あなたは…

デキる奴！

ツンデレを賢く使って好感度アップを狙え

ーがあれば、「この人は私のことを思って言ってくれているんだな」などと好意がわくものなのである。

交渉の際も、相手の要求にすぐに応じてしまえば「気弱なヤツ」という印象をもたれがち。そこで、最終的には「ＹＥＳ」を出すつもりでいても、いったん「ＮＯ」を突きつけてみよう。相手は「手強いヤツ」と認識し、本腰を入れて交渉に臨むようになる。そして最後にあなたが、「仕方がないですね。今回だけは折れましょう」と締めくくれば、相手は手強い相手に勝利したという満足感とともに、あなたに多大な好意を抱くはずだ。

悪魔の実践度チャート

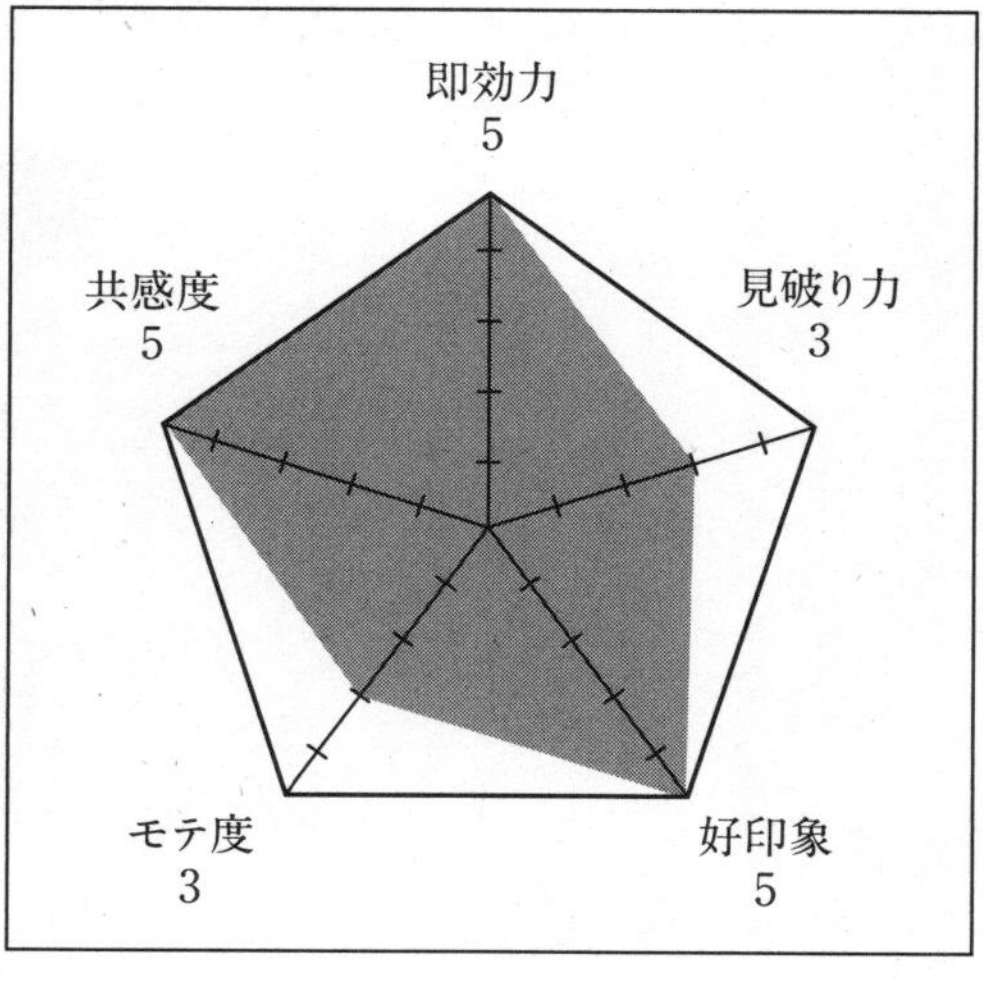

悪魔の格言

感情を揺さぶるツンデレ交渉で相手の心を自由自在！

誘導心理学 YES!

YESと言わせ続ければデカい要求も快諾される

TRICKキーワード　今日は天気がいいですね

これができればあなたは…

デキる奴！

他人の心を開き、意のままに操る交渉上手

セールスマンなどがよく用いる会話法のひとつに、『イエス肯定話法』『イエスセット』などといわれるものがある。これは、相手が「イエス」としか答えようがない問いかけを何度かした後で本題を切り出し、相手に「イエス」と言わせてしまう話し方である。

初対面のセールスマンや営業マンは、なぜか天気の話から切り出すことが多い。「今日は天気がいいですね」と問いかけられたら、客は「はい」、としか応えようがない。さらに「お庭に咲いてる花がキレイですね」、「久しぶりにこのあたりに来たのですが、ずいぶんと駅前が変わりましたね」など、周囲の状況に応じて相手が「イエス」としか答えられない問いかけを繰り返すことで、いつの間にか客はセールスマンの話に耳を傾け、ペースに乗せられていくのである。そして、そういった対話を何度か繰り返した後に「こんな商品があります。試しに使ってみてください」と言われると、客はなぜか「はい、じゃあ使ってみます」と答えてしまうことが多いのである。

悪魔の格言

「イエス」と言う数が多いと、人は「ノー」と言いづらくなる

これで対処は万全
いい天気ですね
そうですね
このあたりは賑やかですね
そうですね
うちの商品サンプルですが、試してみるだけいかがですか？
そうですね

悪魔の実践度チャート

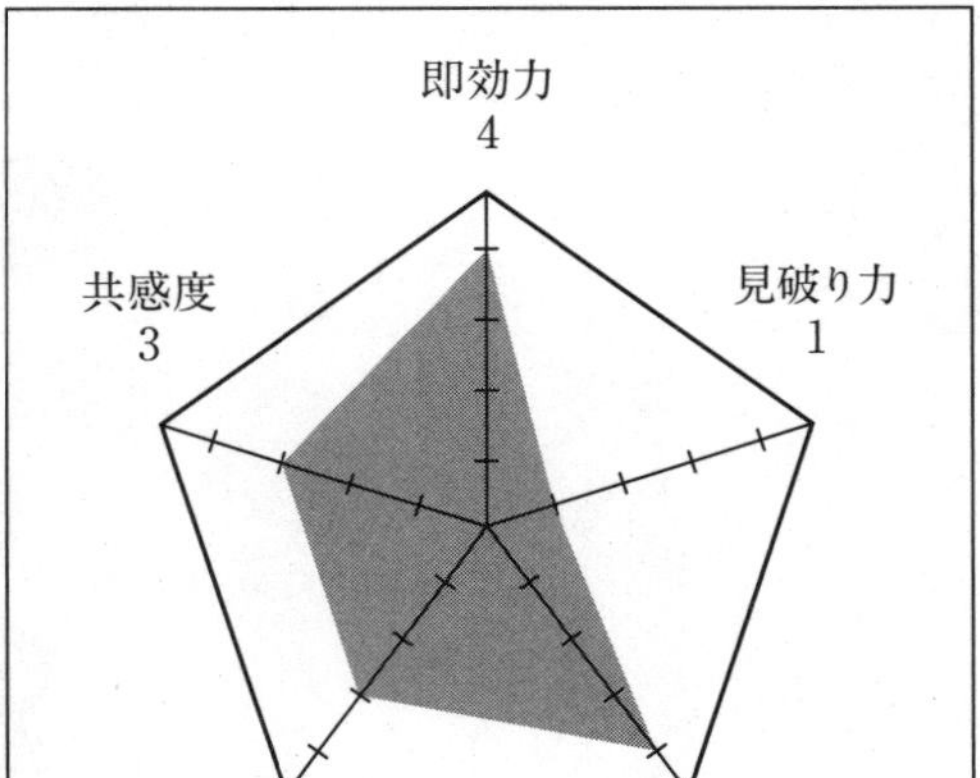
即効力
4
見破り力
1
好印象
4
モテ度
3
共感度
3

誘導心理学 YES!

交渉は相手を呼び出せ！アウェイにすれば勝ちやすい

TRICKキーワード 緊張をやわらげるのは自己暗示

これができればあなたは…

デキる奴！

慣れた環境でこそ本領は発揮される

人間は、普段とは異なる環境の中ではどうしても緊張してしまうものである。慣れない環境は人間に違和感やプレッシャーを与え、本来もっている実力を十分に出しきれなくさせてしまうのだ。

つまり、大切な話や商談をするときには、なるべく行き慣れた場所やなじみの場所を使ったほうがいいということである。普段から接しているものに囲まれると、人間は自然と安心感を得ることができ、ありのままの自分でいられるものである。すると、自然に自信と説得力が生まれ、思い通りに会話を進められるようになるものなのだ。

しかし、商談などではなじみのない環境に飛び込んでいかなければいけない場合も多い。そんなときには、なるべく下見をしておいたほうがいいだろう。たとえ、実際に商談が行われる建物や部屋に入れなかったとしても、周囲の雰囲気を知り、感じることで本番での緊張はある程度軽減することができる。また、前もって「準備をした」という行為自体が、あなたの心に安心感を与えるという効果もある。

　これは商談などのビジネスシーンに限ったことではなく、面接や試験、試合など、あらゆるシチュエーションで効果を発揮するはずだ。

　また、重要な局面ではそういった「環境」をコントロールするだけでなく、イメージトレーニングであなた自身に暗示をかけ、本番の緊張をやわらげることができる。なじみのない場所を下見しておくだけでプレッシャーが軽減されるのと同様、実際にその場の状況をイメージし、演じてみることで、本番での緊張を抑えることができるのである。

悪魔の格言

勝負のときには相手を自陣に招き寄せ、プレッシャーを与えろ

悪魔の実践度チャート

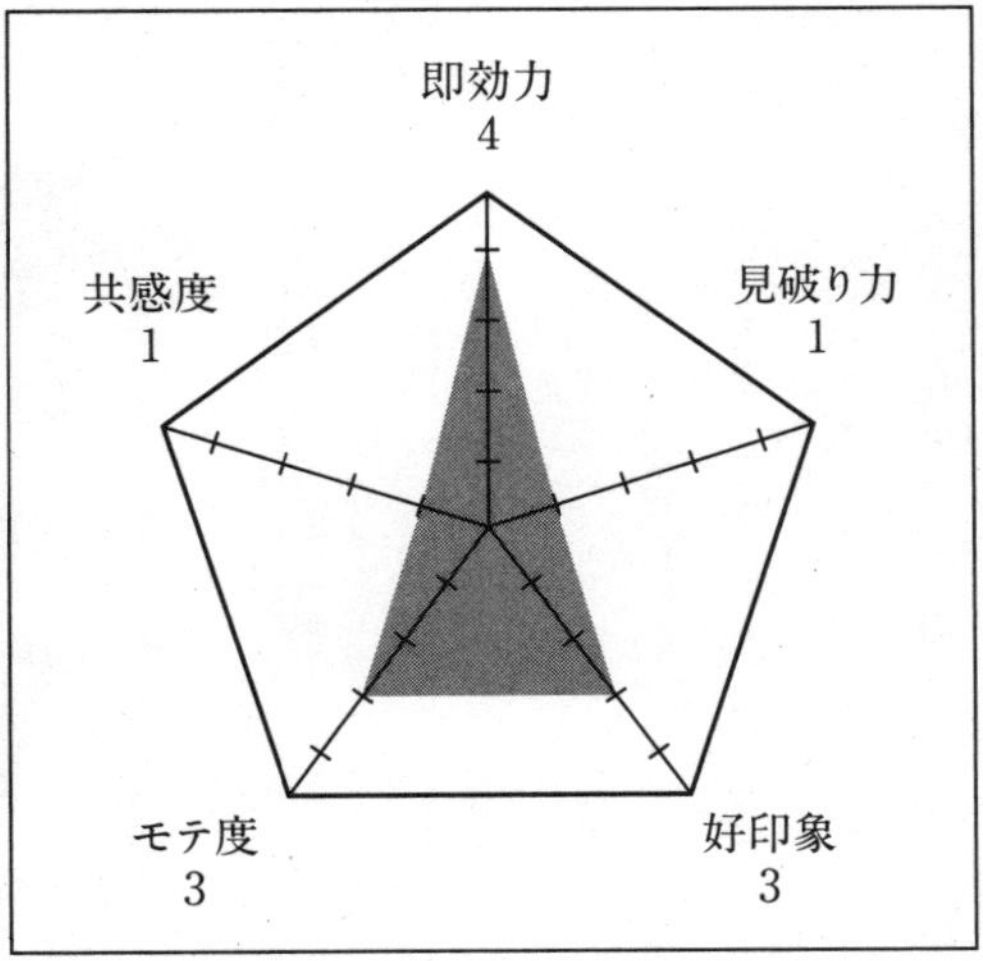

相手の会社を調べ上げて自分の要求をすんなり通す

TRICKキーワード　相手のことを知っておく

これができればあなたは…

デキる奴！

相手を饒舌にさせてより多くの情報をゲット

初対面の相手との会話は、緊張するものである。百戦錬磨の営業マンでも、「どんな相手でもまったく緊張しない」という人はいないだろうし、もしそんな人がいたら、営業マンとして少し繊細さとセンスを欠いているかもしれない。

　営業マンでなくとも、人間は初対面の人と接しないで生きることはできないし、新たな出会いのない人生はつまらないものだ。

　しかし、実際のところ「初対面の相手との気まずい雰囲気は苦手」、あるいは「どう会話をつなげばいいか戸惑う」という人は多い。

　特に仕事の場合は、初対面の印象が仕事の成否を左右する場合も少なくない。そんなときに、相手の関心を惹きつけるもっとも効率的な方法は、「相手のことを知っておく」ということである。とはいえ、相手のパーソナリティを前もって調べる必要はない。相手の会社のことを調べておけば会話の糸口はつかめる。たとえば、相手の会社のホームページをチェックしておけば、なにかしら気になる部分は出てくるものだし、自社と共通するテーマなども見つかるだろう。いきなり本題に入る前に、それらの話題で「相手に関心をもっている」ことを示すことができ、共通の話題をもち出すことで安心感を与えることもできる。そしてあなたに親近感を覚えた相手は、より多くのことをあなたに話すようになる。これらは営業マンにとっては当たり前のテクニックかもしれないが、営業マンではなくとも、外部の人とはじめて協働する際には効果的だ。いきなり本題に入るよりも多くの情報を得ることができ、打ち合わせも充実し、こちらの要求も通りやすくなる。

悪魔の格言

相手に関心を示せば、あなたは「悪い人」とは思われない

悪魔の実践度チャート

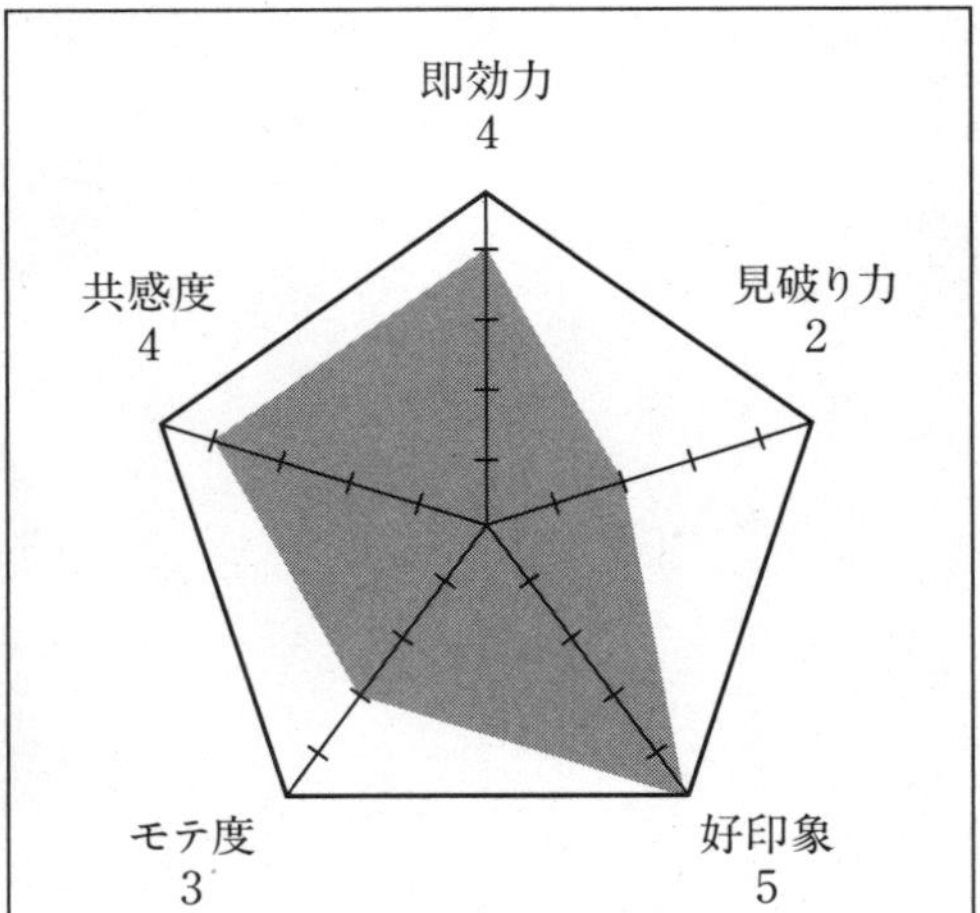

右側から忍び寄れば、上司は機嫌よく「YES」と言う

TRICKキーワード

相手の心臓の反対側から近づく

人間の心理は、体の構造と関わっている場合がある。たとえば、人間は無意識のうちに心臓を守る心理が働いており、警戒心を抱いている相手が左側にいると、圧迫感を感じてしまうのである。つまり、それほど親しくない相手の心を開かせたいと思ったら、右側から近づいたほうがいいのである。また、体の右側は利き腕なので、相手の警戒心を薄れさせる効果もある。

このトリックはセールスの場面でも役立つ。客の右側から話しかけることで、相手は警戒心をゆるめ、話に耳を傾けやすくなる。そのほかにも、上司と親しくなりたい場合には、飲み会のときなどに右側に座るように心がければ、上司はよりリラックスした気分であなたと対話することができるだろう。また、異性に声をかける場合や一緒に歩くときなども、相手の右側にいることを心がけると、あなたへの警戒心はずっと薄らぐはずだ。

ただし、このテクニックは左利きの人に対してはあまり効果がない。

これができればあなたは…

賢い奴

知っていると得する㊙テクで好感度アップ

悪魔の格言

嫌な相手と一緒にいることを余儀なくされたら迷わず左側を選べ

悪魔の実践度チャート

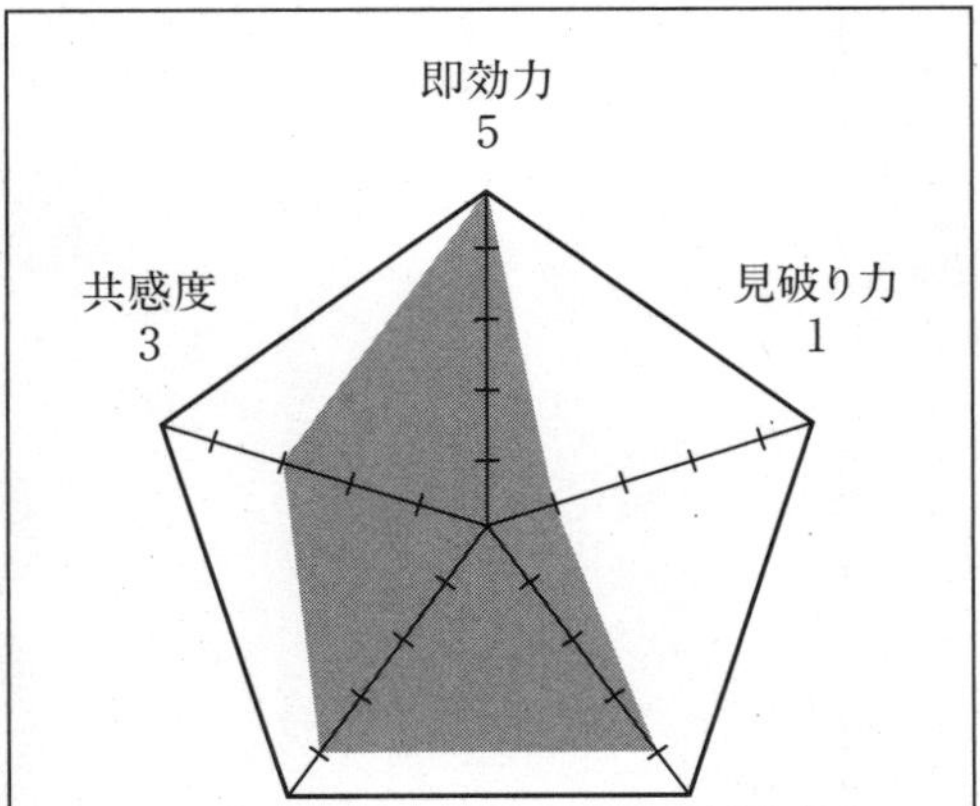

簡単な頼みを数回すれば大きな要求も快諾される

TRICKキーワード　ローボール・テクニック

これができればあなたは…

賢い奴

高い要求をするときは低い要求からが鉄則

人は、一度条件を飲んでしまうと、その後では断りにくいという心理が働く。アメリカの心理学者・チャルディーニは、大学生を対象として以下のような実験を行った。

最初のグループには「朝10時からはじまる実験に協力してください」と告げて承諾を得たのち、「実は時間が変更になり、朝7時からになりました。遅れないでください」と告げ、次のグループには、「水曜の朝7時からはじまる実験に協力してください」と最初から告げたのである。

その結果、実験を行う日時は同じ条件であるにもかかわらず、最初のグループは半数以上が承諾したのに対し、次のグループからは3分の1しか承諾を得られなかったのである。

このように、受け入れられやすい要求で承諾を得ておいて、後に要求を吊り上げていくテクニックを『ローボール・テクニック』という。相手がキャッチしにくいハイボール（高い球）を投げる前に、容易にキャッチできるローボール（低い球）を投げ、徐々

悪魔の格言

安いエサで引き寄せ、高い要求を承諾させろ

に相手に要求を飲ませていくという意味だ。

人は多くの場合、自分の言葉や行動に一貫性があると見られたいと願っているため、一度承諾した要求は、多少条件が吊り上がっても飲まざるを得ないと考えてしまうのである。

マクドナルドの低価格戦略なども、『ローボール・テクニック』の一種である。低価格のハンバーガーに惹かれて入店したものの、気を遣ってついついドリンクやポテトなども買ってしまうという人は多いはずだ。

相手に高い要求を飲ませたいと思った場合には、まずはローボールから攻めることが重要なのだ。

悪魔の実践度チャート

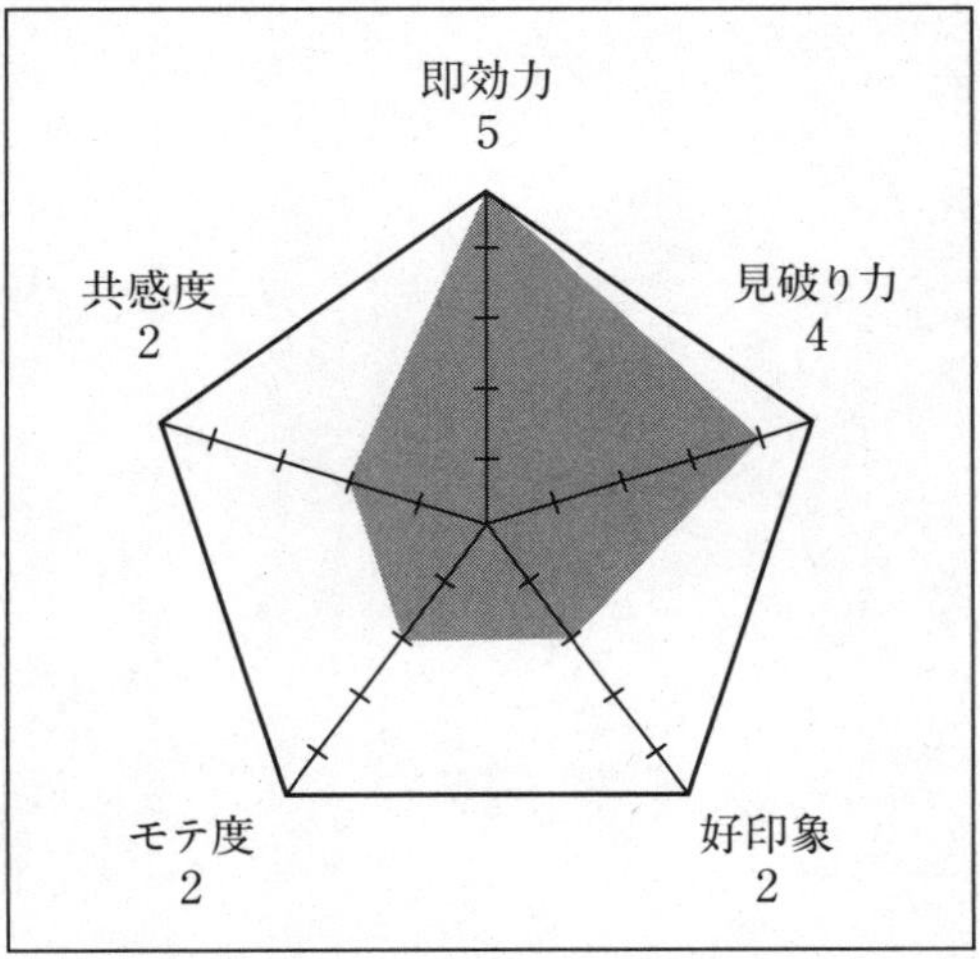

あなたの本性がわかる
心理テスト②

まわりは「YES」と言ってくれるか!? 仕事に対するビジョンがわかる!

問題1

じっくり考えてお答えください。
富士山が見えます。かかっている雲の位置は、どのあたりでしょう。

C 山の中腹	A 山頂のはるか上のほう
D 山のふもと	B 山頂あたり

「出世願望」診断

山が表すのは、自らの目標。雲の高さは目標への意識の高さを表している。すなわち、出世への意思を表しているとも言える。

C　出世願望 10%

出世欲はさほど大きくないタイプ。他人を蹴落としてまで出世しようという意欲はさらさらない。そのためいつの間にかライバルに水をあけられる恐れがあり、置いていかれないよう、危機感は必要だ。

A　出世願望 100%

出世したい願望が強すぎて、人を陥れたり、欺いてしまったりすることがよくあるタイプ。出世という本来の目的を離れて、他人の不幸を喜んでしまう傾向も。自分の本当の望みを見つめなおしてみては？

D　出世願望 50%

出世欲はあまりなく、人並みの生活を望む人。しかし、他人に踏み台にされることも多く、ストレスで追い込まれてしまう危険性アリ。適度な競争心は忘れずに自分の身を守れるように心がけよう。

B　出世願望 99%

出世願望はかなり高め。出世のためなら、他人の足を引っ張ることもいとわない。ライバルを出し抜いて、ウソの噂を社内にばらまくなど、ひどい仕打ちが日常茶飯事。悪事は長続きしないので注意。

問題2

朝顔の成長を見守るあなた。今日のいい天気で、明日の朝までに朝顔はどのくらい伸びているでしょうか？

C　5センチくらい	A　1センチくらい
D　7センチ以上	B　3センチくらい

「社長度」診断

空へと伸びてゆく朝顔。何センチ伸びているかが、会社においてあなたがどれくらい伸びるかを表します。いざ、リーダーとしての資質や、リーダーに適任かを判定。

C

社長度 90%

みんなで和気あいあいと集団をまとめることに適している。ただ、みんなと同じ目線であることがわざわいして、厳しく時には冷酷な判断も下して集団を引っ張っていくことには不向き。

A

社長度 30%

社長になるよりは独立してフリーで活躍できるタイプ。もともと集団行動が嫌いで、単独でうごきたがる一匹狼気質なので、集団を仕切る立場に立つと、一転してどうしていいかわからなくなる。

D

社長度 50%

出世欲や人の上に立ちたいという願望が強い人。人の上に立つ機会を与えられると力を発揮するが、ときに思いが強すぎて、コントロールを失ってしまい、よからぬ方向へいってしまうことも。

B

社長度 120%

リーダー気質は十分で、あなたが社長になれば、会社は順風満帆。自分の意見を通すのではなく、人の意見もしっかり聞くので、周囲からの信頼も高い立派なリーダーになることができるだろう。

問題3

あなたは赤ずきんちゃんです。 おばあさんの家に行く途中で、 森に迷い込んでしまいました。 その森の様子は?

C 想像と全然違う	A 意外とキレイ
D 想像とだいたい同じ	B 意外とジメジメしている

「二重人格度」診断

仕事仲間との付き合いの中で、大事なのが素の性格。あなたの無意識の状態を象徴する森と、あなたの想像との違いが、あなたの素の性格とあなたの想像する性格との違いだ。

C 自分では気づかずに二重人格

完全なる二重人格者で、自分でそのことに気がついていないようだ。無意識のうちに、人や場面によって本音と建前を完全に使い分け、自分を守るための巧妙なウソをつくのが大得意。

A 想像以上に自分はいいヤツ

自責の念にかられることがよくあるが、同僚からはキレイな心の持ち主だと思われている。あなたが自分自身を悪い奴だと感じるなら、周囲の人の心は、もう比べものにならないほど真っ黒かも。

D 二重人格度は皆無に近い

思った通りに行動に移すタイプで、同僚からの信頼度も高い。「あの人がそうだと言うなら、そうなんだろう」と、あなたが発する言葉にウソが隠されていないことも同僚はとっくに理解済み。

B 想像以上に自分は暗いヤツ

普段からサバサバした言動を心がけているつもりでも、同僚からは、まったくそうは受け取られていない。実際は心の中で、言葉や振るまいとは異なることを思っていないだろうか。

問題4

テレビのコードや、パソコンのコードなどがぐちゃぐちゃ。このままでは火事になってしまうかも。この配線をどうする？

C 地道に全部ほどく	A 見なかったことにする
D 新しいものに総入れ替え	B ちょっとほどいてあきらめる

「薄情度」診断

絡まったケーブルは、感情や人間関係のもつれを表している。それへの対応の仕方から、何か問題が起こったときに発揮される薄情度がわかる。

A 臭いものにはフタをするタイプ

争いを嫌う、穏やかな平和主義者。それで日々をやり過ごすことはできても、根本的な問題はいつまでも解決されず、「いつか誰かが解決してくれる」という甘い考えでは、やがてボロが出る。

B 人生あきらめが肝心なタイプ

問題を解決しようとはするが、最終的にはあきらめてしまう……というタイプである。これを繰り返していつまでも逃げていては、生涯大切にできる人間関係を育む機会には、なかなか恵まれない。

C 情に厚く、根気強いタイプ

トラブルのひとつひとつに向き合って解決しようとするが、大きな器をもっていないと、逆にトラブルを増やしてしまう可能性も。いつの間にか自分自身がもつれの原因になっていることも……。

D 新しい関係で代用するタイプ

ケーブルが絡まったのだから、新しいのに替えればいいというのは一見合理的だが、人間関係ではなかなか通じない考え方。そんな簡単に人間関係を切り捨てていては、将来は孤独な老後が待っている!?

第三章

あなたの見た目・印象を変える！

トリック操作

トリック操作

目的＋理由っぽい表現で相手を丸め込め

TRICKキーワード　カチッサー効果

人を説得するためには通常、説得力のある理由が必要だ。しかし、その理由を明確に導き出すのは時に困難な場合がある。

では、大した説得力がないので理由を説明せずに何かを依頼するのと、どうでもいい理由をつけて説得するのとではどちらが効果的なのだろう？ 実は後者のほうが有効なのである。

ハーバード大学のエレン・ランガー教授がある有名な実験を行っている。コピー機を使用しようとしている人に対して「先に

出世間違いなし！

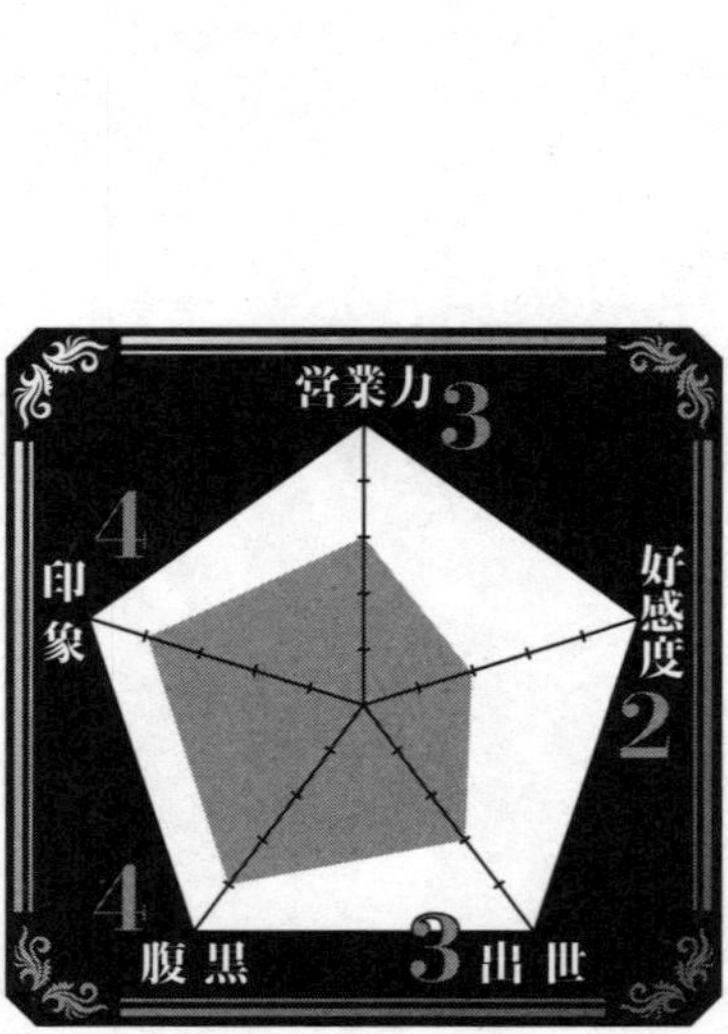

悪魔の格言

急いでいるときは「理由のようなもの」を用意しろ

コピーさせてもらえませんか？」「コピーをとらないといけないので先にコピーさせてもらえませんか？」という2種類のお願いをして、その結果を比較したのだ。

その結果、普通に頼んだときの成功率は60％だったのだが、「コピーしないといけないから」とあまり説明になっていない理由をつけたときは93％とかなりの高確率で依頼を聞いてもらえたのである。

この結果により、人は明確な理由がなくても、「理由のようなもの」に反応して従ってしまう傾向があることが判明し、『カチッサー効果』と名付けられた。

先ほどの「コピーしなければいけないからコピーする」というような話法は「循環論法」と呼ばれる。冷静になって聞けば同じことを繰り返しているだけで何の意味も成していないことがわかるが、この『カチッサー効果』を利用したいときはこのようなこじつけでも効果がある。急ぎで何かを依頼したいとき、「ここを通りたいので通してください」「やらなきゃいけないからやりましょう」といった言い回しを使うことで切り抜けられる可能性が高まるのだ。

トリック操作

最初から全部売ろうとしたって誰も買わない！

TRICKキーワード　マクドナルド法

交渉や営業を行う多くの場合、「こちらを買っていただけないでしょうか」ということで交渉にいくものだ。しかし、大抵の場合はいきなり「買ってください」と言われてもなかなか首を縦には振ってくれないことだろう。

そこで、マクドナルドで使われている手法をもとに、うまい交渉術を教えよう。

マクドナルドに行くと、ハンバーガーを頼んだあとに必ず「ご一緒にドリンクはいかがですか?」とすすめられる。いきなり

イメージ操作

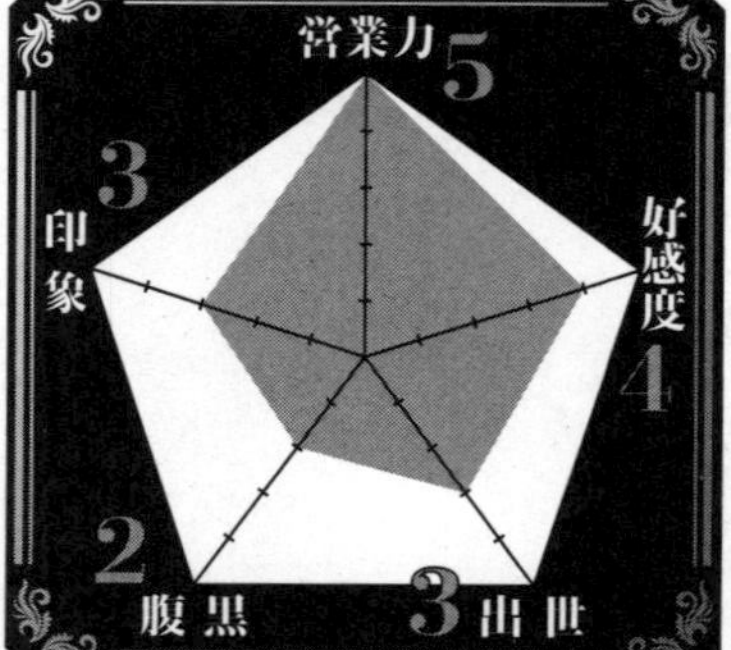

悪魔の格言

商品をバラ売りにして足し算で稼げ

セットで買うと高い気がするが、追加注文でちょっとずつ言われるとお得な気がしてくるものである。

この手法をマネて交渉を行うと非常に成功率が高いという。これはアメリカの説得研究者ケビン・ホーガンによって「マクドナルド法」と名付けられた手法だ。

最低条件を設定して客を惹きつけ、その上で「追加オプションでこんなものもありますが？」と交渉を進めると、「ちょっとぐらいなら……」と相手の購買意欲を引き出しやすいのである。

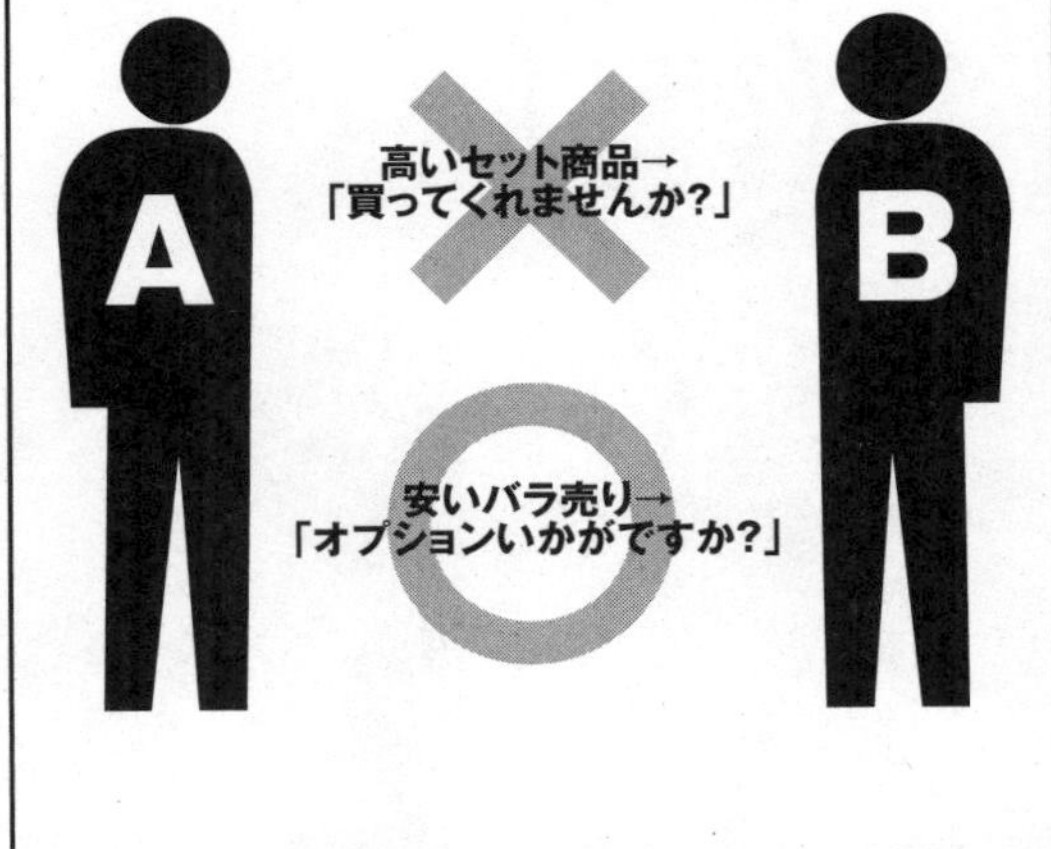

マクドナルドの商売テクの応用

トリック操作

食・性・金・休
「欲」を絡めると人を惹きつけられる

TRICKキーワード　鉄板の基本欲求

人を惹きつける魅力的なコンテンツとは何か？　急速に移り変わる流行を常に追いかけ、人より早くキャッチして発信するというのはとても容易ではない。ならば、流行とは関係ないところで探してみてはどうだろうか。

それが「基本欲求」を満たすコンテンツである。食べる・セックス・金を稼ぐ・寝るなどの基本欲求は、どんな人、どんな時代でも求められるものである。「グルメ」「美女（イケメン）」「金運」「快眠」「健康」な

交渉力アップ

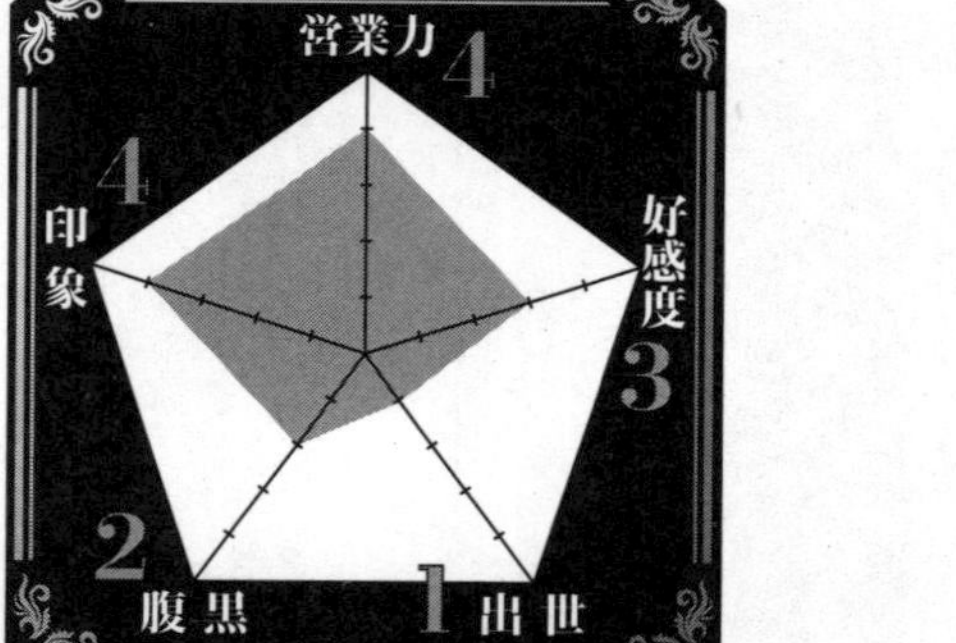

どの言葉を何らかの形で絡めると、多くの人が関心をもつ内容になる。

これら日々の生活に欠かせない事柄は、成果が芳しくないときにプラスアルファの要素として効果的だ。金券、健康グッズをサービス、きれいな女性スタッフを投入など、困ったときは基本欲求に基づく何かを付け加えてみるとうまくいく。

逆にこれらの基本欲求をないがしろにしたものは、いつの間にか消えていってしまっている。

昨今は高齢化やストレスの問題が大きいせいか、健康に関するコンテンツは特に多く世間に流通しているように見受けられるようになった。

スピーチの際なども、お金の簡単な儲け方や健康になるためのテクニックや色恋の話などを絡めると飽きずに聞いてくれるという。

人の日々の生活にこれらの欲求は欠かせないもの。毎日ごはんを食べ、お金を稼ぎ、セックスをして、健康のために運動をし、よく寝る。とてもシンプルなことなのだが、忘れがちだ。

悪魔の格言

人間が毎日欲するものをコンテンツに絡めろ！

トリック操作

アゴを20度上げるだけで見た目の好感度アップ

TRICKキーワード　美人効果

カナダのモントリオール、マギル大学のA・マイノルトは、アゴを10度きざみで傾かせた顔の表情のCGを使って、印象の変化を検証した。

すると、20度で非常に快活で好印象、30度で尊大な表情に見えるというデータを得たのだ。

たったの10度の違いで、全然違った見え方になるというのは非常に興味深い結果だ。自分を元気よく見せたいときは、少しだけアゴを上げるようにしてみよう。それ

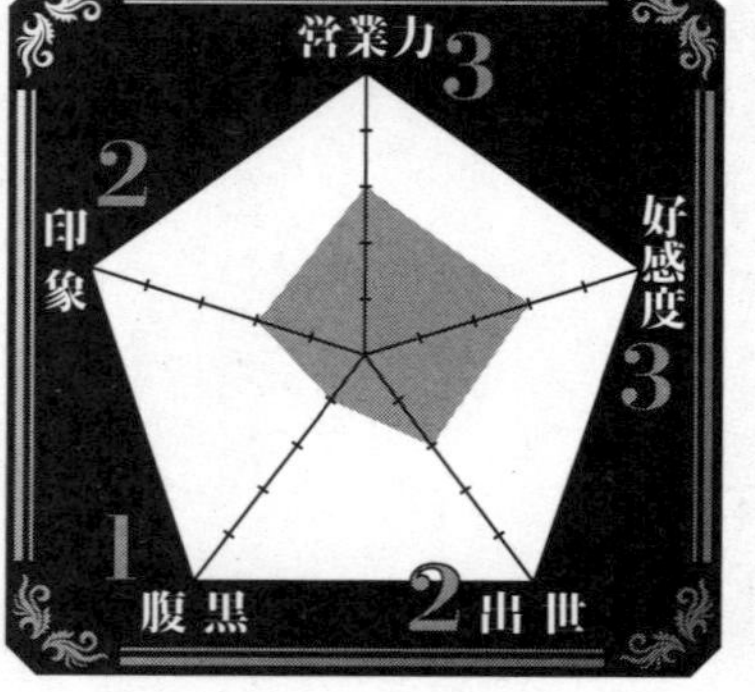

だけで快活に見えるようだ。くれぐれも突き出しすぎて尊大に感じさせないように。

もちろん顔の形によって見え方も違うので、自分の元気に見える表情を、鏡を見て研究してみるのもいいかもしれない。

一般的には45度うつむくとかっこよく見えるというデータもある。典型的なモデルのプロフィール資料は、だいたいこの45度のうつむきと少し斜に構えた角度が美しく見えるとされている。女性ならば対男性の交渉のときは、少し上目づかい気味のほうが男性から好印象。正確に角度を維持するのは、少し不自然かもしれないが、ちょっと顔の角度をつけて自分のよい角度をつくっておくといいだろう。

また、なるべく笑顔を絶やさずにいることも大切。アメリカのある大学の別の実験では、「微笑んでいる人ほど経済的に豊かである」というデータもあるのだ。確かに笑顔が素敵な人はなんだか裕福に見えるし、笑顔でいると気分もポジティブに変換されるので、いいこともありそうだ。

人と目が合ったら口角を上げるクセをつけるのもいいだろう。

悪魔の格言

いつでも口角を上げて笑顔をつくるクセをつけろ！

トリック操作

赤は血の気を上げる色、勝負のときは赤パンをはけ！

TRICKキーワード　色の効力

色には心を刺激するさまざまな要素がある。特に「赤」はやる気を起こさせる色だ。アドレナリンは元気を司る脳内物質で、血圧を上げたり、心拍数を上げて元気な覚醒状態を演出する交感神経を刺激する作用をもっている。

赤はその交感神経を刺激し、アドレナリンを分泌させる働きがあるという。だから疲れて元気が出ないというときは、赤を着ることをおすすめしたい。

でも、全身赤一色というのも対外的には

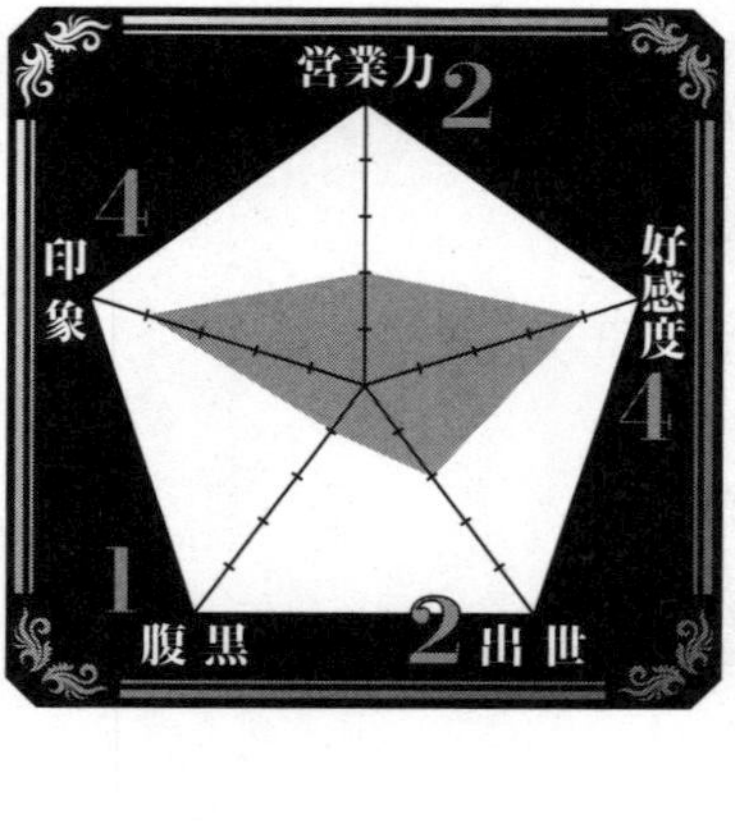

悪魔の格言

赤いパンツをはくとやる気が出る

よくないかもしれない。ましてやスーツ着用の仕事で、赤はないだろう。それ故に、パンツを赤にしてみるというのはいいかもしれない。

赤を身体にまとっているとイメージするだけで、だいぶ心のモチベーションも違うものだ。財布や携帯電話を赤にするというのも、やる気のモチベーションを維持するという意味では効果的だ。

大事なプレゼンやスピーチのときには、下着を赤にして気合いを入れるという人も少なくない。

そのほかにも、赤は食欲を増進させる色といわれ、飲食店でも頻繁に使用されているほか、いちばん目を引く色ともいわれているので、広告でもメインカラーとしてよく使われている。

逆にインテリアや内装などに赤は使わないほうがいいとされている。興奮を助長する色なので、落ち着きたい空間がせわしなく感じられてしまうのだ。

自分や会社の存在を際立たせたいときは赤を使い、オフにする時は白やグレー、茶色などの主張しない色を基調にしよう。

トリック操作

青、緑、紫など、色の使い分けでイメージを操作する

TRICKキーワード　色の効果

赤以外にも色が心に与える影響はさまざまだ。一般的に青は冷静・抑制、緑は安定・調和、黄色は希望・光、紫は高貴・欲求不満とそれぞれイメージさせる色がある。

対人の場合でもこれらをうまく使い分ければ、状況に適したイメージを相手に与えることができる。

第一印象は青のシャツを着て冷静な印象を与え、いざ仕事のときは赤のネクタイをしてやる気を主張し、何かの問題を起こして謝罪に行くときはグレーのネクタイを着

イメージ操作

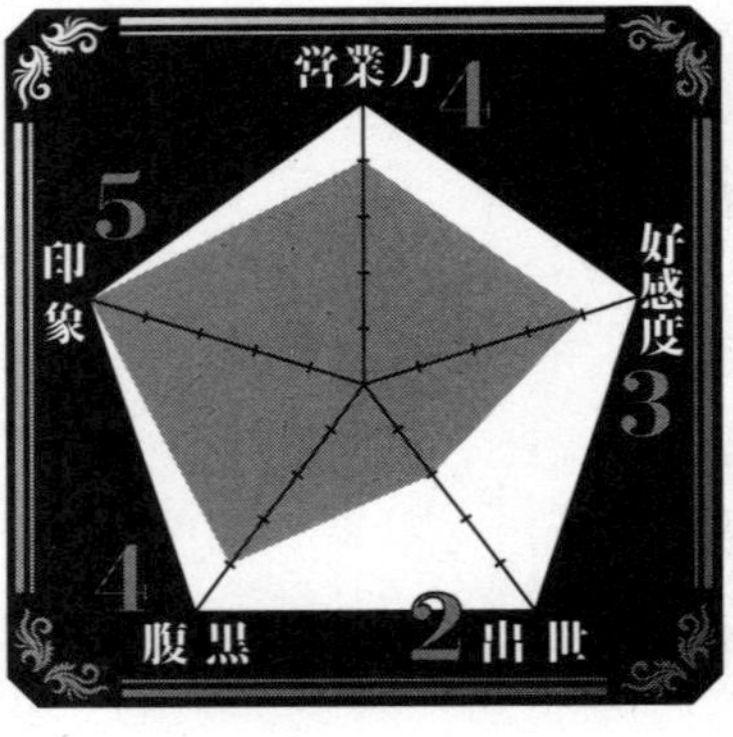

けて沈静した演出をし、特別な席では高貴さを演出する紫でイメージを変換する。

このように色には特性があり、相手によい印象を与えるための心理テクニックとして知っておくと便利だ。

ある会社では、青系と赤系の2種類の会議室をつくり、怠慢になりがちな社内会議は赤い部屋で活気をつけるように誘導し、落ち着いてじっくり話したい社外の人との会議は青い部屋で行うようにして、部屋を使い分けているという。

また、逆に自分が求める色は、その色が与えるイメージを欲しているということなので、自分の心の状態を知るという意味ではわかりやすい。

赤を求めていれば、やる気を出したい・モチベーションを高めたい、青を求めていれば、疲弊していて休みたい・静かな時間を過ごしたいということであり、緑を求めるならやはりストレスが多く、癒されたい願望があり、白を求める場合は、何か無心になってハマりたいなどの欲求を抱えている証拠。色の好みは、自分の心の本当の状況を判断するのに適しているのである。

悪魔の格言

第一印象は青、勝負どころは赤、謝罪のときはグレー

トリック操作

「4割失敗」も「6割成功」と言えばよい印象に変えられる

TRICKキーワード　フレームの変換

数値のみならず、文章の見せ方でいかに心理操作できるかを説明しよう。

たとえば「この意見には4割の人が反対しています」と言うのと「この意見には6割もの人が賛成しています」と言うのとでは、データとしては同じことなのだが、言い方ひとつで印象がずいぶん違ってくる。

このように文章の枠組みを変えて伝えると、全然見え方が変わるものだ。この枠組みのことを『フレーム』という。

このフレーム操作を巧みに行えば、ネガ

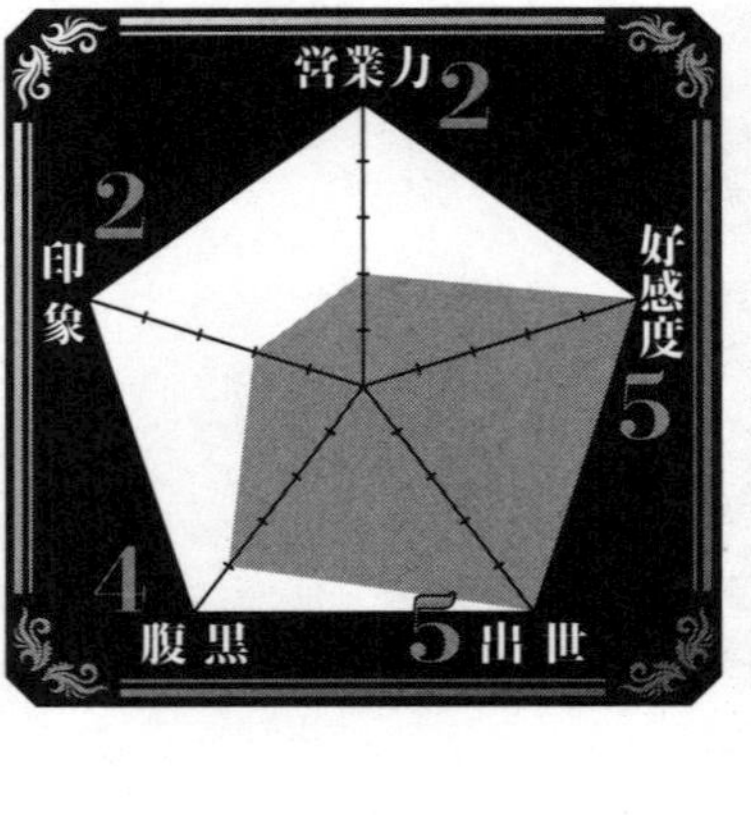

ティブな情報もポジティブな情報に簡単に変換できてしまう。

ミラノ大学のＰ・ケルニー博士は、イタリア人220人に対して次の2つのパンフレットを配り、実験を行った。「40歳を越えたらガン検診を受けましょう。検診を受けないとガンだけではなく、重大な病気の発生を見逃すことになり、大変な事態を招きます」という文言のパンフと「40歳を越えたらガン検診を受けましょう。検診を受ければガンだけではなく、重大な病気の発生を見つけることができ、安心できます」のふたつだ。その後、それぞれの参加者に「ガン検診を受けたいですか？」と聞いたところ、前者のほうが検診を受けたいという人が多かったという結果になった。

前者のほうがリスクを前面に押し出して危機感を煽る内容になっているので、「受けなければ危ない」という気持ちにさせられるということだ。このようにフレームを使い分けることで、いかようにも相手の印象を操作することができる。いつでも2種類以上の言い回しを考えておき、有効に使うべし。

悪魔の格言

見方を逆転させれば人はいいように錯覚する

トリック操作

人は実際の能力よりも数の多さに負けてしまう

TRICKキーワード

数は力

イスラエルのヘブライ大学の心理学者ヤコブ・スクルは、52名の学生に模擬面接の実験を行った。学生には面接官になってもらい、評価してもらう。このとき、推薦状が1通の応募者と、2通の応募者について評価した。結果は、2通の推薦状をもった応募者のほうが「適性」「正直さ」「チームワーク」すべてにおいて1通の推薦状の人より高く評価された。

これは、「数は力」であることを証明する実験である。人は推薦状の中身より「2

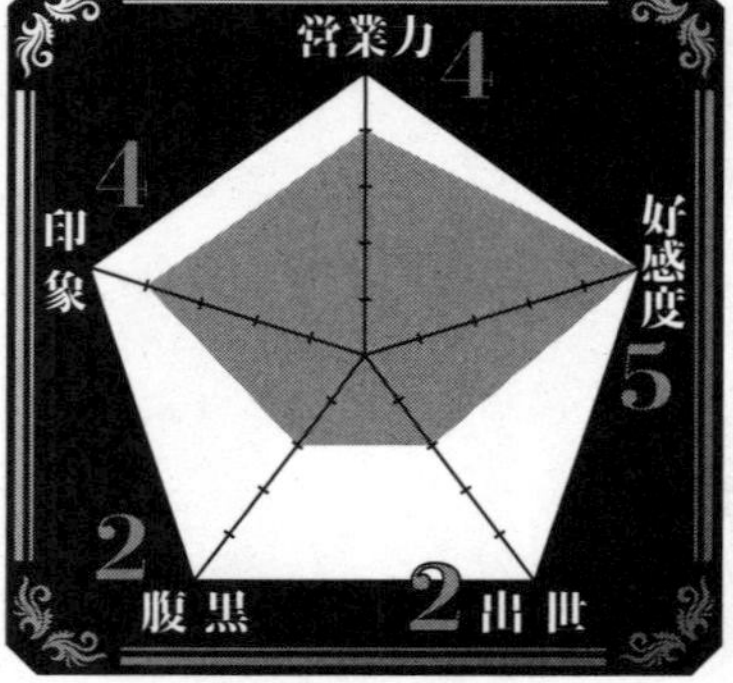

悪魔の格言

内容よりも数を増やして見た目で勝て

通」もの推薦状をもらっている人を評価したのである。

だから、何か大きな商談などに臨む際は、なるべくたくさんの数のものを用意するといいだろう。

なるべく部下は多く引き連れ、サンプル商品はなるべくたくさん持参することで、「多くの部下がいる優秀な上司」と思わせたり、「他社よりサービスがよく、余裕があってモチベーションも高い会社」と思わせたりすることができる。頭数をそろえることが何よりも大切なのだ。

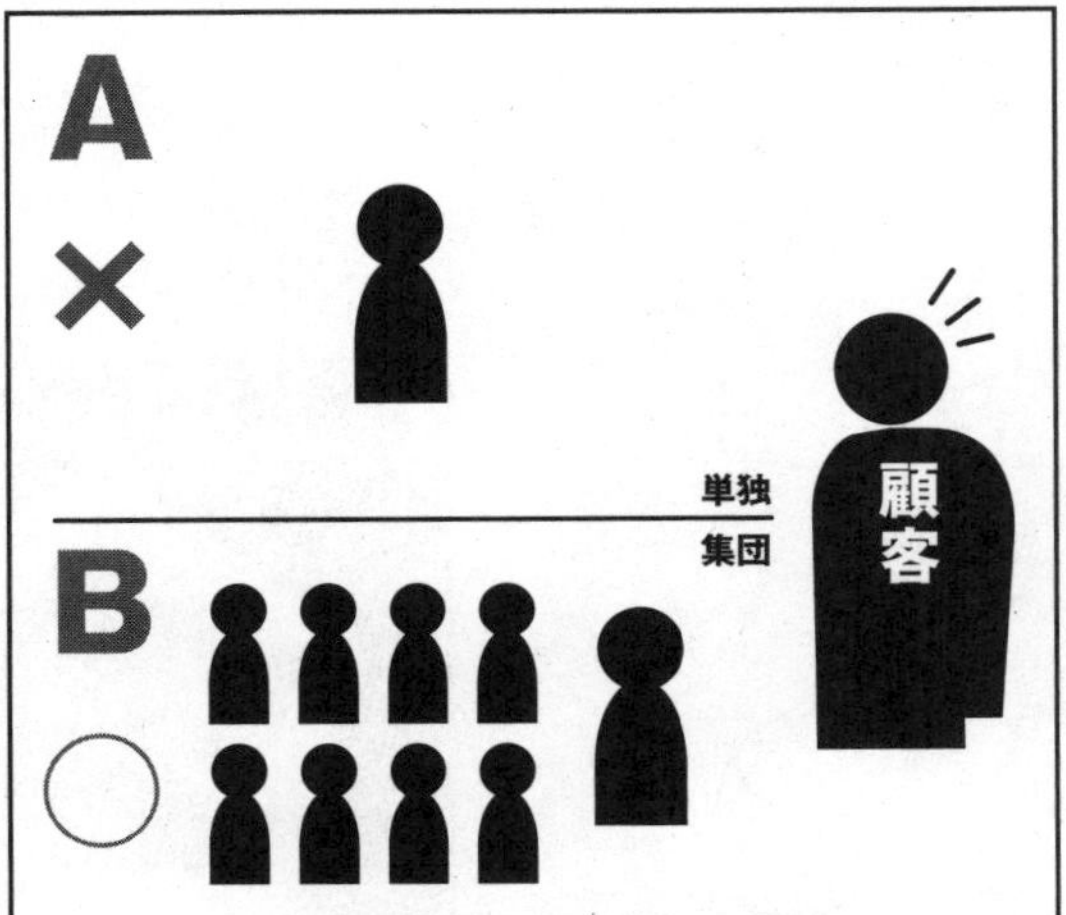

トリック操作

黒を着るだけで強く見えて威厳が上がる

TRICKキーワード　威厳の黒

さまざまな色が心理に与える影響について説いてきたが、果たしてどんな場合でも効果的な色はあるのだろうか？　グレーや茶色は中間色なので当たり障りがなく、どんな場合にも適応できる。だから中間色がベスト、と思うかもしれない。

しかし、よく考えてみてほしい。顧客やクライアントに見てほしいのは「よくも悪くもない」存在感ではない。それは別の見方をすると、どうでもいい存在になってしまう危険をはらんでいる。本当に望むのは、

イメージ操作

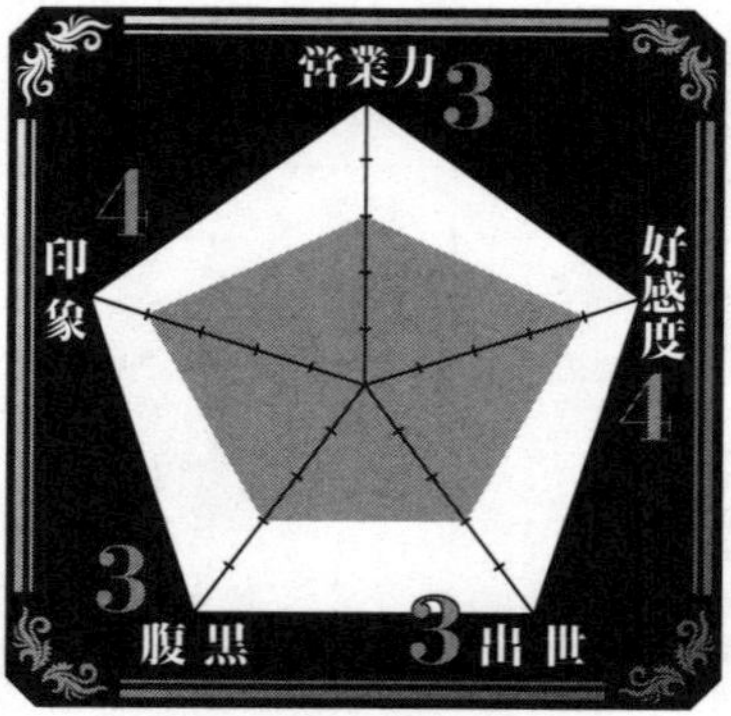

悪魔の格言

妙な小細工よりも威厳の黒でキメろ

「この人にならぜひ頼みたい」という確かな存在感なのである。

その視点で考えるなら、「黒」が間違いない。黒は威厳や風格、重厚感を表現し、情感を伝えるものではないが、確かな存在感を体現してくれるものである。

パリッとキメた黒のスーツは、誰が見ても威厳と風格を備えたやり手人間に見える。

考えてみれば、地位と権力をもった威厳のある立ち位置の人の多くは、やはり黒を着用していることがわかるだろう。首相、教授、裁判官、社長など、位が高く洗練された人をイメージすると、圧倒的に黒が多いのだ。

黒は風格を表現すると同時に、ベーシックな色でもある。どんな場合においても黒のスーツが合わない場合はない。昔は葬式の色とされ、悲しみを象徴する色だったが、今では洗練された都会的イメージのほうが強い。だから、いろんな趣向を凝らして色とりどりの服に挑戦するより、ピタリとキマった黒のスーツを一着もっておくほうが間違いない。

トリック操作

威厳を保つためには、意地でもネクタイとスーツは脱ぐな

TRICKキーワード　厚着は上位

社内においても、社外においても、自分をよく見せるための工夫はまだまだいっぱいある。今回は色ではなく形状について説いてみたい。

昨今は、クールビズやエコと称して、夏は、ネクタイを外して半袖がいいといわれているが、一方で、半袖のサラリーマンを見ると「少し締まりがない」と思ってしまうことはないだろうか。

この評価、実は間違ってないのである。本来、世界のどんな国でも厚着は「権威の

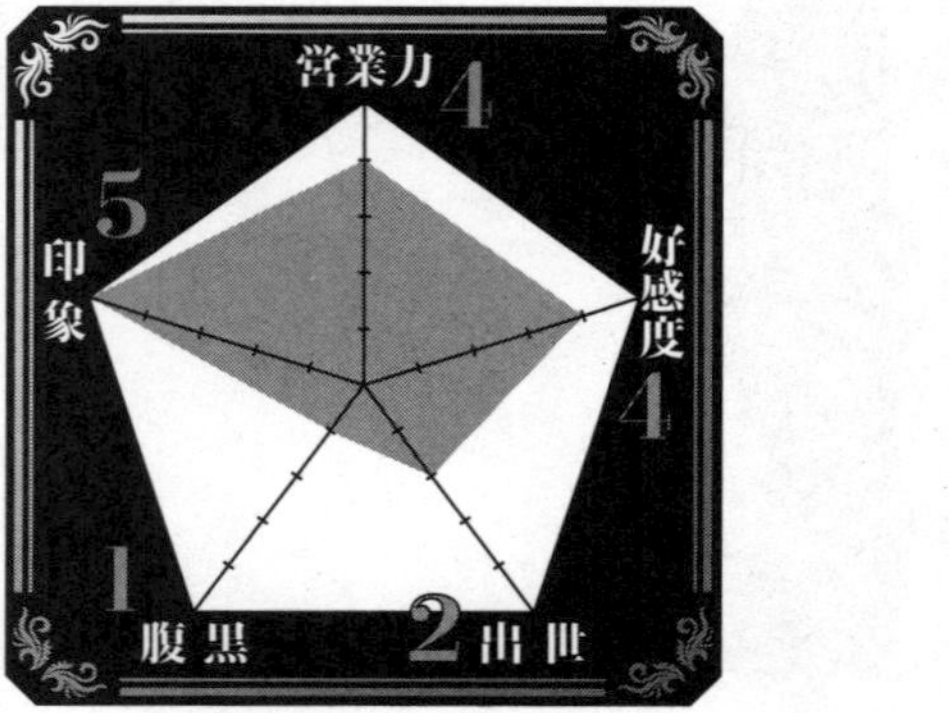

悪魔の格言

半袖は弱者。夏でも長袖は権威の象徴

象徴」だったのだ。平安貴族の礼服、西洋の王族の絢爛豪華な洋服、どれも長袖は気品があり、威厳のある存在に見せていた。

庶民はといえば、薄手で生地面積の狭い半袖などで過ごすのが常だった。今や庶民や貴族という階級社会はなくなったものの、潜在意識の中で長袖は貴族的、半袖は庶民的というイメージがあることは否めない。

自らを気高い人に見せたいなら、夏でも長袖で過ごすことをおすすめしたい。

事実、クールビズがはじまってから、若手の勤務怠慢や遅刻が増えてきているというデータもある。これは、上司の権威が失墜したことにより、部下がナメてかかっているせいもありそうだ。

上司であればみずからの威厳を主張し、部下であっても「真面目でしっかりした奴なんだな」と評価を上げることができる。とはいえ、室温の高いオフィスでネクタイをして長袖のままでいることもなかなか厳しいもの。せめてネクタイをゆるめ、袖をまくる程度におさめて、ご自分の威厳を失わないようにご注意願いたい。

トリック操作

どんなに時代が変わってもメガネは謹厳実直に見える

TRICKキーワード　生真面目メガネ

昔はメガネといえば、ガリ勉でオタクのイメージが強く、マイノリティにとらえられがちなところがあったが、最近はオタクがメインストリーム化してきた影響もあるのか、メガネがカッコいいものとして認知されるようになってきた。視力が悪くなくとも伊達メガネで知的なイメージを演出し、自分をワンランク上に見せるテクニックにさえなっている。

上司や部下からもマイノリティとして見られることはなくなったので、少なくとも

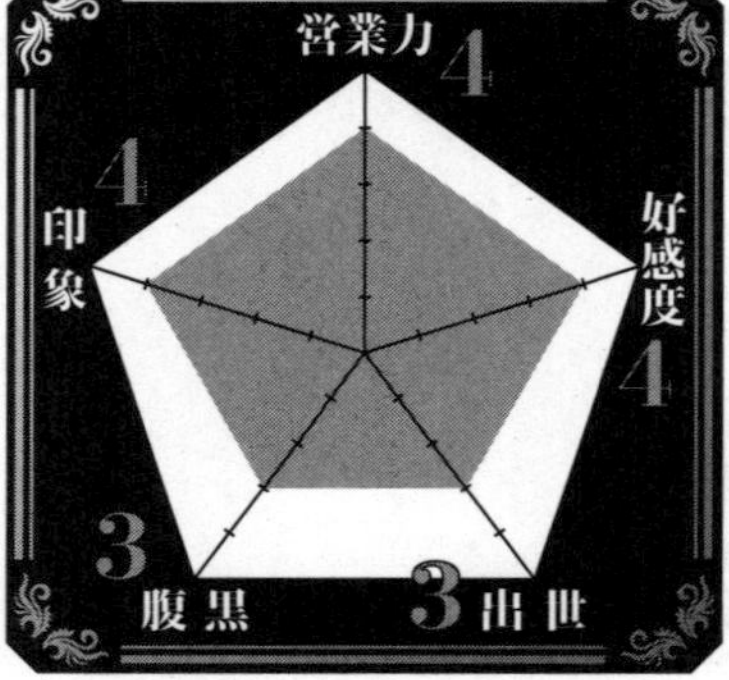

視力が悪くてメガネをかけるべき人が、わざわざコンタクトに変える必要もなくなった。

逆に今は、視力に問題がなくとも、どちらかというと怠慢に思われがちな容姿をしている人は、伊達メガネで印象を変えてみるのもいいかもしれない。

また、場面に応じてつけるメガネを替えてみるという上級テクニックもある。メガネは顔の一部なので、表情や雰囲気を演出してくれる要素もある。

たとえば、会議やプレゼンなど説得力を要する状況においては四角いメガネをかける。人は細い顔をしている人に信頼を寄せる性質があるので、角張ったメガネをかけると信頼感が増すのである。

そして、営業や打ち合わせなどのまず親近感を相手にもたせたいときには、丸いメガネ。細い顔が説得力を演出するのとは逆に、丸い顔は親近感を演出してくれるのだ。丸メガネに替えるだけで、相手と打ち解けやすくなるわけである。謹厳実直の象徴であるメガネをうまく使い分けて、イメージをアップするべし。

悪魔の格言

メガネ＝謹厳実直。角メガネは説得力、丸メガネは親近感アップ

トリック操作

顔の右側は強さ左側は優しさを魅せる

TRICKキーワード 左右のイメージ

人の顔は表情や角度の見せ方によってよくも悪くも変えられるもの。しかし、顔の向きに特別な違いがあることは意外と知られていない。

人は通常自分の顔を、中心から左右対称なものだと思っているが、実は全然違うのだ。自分の顔を鏡でよく見てみれば、筋肉のつき方や張りが左右でだいぶ違うことに気づく。

しかもこの左右のイメージには傾向があるのだ。右側がシャープで切れ長、左側

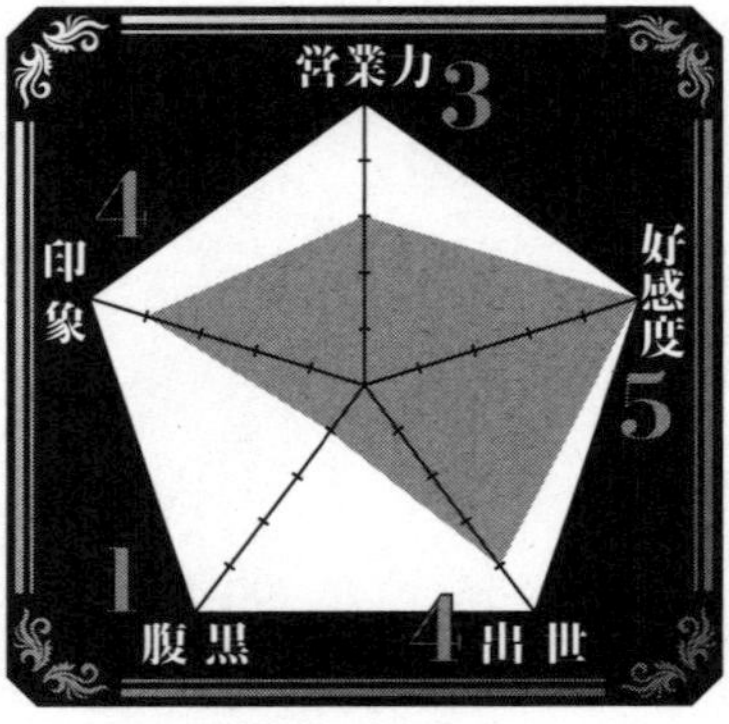

が柔和で優しいイメージに見える。試しに自分の正面写真を撮り、中央に鏡を置いて右の顔と左の顔をそれぞれ反転させてみるとよい。どちらも本来の顔とは違う顔になるはずだ。やはり、右側の方が少しキリッとして左側の方がゆるい顔になる傾向がある。この顔の傾向を知っていれば、ビジネスにおいても使い分けができる。

やはり、説得したり言いくるめたりしなければならないときはキリリとした右側を見せ、初対面の相手などには左側を見せて優しい印象をもってもらうといい。

ずっと顔の角度を気にして傾けているのも変なので、右側を見せたいときは相手の若干左側に席をとり、左側を見せるときは相手の若干右側に座るようにするといい。

この左右の顔立ちは、多くの場合右側のほうが見栄えがよいとされ、写真を撮るときは右頬を見せて撮るときれいに撮れると自負する人も多い。

この右側優位の理由は、視覚情報を取り入れる右脳と関係があるとの説や、利き手側の筋肉の発達と関係している説など諸説あるが、いずれにせよ興味深いことだ。

悪魔の格言

右顔が切れ長イケメン。左顔は柔和な優しさ

トリック操作

ファーストコンタクトは ウソでもいい格好をしなさい

TRICKキーワード　初頭効果

人を判断するとき、第一印象というのは何かと大事だといわれている。

このことをアメリカの心理学者アッシュが実験によって検証した。ある人物の性格を、順番を変えて説明した。最初のグループは、「知的→勤勉→衝動的→批判的→嫉妬深い」の順に伝え、次のグループには同じ内容を真逆の順番で説明した。結果、参加者は前者を知的で勤勉な人ととらえ、後者は欠点がある人ととらえる結果となった。同じ内容であるにもかかわらず、知る

交渉力アップ

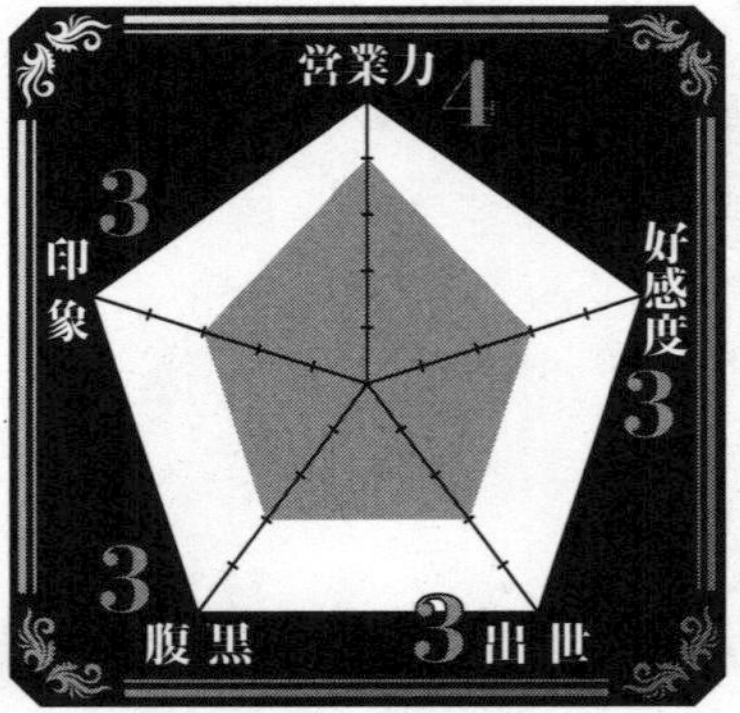

悪魔の格言

はじめて会う人に悪い印象を与えたらアウトと思え

順番だけでこれだけ印象が変わってしまうのだ。

それだけ「最初は肝心」ということがいえる。最初の印象が悪いと、いつまでも「あの人は~なところがあるけれど」がついて回ることになってしまい、いつまでたってもよい印象に変換されにくい。

このはじめの印象があとまで残る現象を『初頭効果』という。だから、どんなに困難な状況でも第一印象だけは、ウソをついてでもよくして、相手に悪いイメージを与えないようにしなければならない。

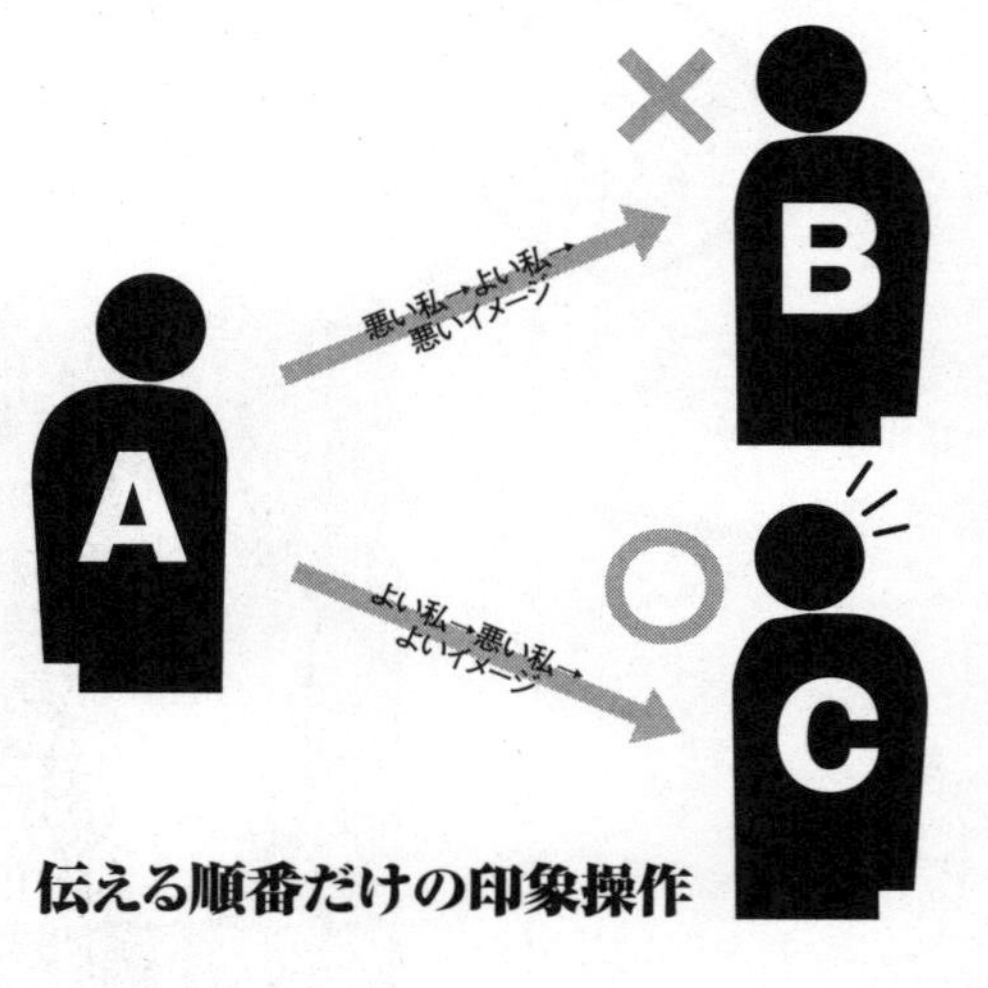

伝える順番だけの印象操作

トリック操作

人間関係はポジティブな表現のほうがうまくいく

TRICKキーワード　ポジティブフレーム／ネガティブフレーム

『ポジティブフレーム』と『ネガティブフレーム』をいかに使い分けるべきかということをここでは説明しよう。

「タバコを吸うとガンで死ぬ」とネガティブに言われると、あまりに衝撃的で今すぐにでもやめてしまいたいと思ってしまう。この場合は『ネガティブフレーム』のほうが効果的だ。危機感を煽って相手を説得するという手法においては、『ネガティブフレーム』ほど有効な手段はない。

しかしながら、それが逆効果を生んでし

イメージ操作

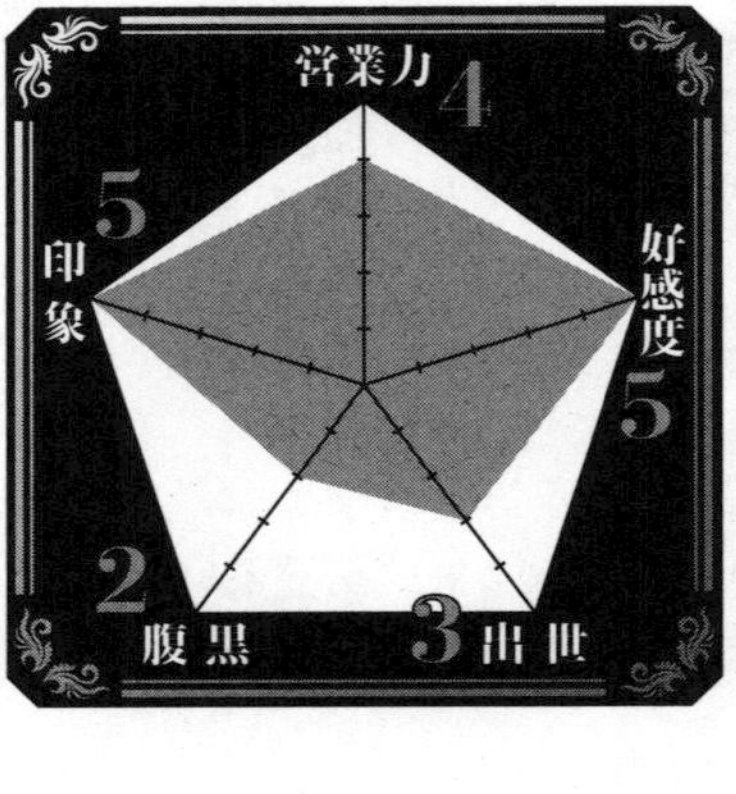

悪魔の格言

宣伝ではネガティブな表現が強い

まう場合もある。わかりやすいのが公衆トイレの注意書きだ。「トイレを汚すな」と書かれると気に障って、あまり気を使わないことのほうが多いが、「トイレをいつもきれいに使っていただき、ありがとうございます」とお礼の言葉を書かれてしまうと、なんとなくきれいに使ってあげないといけないなと思ってしまう。

タバコのことに関しても、宣伝広告で「ガンになる」と書かれていると危機感を煽られるが、知人から「タバコをやめると、ごはんもおいしくなるし、体も健康になって最高だよ」と言われたほうが、気が進むものだ。だから、一回で強烈なインパクトを与えたいときは『ネガティブフレーム』が有効だが、日常の指摘としては『ポジティブフレーム』のほうが有効なようだ。

ある心理学実験でも『ネガティブフレーム』を使う人より『ポジティブフレーム』を使う人のほうが、宣伝広告の効果とは反して印象がいいというデータもある。

つまり、宣伝効果としては強くても、人としてよい印象を与えるかといえばそうではないということなのだ。

トリック操作

「みんな」という言葉で多数意見であると強調しろ

TRICKキーワード 同調効果

交渉を行う際、主語をいかに使い分けるかということも大事だ。

通常は「わたし」という1人称を使う人が多いだろうが、これを「みなさま」や「多くのお客様」などの複数の人間を含んだ主語に変えるだけで説得力が増すものである。「わたし」という一個人の意見だと躊躇してしまうが、「みんな」という多数意見だと「乗っからなきゃ損かもしれない」という考えが働き、意外と簡単にうまくいくことがある。

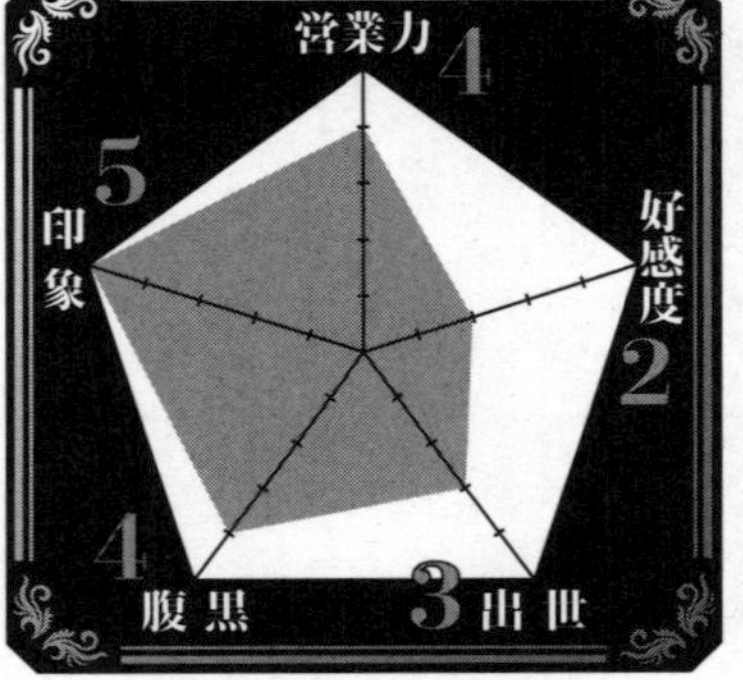

悪魔の格言

「みんな」の後ろ盾で相手の同調を誘おう

これは『同調効果』と呼ばれ、フロリダ・アトランティック大学のビブ・ラタネという心理学者によって実験・立証されている。ラタネは、744人の実験参加者にひとつだけ好きな色を選ばせるというゲームを行った。このときダミーの参加者を仕込み、同じ色を選ぶよう指定したのだが、すると31％もの参加者がダミーに同調して同じ色を選択したのだ。

これは心理学的にはかなり高い値であり、それだけ人間というものは多数意見に同調しやすい傾向があるということがわかるだろう。

イベントなどにサクラを動員するのは、もちろん人々の同調を促すため。実際にサクラを潜り込ませなかったとしても、最初に説明したような多数意見であることの強調はよく使われている。政治においては「国民」、学校では「生徒諸君」、はたまた顧客対応での「多くの会員さま」「多くの企業」など、ちまたにあふれている巧みな言い回しの数々を参考に、自分の意見が世の中で主流になっているかのような言葉で相手を言いくるめよう。

トリック操作

9割の人が外見で判断「見た目いのち」はホント

TRICKキーワード　メラビアンの法則

心理学者のアルバート・メラビアンは、コミュニケーション理論においてさまざまな実験を行い、あることを発見した。それは、人は9割方見た目と声で判断するということだ。

具体的なコミュニケーションの内容よりも、見た目の視覚情報が5割以上を占め、次が口調などの聴覚情報が約4割を占めるのだ。つまり、9割が視覚と聴覚の情報であり、コミュニケーションの内容はたったの7%、1割以下しか意識していないと

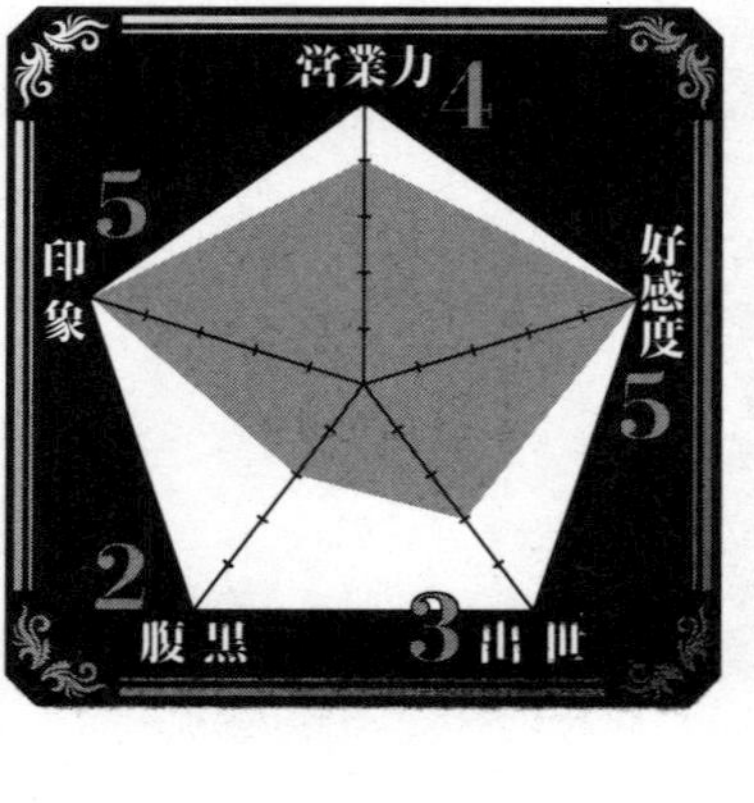

いうことがわかったのである。

このコミュニケーションの法則を『メラビアンの法則』という。

つまり、どんなに説得力のある言葉をもっていても、服装や表情、スタイルがよくなければ5割、話し方や発声がよくなければ4割もイメージダウンするのだ。「見かけなんか関係ない。中身だけで勝負しよう」という人は、たった1割の説得力で勝負しなければならず、大変損をしているのである。

服装は原則小ぎれいにして、表情はいつも明るく振る舞うことを忘れてはならない。尊大な態度はやめ、相手を敬い、真摯な態度で接することも忘れてはいけない。口調ははつらつとして、大きな声で話すように心がける。これだけで、内容の説得力をつける以上に効果的なのだ。

これは新人採用の際にも大事なことだ。仕事の能力だけではなく、美男美女であることもひとつの才能だと考えるべきだし、元気がよく闊達で声が大きい、印象がいいということも、接客応対が業務の一部にある仕事では重要視しなければならない。

悪魔の格言

身なりや表情が5割、口調や発声が4割。とにかく見栄えが大事

トリック操作

声を大きくするだけで不思議と説得力アップ

TRICKキーワード　声量の力

人前でしゃべるのが苦手で、ついつい声が小さくなってしまう……。そんな悩みをあなたも抱えていないだろうか？

アメリカのブランダイス大学の心理学者ジャネット・ロビンソンによって、ふたりの男が会話している音声をテープにとり、再生音量を少しだけ変えて聞いてもらうという実験が行われたことがある。

再生音量は70デシベルと75デシベル。普通に聞く分にはほとんど違いなどわからないレベルである。しかし、結果は驚くべき

イメージ操作

悪魔の格言

声を2割増しにして自分も印象アップ

ことに、75デシベルのほうが論理的で説得力があると答えた人が多かった。

この実験結果は、ただ声を大きくするだけで、賢くて信頼に足る印象を与えることができるということを証明している。

確かに小さな声の人は自信なさげで、何を言いたいのかわかりづらく聞こえることが多い。それに比べて大きな声のほうが快活でいい印象を与えやすく、内容が大したことなくても何となく頼りがいがあるように感じるだろう。

また、声を大きく張り上げるというのは人間の精神状態を元気にし、活力のある生活を送るための手助けをしてくれるとのデータもある。しかも、声を出す運動はお腹の筋肉「横隔膜」を使ったリズム運動なので、ストレスを解消する脳内物質の分泌を促進し、心を元気にしてくれる作用があるとも言われている。

交渉という場面に限らず、心も肉体も疲弊してしまったときは、少し大きな声を出して話すようにすれば、印象もよくなるうえに自分も元気になり、いいことずくめなのである。

すべての音が騒音!!
せめて自然音でストレス軽減

TRICKキーワード　音のストレス

人にとって心地よい音とは何だろうか。楽しい音楽が鳴っていると心地よく感じる。朝の鳥のさえずりは誰もが心地よく感じるものだ。しかし、楽しいと思っている音楽もずっと鳴り続けていたらどうだろう。答えは全部ダメ。どんな性質の音であろうと、間断なく長時間持続すれば好ましくない音になりうる。

西川好夫先生が書かれた『生活の心理学』によれば、人間が不快感を感じるのは40ホン以上の音で、夜の住宅街ほどの音らしい。

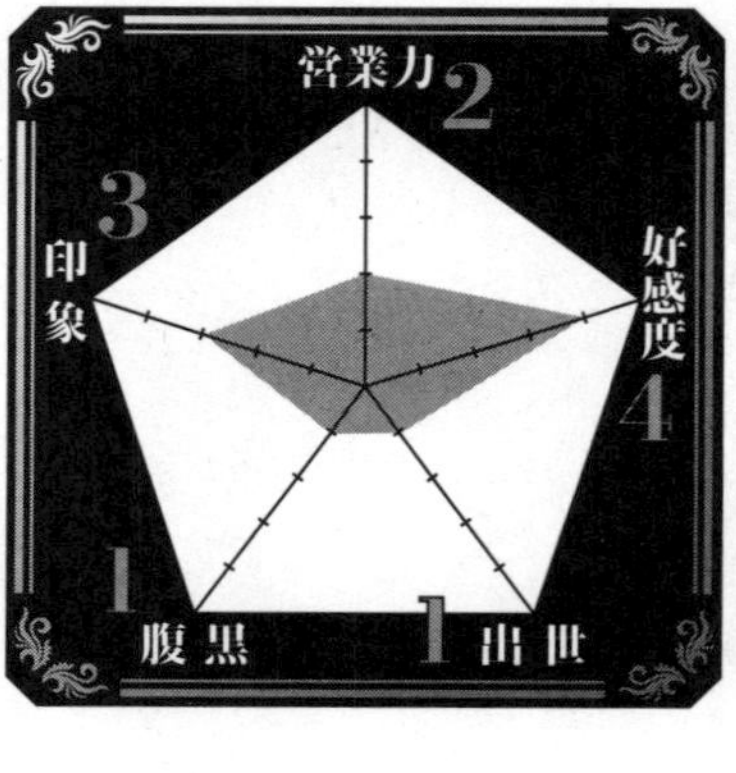

悪魔の格言

どんな音でも騒音になる。右脳に効く音を聞け

夜の住宅街程度の音で不快に感じるということは、たいていの街の音はうるさい音ということになる。作業効率が落ちるとされるのは60ホン以上で、人の話し声や掃除機の音、タイピングの音など。人はちょっとした大きさの音に影響されやすいのである。そして、難聴を起こす可能性がある音は85ホンからで、地下鉄の音やヘリの離着陸の音などだ。

この結果からも、ちょっとした音でも人間の耳にはストレスになることがわかる。都会に住むということは騒音の中で暮らすということなので、それだけで負担も大きい。

それでは、人が心地よく感じる音とは何か？　もちろんすべての音が騒音になりうるのだが、脳の受信回路で説明すると「右脳が取り入れる音」ということになる。実は、「言語やメロディなど、いわゆるノイジーで規則的な機械音というのは左脳が取り入れている。私たちは普段この左脳を使う音を聞いていることが多いが、鳥のさえずりや波音などの自然音は、右脳に入り込む。右脳に作用する音は、左脳に入る音よりはるかにストレスになりにくいのだ。

トリック操作

急に目線を外すと相手を言いなりにできる

TRICKキーワード

アイ・コンタクト

通常、人とコミュニケーションを行う場合、目を合わせるものだ。

しかし、この目線にもいろんな心理が含まれている。目線の方向が示唆することを『アイ・ディレクション』という。

右側に目線を向ける場合は、今までに経験したことがないことを想像している。これから予定している旅行や仕事に関して思いを巡らしたり、未来に向けての予想をしたりしている場合もあるだろう。

左側に目線を向けた場合には、今までに

腹黒テクニック

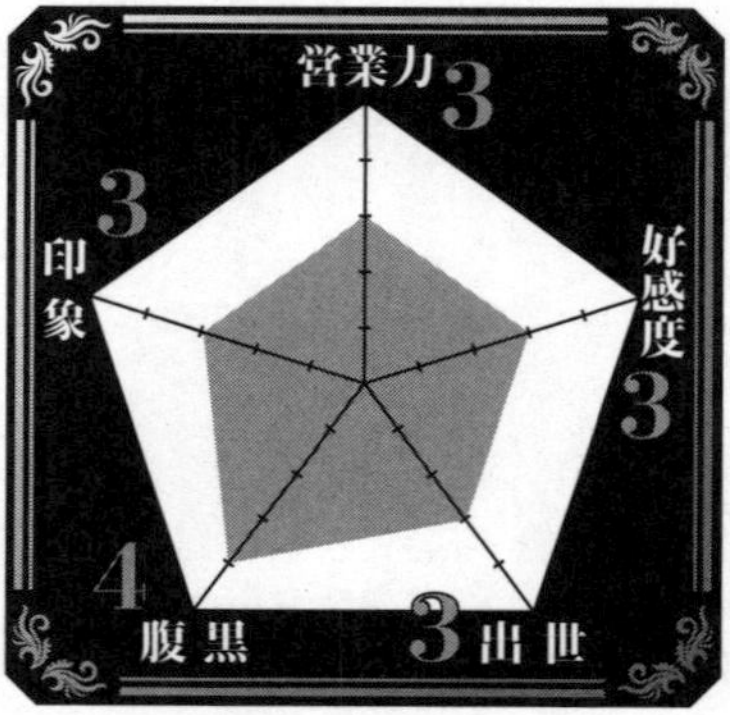

経験した事柄を反芻していることが多いのだ。過去のデータを記憶の中から見つけ出そうとしているときなどは、左側に視線を向ける傾向があるようだ。

また、対人での目線の心理は、『アイ・コンタクト』という。実はこのアイ・コンタクトひとつで、コミュニケーションの意味合いは変わってくる。

上目づかいで相手を見る場合は、相手を敬い、自分の立場よりも上に見ているという意味がある。営業のときなどは、なるべく上目づかいのほうが、相手に与える印象もいいだろう。

逆に見下すような目線は、支配したいという意味にとらえられ、あまりいい印象は与えない。顧客が見下すアイ・コンタクトをしてきたときは、特に失礼がないように気をつけなければいけない。

そして一番効果的なのは、合わせていた目線を急に外すこと。いきなり目線を外されると、人は不安に陥る。相手は「一体この人は何を考えているんだ。怒っているのかも？」という気持ちになり、気づくとあなたの思い通りになっていくのだ。

悪魔の格言

目線ひとつで相手の感情もわかる

トリック操作

人の怒りは鏡を見せるだけで鎮まる

TRICKキーワード　客観視の鏡

人は一度怒り出すと怒りが暴走し、どんなに謝罪されても許せず、いつまでも怒り続ける傾向がある。

怒りの感情というのは、脳内の神経伝達物質であるノルアドレナリンが作用している。ノルアドレナリンが交感神経を刺激して心拍数を上昇させることで興奮状態をもたらし、場合によっては頭の回転をよくさせるので、言葉が次から次へと出てきて相手を攻撃してしまうのである。

ノルアドレナリンのいけないところは、

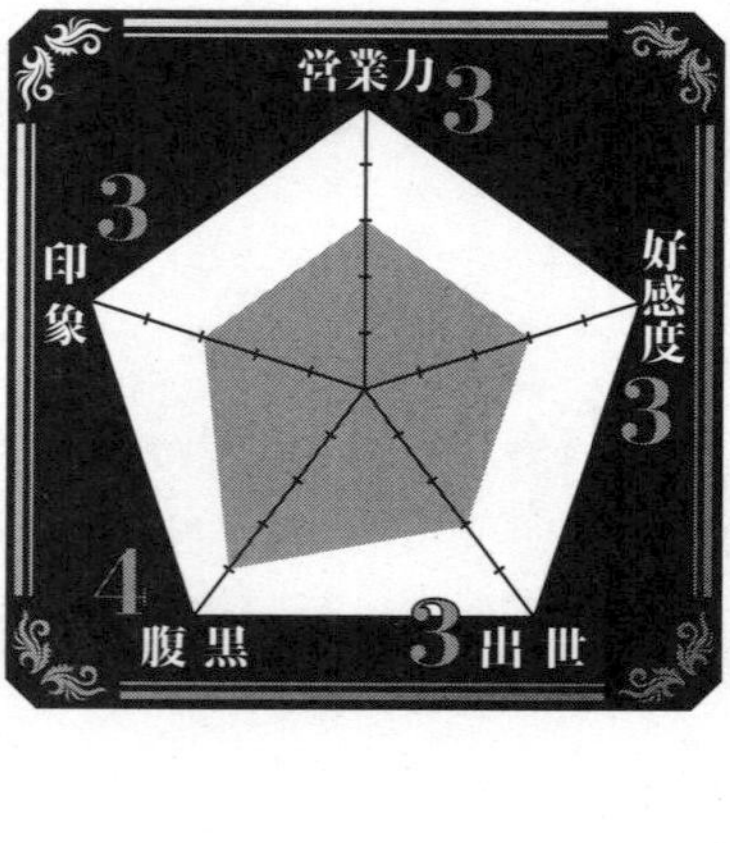

悪魔の格言

鏡で自分を客観視させて落ち着くのを待て

一定量以上分泌すると暴走をはじめてしまうことだ。怒りがある臨界点を超えると暴走しはじめ、見境がなくなってぶちキレまくるようになるのだ。

そんな暴走列車のような相手を止めるのは簡単じゃない。とにかく放っておくのが一番だが、ほかにも方法がないではない。

それが、鏡を見せるということだ。鏡というのは自分を客観視させる一番のツールである。自分がどれだけ醜く怒っているかを自身の目で確認させることによって、興奮状態に陥っている頭をクールダウンさせることができるだろう。

謝罪の場面ではガラスや鏡などの反射物が多い場所を選ぶのが効果的だ。周りに反射物がない場合は、自分で会議室や応接室に鏡を置き、怒っている人にそれとなく見せると、相手は我に返って落ち着いてくれたりもする。

「口元に何かついていますよ」など、何か口実を見つけて鏡を見せ、怒り心頭に発している自分の顔を見てもらうといい。

自分の取り乱した姿に恥じらいを感じて、そそくさと帰ってくれるだろう。

あなたの本性がわかる
心理テスト③

他人からの視線をどう受け止めているか!? 対人関係スキルがわかる!

問題1

新しい家に引っ越したあなた。隣の家との間に生け垣をつくろうと思いますが、どんなものにしますか？

C 柵と壁の二重の生け垣	A 塀のように高い生け垣
D 柵のある高い生け垣	B 簡単な柵の生け垣

「人見知り度」診断

隣の家と自分の家との間の生け垣は、そのものズバリ自分と他人との境界線の象徴。このテストからは、あなたの人見知り度を測ることができます。

C 人見知り度 100%

わざわざ大変な労力を払ってまで二重の生け垣をつくるということは相当偏屈な人で、なるべく他人とかかわり合いたくないと考えているはず。嫌いなことから逃げずに、人を好きになるのにはどうしたらいいか考えてみれば？

A 人見知り度 80%

高い壁のような生け垣は、他人との関係性に大きな隔たりをつくっていることを示している。そうやって自分の世界に閉じこもらないで、もう少し他人に対して自分をさらけ出す傾向をつくるべき。

D 人見知り度 60%

高い生け垣をつくるが、柵の合間からうかがうことができるので、どちらかといえば付き合いは悪くないほう。ただし、本当の自分を過剰演出するような傾向があるので注意しておこう。

B 人見知り度 0%

簡単な柵程度でいいと考えるあなたは、人とかかわり合うのが大好きな社交性にあふれる人間。人当たりがよく、営業や交渉などの人と接する仕事にむいているタイプだということができる。

問題2

夢の中でアリの集団を発見しました。
このアリたちは何をしているところでしょうか？

C　迷子になった仲間を探しにいくところ	A　エサをとりにいくところ
D　巣の引っ越し中	B　天敵にやられたので仕返しにいくところ

「社交性」診断

夢の中のアリは組織における社交性を意味している。アリがどのような行動をしているかによってあなたの社交性をチェックすることができる。

C　社交性×	**A　社交性バツグン**
意外にもどちらかといえばあまり社交性は高くないタイプ。どちらかというとマイノリティもケアするタイプの奉仕の精神が強いため、集団単位でものを考えるのはあまり得意ではない模様。	巣全体の生活にかかわるエサさがしに注目したあなたは、集団の利益を優先して動こうと思う、大変社交性に富んだ性格。積極的に人とかかわり、よい結果を残すタイプだといえるだろう。
D　社交性△	**B　社交性○**
浅く広く色々な人と付き合うタイプのため、社交性はそれなりに高い。とはいえそれだけでは深い関係になることはできないので、たまにはその点についてもう少し考えてみてもいいかも。	適度に社交的な性格だが、何かと他人を敵味方で判断する傾向あり。それがまわりの反感を買ってしまうこともあるので、人は仲間にしたほうがより得が多いと考えるといいだろう。

問題3

あなたが自宅で作業していると、突然スズメバチが襲いかかってきた。あなたはどんな行動をとりますか？

C 近くにあった棒で追い払う	A 大声で叫ぶ
D 無視して作業を続ける	B 殺虫剤で追い払う

「ケンカしたときの対応」診断

突然の害虫の襲来にあなたがとる行動は、自分の意志だけではどうにもならない他人とのケンカ時の行動の反映となっている。あなたはどんな反応を見せる？

C 真っ向勝負タイプ

棒で追い払おうとするのは、ケンカのときでも真っ向勝負を挑むタイプ。理屈よりも勢いで勝とうとするのが特徴。正直なので、納得すれば意外とすぐに仲直りできることもあるようだ。

A ブチギレタイプ

大声で叫ぶというタイプは、ケンカになるととにかく思いっきり衝動的にブチギレてしまう、やっかいな性格の持ち主。一度怒りだすと手がつけられませんが、意外とあっさり忘れる傾向も。

D 無愛想タイプ

無視を選んだ人は、そのまま嫌いなものには基本的に干渉しようとしないことが多い。クールな仕事人間気質で、感情表現が少ないため、まわりに取っつきづらい印象を与えている可能性が。

B じわじわタイプ

一番効果的な薬を使用して追い払うあなたは、ケンカになるときっちり理屈をこねて相手の弱点をじっくり的確に攻めるタイプ。納得がいくまで絶対に引かない頑固者でもある。

問題4

大きな屋敷の塀の前を歩いていると1か所だけ穴が。のぞいた穴の先には何が見えた?

C 子どもの遊具	A お風呂
D 大きな池	B リビング

「図々しさ」診断

他人の家をのぞき見したときに見えるもの、それは他人のテリトリーに上がりこむその人自身の図々しさ、そしてその度合いを暗に表わしているのである。

C　普通

子どもの遊具が見えたということは、あなたは面倒見のいい優しい人。ただし、なんでも気にしてあげてしまうので、時にはやりすぎになってしまうこともあるのでちょっとご用心。

A　恥じらいなしのズカズカタイプ

お風呂をのぞこうとするあなたには、体裁など関係なしに人の内側に入りこむ図々しいところが多分にあるようだ。あまり悪ノリしすぎて、他人に不快な思いをさせないように注意。

D　他人に興味なし

池に興味が湧いたあなた、他人の私的なことにあまり興味を示さないのでは？ むしろ自分の世界や世の中の状況のほうに関心が向いているのかもしれないが、あまりも没交渉すぎるのは逆に問題かも？

B　生活レベルが知りたいタイプ

他人の収入や生活レベルを知りたがるのが、リビングをのぞこうとしたあなた。人の本質は収入や貯金だけではないはず。もう少し人情的になって他人の内面にも目を向けてみてはいかが？

第四章

自己暗示

勝ち組の階段を駆けのぼれ!

自己暗示

自信をもつことで運気も上げることができる

TRICKキーワード　自信の効果

アップル社創立者のスティーブ・ジョブス曰く、「他人の意見で自分の本当の心の声を消してはならない。自分の直感を信じる勇気をもちなさい」。

自分のことを信じること、自信をもつことで、人間の能力は最大限に発揮され、物事を成功させていく力となる。自信がない状態ではうまくいくものもうまくいかなくなってしまうのだ。自信なんて水のごとく、生まれてもそのままでいれば消えてしまうものなのだから、根拠なんてなくてもかま

交渉力アップ

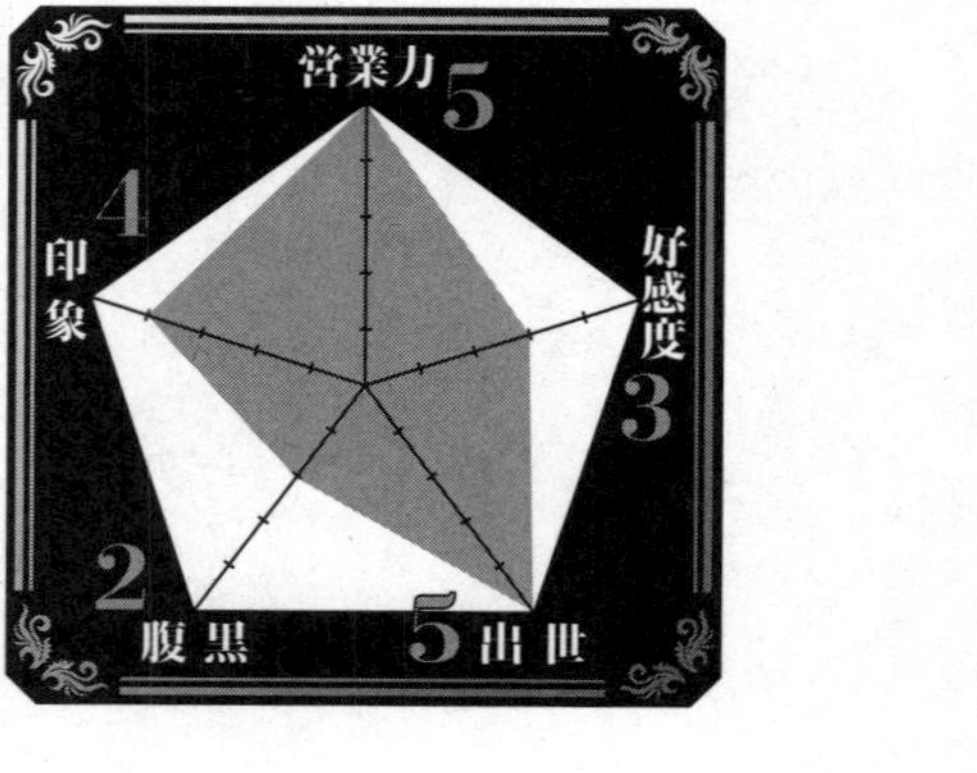

わないのだ。

では、どうすれば根拠のない自信をもてるのだろうか。

そう、いっそのこと、「俺って、本当にサイコー！」という具合に、ただただ自惚《うぬぼ》れてしまえばいいのだ。

もしかしたらあなたは、過去に失敗した経験を引きずってしまって自信がもてなかったり、自分の容姿や性格が気に入らなくてうんざりしたりしているかもしれない。それとも自分の能力のなさに嫌気がさしているのかもしれない。


同じ物事や状況も、どういった観点から見るかでガラッと変わってしまう。過去にあった失敗は、これからの未来の成功のために必要な経験だったかもしれないし、自分が足りないと思っている部分が他人には意外とチャーミングに映っていることもあるかもしれない。

ご存じのように、ネガティブな想いはさらなるネガティブな状況を引き寄せるし、あなた自身からも生命力を奪っていってしまう。ちょっと気分を変えて人生を楽しんでいこう！

悪魔の格言

根拠なんかいらない！　とにかく自信をもて

自己暗示

少し無理をしても自信をつけるためには高価なものを身に着けよ

TRICKキーワード　自我拡張

『自我拡張』という言葉をご存じだろうか。自我が拡張するということ。人が自分の持ち物まで含めて自分だと認識することなどを指す。

つまり、人はよいものを身に着けているほど、それが自信につながりやすいのだ。よいものが自分に自信を与えてくれる、そう考えれば高級品を買う価値はあるはずだ。

多くの人は自分の存在価値を示すバロメーターとして、家柄、学歴、会社、職業、

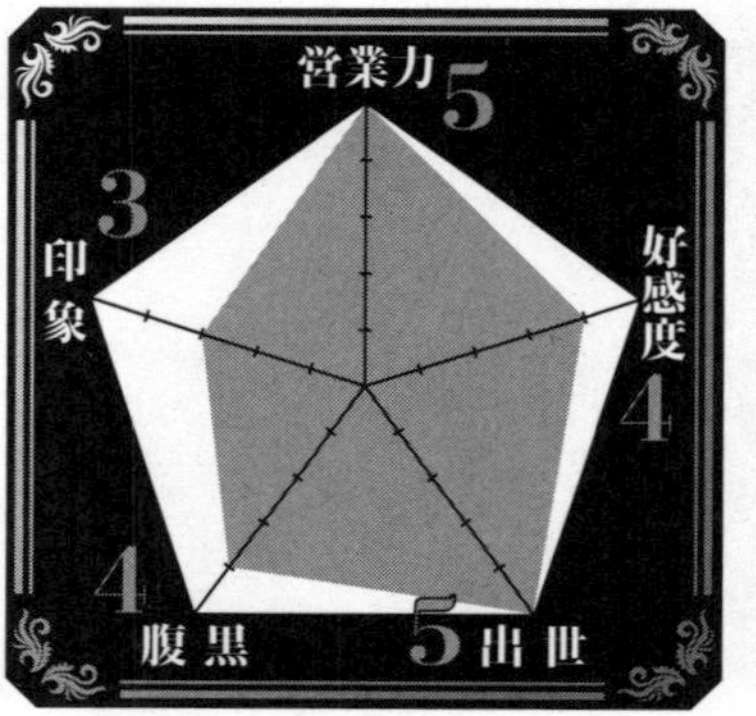

悪魔の格言

高い時計を買え！　自分も高級品にしろ

クルマ、服装、髪型、家、本、友人や恋人、腕時計、アクセサリー、高級レストランでの食事などを引き合いに出している。

近年ではＳＮＳの普及により、多くの人が自分の経験や趣味、センス、支持する媒体などをアップしているが、それも自我拡張と自尊心が結びついた結果といえなくもない。

レベルの高いものを所持し、身に着けているとそのものまでもが自分の一部になり、結果として自我が拡張されれば、自信につながる。

高価な時計
＝
自分も高価になる
安物の時計
＝
自分も安くなる

高級品を身に着けると自我が拡張

自己暗示

心を強くするには体を鍛えろ

TRICKキーワード　心身運動

続けようと思った英会話教室に通わなくなった、マラソンは3日坊主、疲れてくるとすぐ人のせいにしたくなる。強い精神力を手に入れたいと思う場面は多いが、なかなかハードルは高いように見える。

そこで忘れてはいけないのが、心と体は密接な関係にあるということ。「健全な精神は健全な肉体に宿る」というように、精神は精神、体は体と分けて考えることはできない。食事や睡眠が足りなければ、当然心身ともに衰弱するし、ストレッチや運動

交渉力アップ

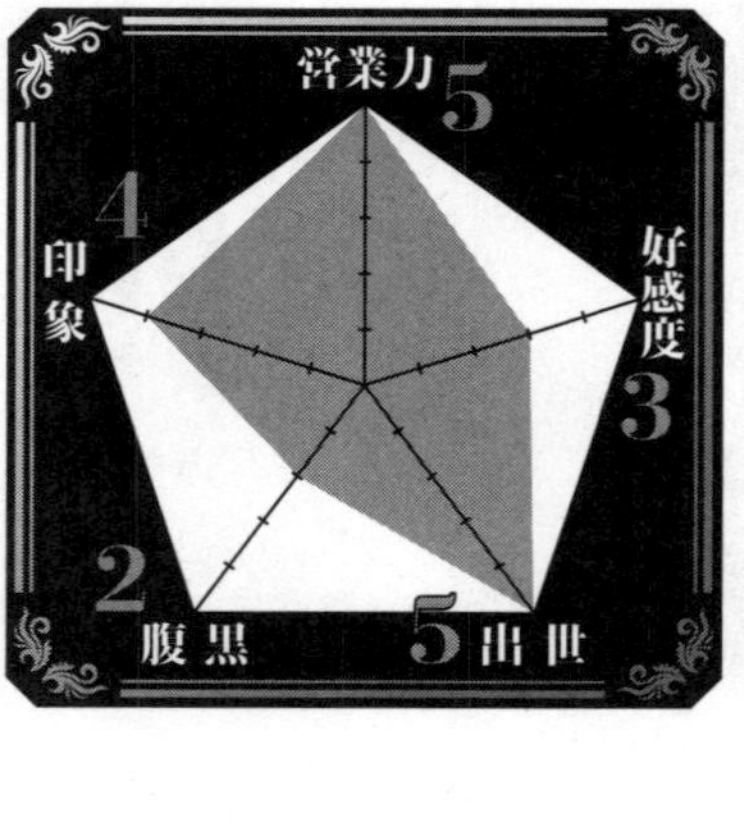

悪魔の格言

心を鍛えること＝体を鍛えること

を欠かせば、血液の循環も悪くなり、その結果としてさまざまな支障もきたすだろう。

心を鍛えるのによいとされている脳内物質に、セロトニンというものがある。セロトニンが不足すると精神のバランスが崩れて、暴力的になったり、うつ病を発症したりするといわれている。

だから、セロトニンを増やす作用を引き起こさせればいいのだ。

実は、それが運動を行うということなのだ。特にリズム性の運動がよいとされている。ウォーキングやジョギングのほか、呼吸法もリズム運動なのでヨガや座禅もいいのだ。もちろん、ジムやダンスなどの習い事も、最高のリズム運動になる。

セロトニン活性がされると、心が元気になり、働くための意欲や集中力をつかさどる前頭前野という場所が活性化され、複合的にエネルギーを充填してくれる。

『徹子の部屋』の司会でおなじみの黒柳徹子さんも、寝る前、スクワットを毎日していることで知られている。心の健康を願うなら、まずは運動だ。

自己暗示

思考をポジティブにせよ 実際の能力もグイグイ上がる

TRICKキーワード　自己効力感

たとえば今あなたは、大変危機的な状況に立たされているかもしれない。

もし、あなたが目の前に立ちはだかる大きな脅威を恐れ、自身に眠る能力を信じてあげないとするならば、脅威はあなたを飲み込み、あなたはさらに身動きのできない状況へと追い込まれるだろう。

だがしかし、「物事はすべて自分の想い通りになる」と信じたならばどうだろうか。自分の力を信じ、いかなる困難な状況であっても乗り切ることができるという信

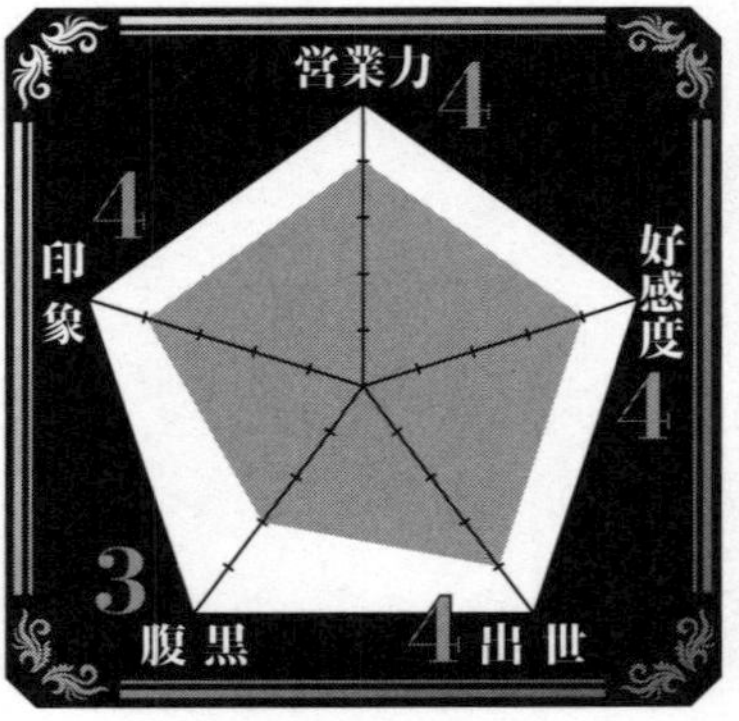

悪魔の格言

自分の人生は自分でコントロールできる！

念をもったならば、あなたはたちどころに平静心や意欲を取り戻し、もはや脅威に自らの心のハンドルを握らせるようなことにはならないだろう。

この、自分の運命を自分の力で切り開いていけるという信念を『自己効力感』という。かのナポレオンも最盛期に「状況？　状況とは私がつくるものだ」と力強く言っている。

アメリカで行われたアンケートでは、ビジネスで成功している人はこの『自己効力感』が高く、年収も高くなっている結果も出ている。

近年取りざたされているうつ病やひきこもり、自殺などは、個々人の成長過程で『自己効力感』がうまく形成されなかったり、あるいは周囲の悪辣《あくらつ》な意見や、心の形成に大きな影響を与えている家庭、教育、集団などに原因があるかもしれない。

しかし、たとえ教育や環境、遺伝に恵まれなかったとしても、後日この自己効力感を得て、偉大なる成功を収めた人間は山ほどいるのだ。成功への第一歩として、自分を信じてみてはどうだろう？

やらなきゃいけないことは口に出すべし

TRICKキーワード
公表効果

「面白くない」「疲れた」などというネガティブな言葉を口にしていると、その言葉がきっかけで、ますます悪循環に陥るような行動をしてしまう。逆に嫌いなものでも口に出して「好き」と言っているうちに本当に好きになっていく。心理学ではこれを『公表効果』と呼び、応用することで、目標や夢の達成に役立てることができる。

　ある人が「1年後までに英会話をマスターしたい」とする。それを言葉に出して言うことは、周りの人へ公表して「やらな

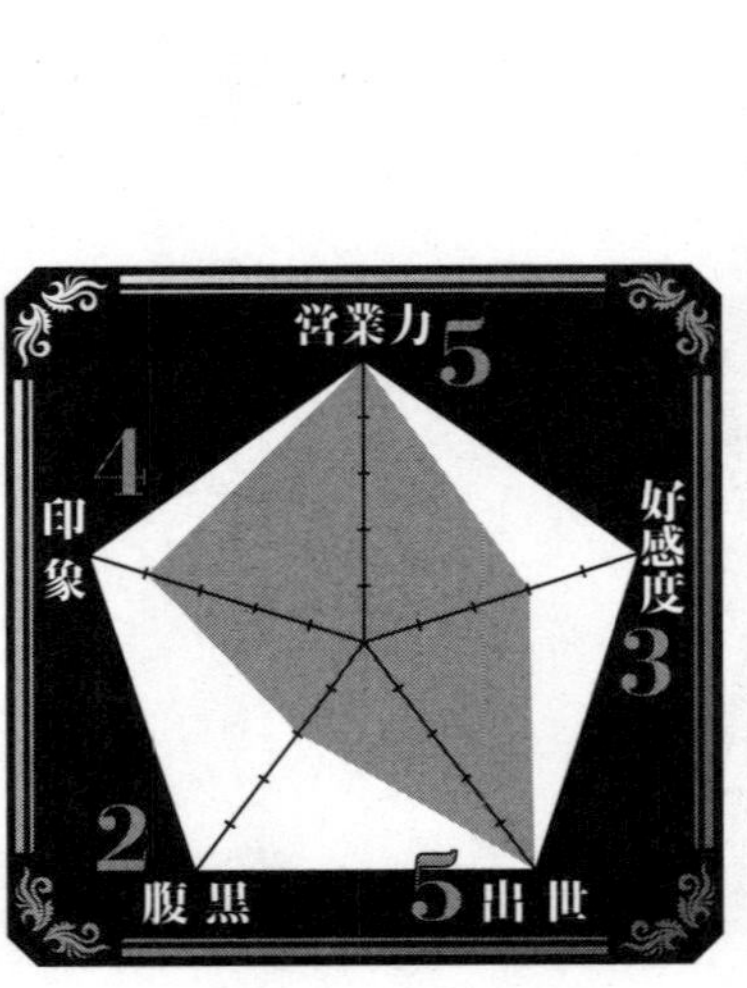

いと！」と自分を奮い立たせる以外に、自らの心にその言葉を強く刻み込ませる効果がある。その結果、自分の意識の変化が起こることで実際に行動の変化へとつながり、目標が実現可能になるのだ。我々が口にする言葉はそのまま内在化され、自分の意識を変えていくのだ。

また、『公表効果』は何度も同じ発言を繰り返したほうがより効果が高まる。

日々発している言葉は、あなたの人間性にも大きく影響している。「私は穏やかな人間だ」「愛にあふれていて幸せだ」「努力が好きな勤勉家だ」「私はなんでもできる」「人生は可能性にあふれていて、自由で豊かだ」といったように、ポジティブで能動的な言葉を使うように心がけると、自然にあなた自身の心もそのようになっていき、潜在意識も大きく働くようになる。

反対に「私はツイていない」「不幸せだ」「愚かで価値がない」といったようなネガティブで消極的な言葉を常用するならば、あなたの意識もそのようなネガティブなものとなり、結果、自らの可能性にフタをしてしまうだろう。

悪魔の格言

毎朝毎晩、鏡で自分の顔を見ながらやりたいことを口に出せ

自己暗示

楽観的になると成功が舞い込んでくる

TRICKキーワード　思考停止法

　通勤電車の中の人、または街中を歩く人を見渡してほしい。暗い顔をしている人はいないか。疲れてしまって「この世の終わり」といった表情をしている人はいないか。そして自分もそんな顔をしてはいないか？そんな顔をした人のところへ、幸せはなかなかやってこないものだ。

　所変わって、地中海周辺や中南米などのラテンの国々の人々はとても明るく陽気で、楽観的な空気が満ちあふれている。「どうにかなるさ、楽しくいこう」というオプ

交渉力アップ

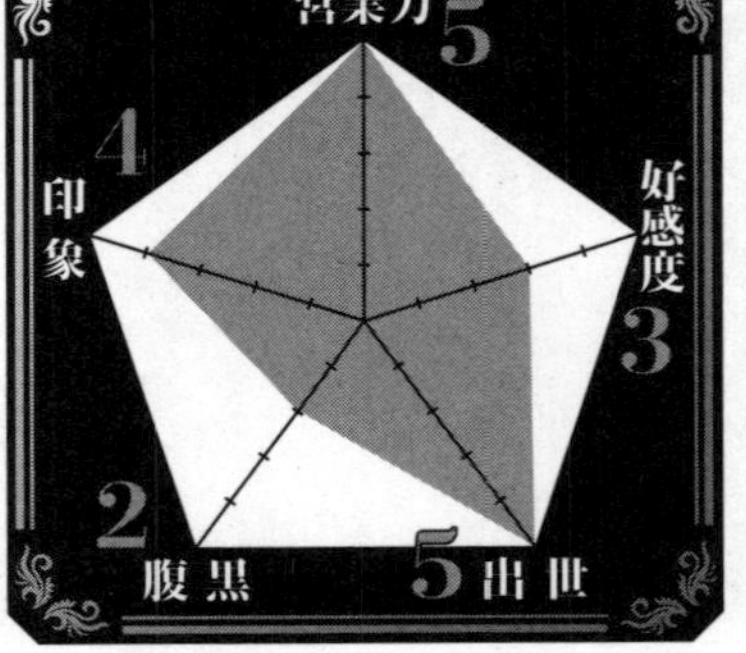

悪魔の格言

危なくなったらスイッチして心を変換せよ

ティミスト（楽観主義者）が、人生をより楽しく、幸せに生きることについては異論の余地はなさそうだ。

楽観的になるコツは、ネガティブな考えが浮かんできたら、思考をスイッチする習慣をつけること。これを『思考停止法』といって、不安や妄想のとりこになってしまったときに、そこから逃れてリラックスした心を取り戻すためのテクニックだ。たとえば「会社をクビになるんじゃないか」「自分はガンじゃないのか」といったまったく根拠のない不安がわき上がったり、「自分にこんな仕事ができるわけない」「収入が上がるわけがない」と非常に悲観的になったときに使ってみてほしい。

まず、わき上がる不安やネガティブな思考に意識を集中させる。それから、指パッチンやかけ声などの合図とともにその考えをストップし、頭の中をからっぽにする。

失敗にいつまでもとらわれず、笑い飛ばして次へと力強く進んでいく力。ラテンの国の人がもっているような楽観的な気質は、心の平安と成功を実現していくうえで、欠かせぬものだ。

自己暗示

手の届く夢を終わりなくつくり続けろ

TRICKキーワード　夢の連続性

夢を叶えるには、その目標の設定の仕方がとても重要となってくる。高すぎて手の届かなそうな目標だと、頑張ってもとうてい達成できそうにないとめげることも多い。反対に簡単すぎる目標も、やる気がしぼんだり、達成したときの喜びが半減したりしてしまうものだ。

だから、目標はなるべく「手が届きそうで届かない」というレベルに設定しておくことが大事だ。小さな目標からスタートすることは、小さな達成感を積み重ねられ、

イメージ操作

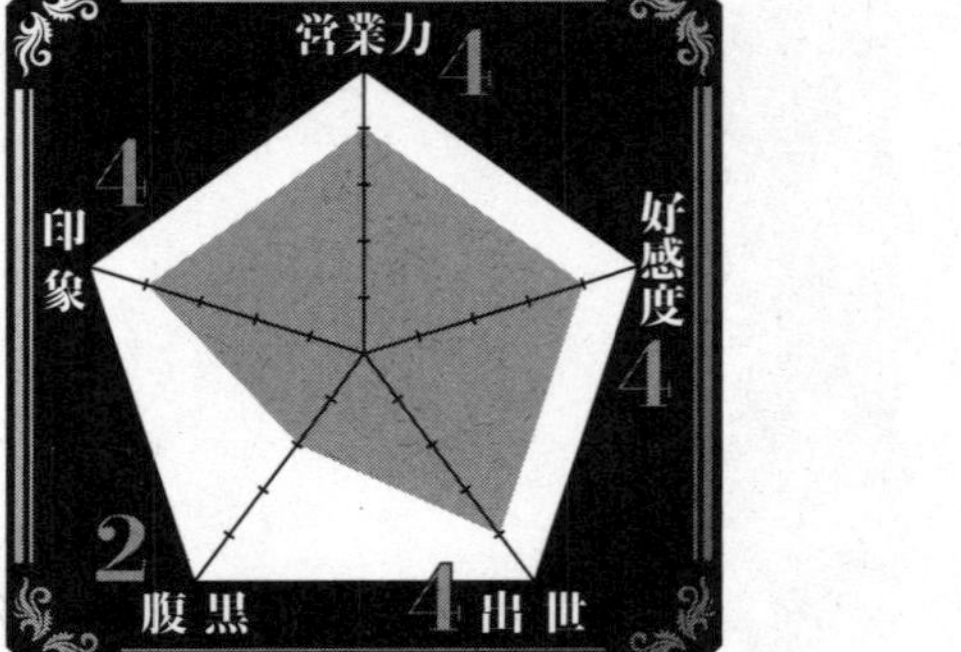

悪魔の格言

絶対に叶うとしたら、どんな夢を描くか

自信にもつながる。

　ただし、いつまでも簡単な目標だけ繰り返していても、自分のレベルは上がっていかない。小さな目標の場合、手が届きそうになったらすかさず次の目標を設定することだ。

　長期的に見たら、なるべく「ありえない」くらいの大きな夢を描いてみるべし。今の自分から考えるととうてい無理なほど高い目標がいい。とにかく心の底から本当に自分がやりたいと思うことは何か、イメージしてみよう。

自己暗示

成功するには人も自分も褒めまくれ

TRICKキーワード

セルフイメージ

人は性格や行動、さらには年収まで、「自分はこういう人間だ」という『セルフイメージ』をもっている。あなたが思い描く自分自身のイメージは、高ければ高いほど眠っている能力を開花させることができ、逆に低ければ目標を達成すること自体が困難になる。私たちは無意識のうちに『セルフイメージ』と一致したものの見方や考え方、行動をしてしまう存在なのだ。

今日、多くの人が「人からどう思われるか」によって、自分の価値や自分がどうい

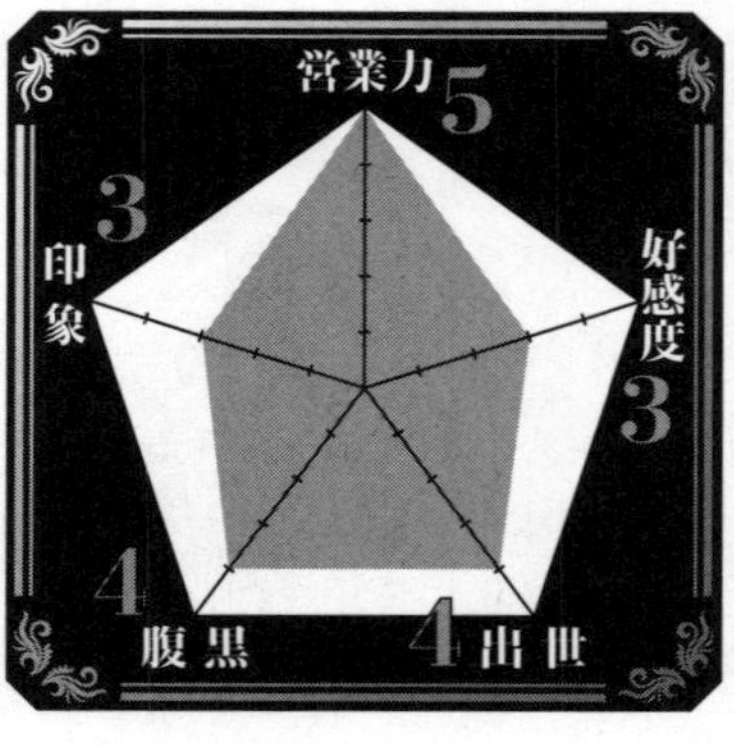

う人間なのかを決めている。それが原因でネガティブな『セルフイメージ』を身につけてしまい、せっかく褒められても「いや、自分なんてたいしたことないです」と言ってしまう始末。しまいにはそんなネガティブな『セルフイメージ』がつくり出した自分自身や現在の状況を快適な場所とし、無意識に逃げ込んでしまうようになる。

だからこそ、些細なことでも自分を優しく褒めてあげる習慣を身につけるべきだ。成功者と呼ばれる人たちは、自分の能力を過大評価するものだ。70点くらいの実力に堂々と100点満点をつける。

自分をなかなか褒められないときは、人のことを褒めてみるのもいい。人間の脳には「主語を認識せずに処理する」という働きがあるので、「○○さんは立派だ」を「私は立派だ」と置き換えて認識することになる。また、自分自身の『セルフイメージ』を上げられない場合、自分よりも『セルフイメージ』が高い人たちと時間をともにするようにすると、徐々に自分の『セルフイメージ』も上げていくことができるのだ。人付き合いはよく考えてするべし。

悪魔の格言

毎日自分を褒めるべし！　セルフイメージを上げろ

夢をリアルにイメージすると現実化する

TRICKキーワード　完了形の効果

もし、あなたが今とても叶えたい夢や手に入れたいものがあるならば、それを紙に書いてみてほしい。「お金持ちになりたい」「あの車が欲しい」「営業成績でトップになりたい」など、いろいろ出てくるだろう。

自分の欲しいものを思い描き、それを言葉にする。書いたり人に話したりするのは、実現に向けての近道となることも多い。だが、漠然とイメージするだけではあまり具体性がなく現実的でもない。

ではどうするのがよいのか。それは、そ

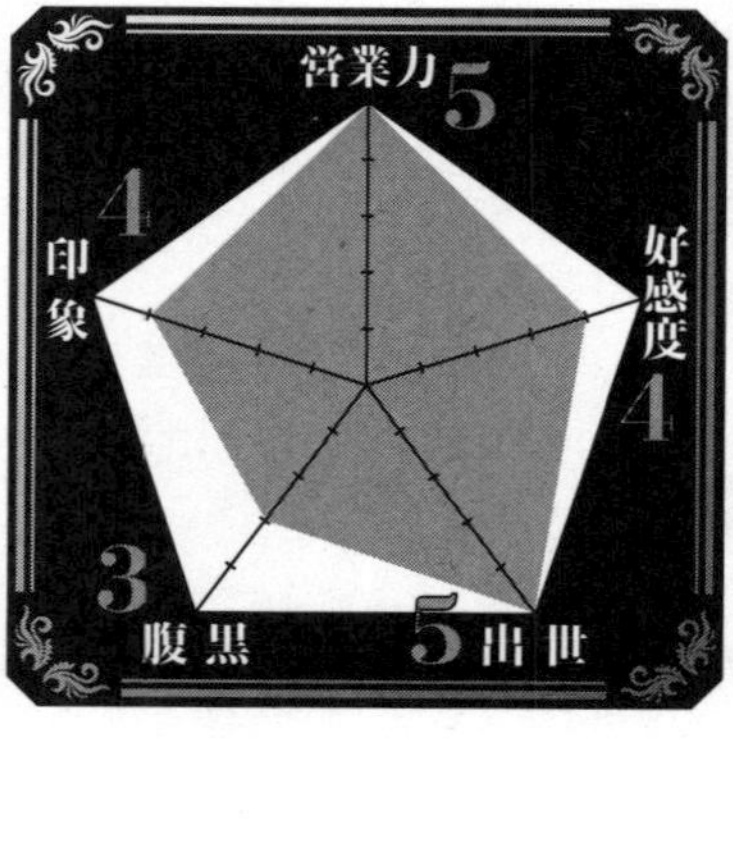

悪魔の格言

夢は『完了形』で見るべし

れが「簡単に」手に入ると信じ込み、そして今欲しいものをあたかもすでに手に入ったかのように『完了形』でイメージすることだ。

成功や欲しいものを手に入れるために一番効果的な方法は、すでに成功や欲しいものを手に入れた体験を想像の中で完了させてしまうことである。それも、しっかりとした実感をありありと感じられるほど、リアルにだ。なぜ、こうしたことが必要かというと、「成功したい」だとか「○○が欲しい！」という意識の裏には、まだそれらが達成されていないという不満足感や「成功できないかもしれない」といった不安感があり、そうすると私たちは、目標の達成感よりも、欠如している感覚の方に意識を向けてしまうのだ。

リアルなイメージを描くのに、写真や絵を使うのもとても効果的。匂いや感覚、そのときに一緒にいる人や着ているものなど具体的に想像してみるのもいい。それはもうすでに完了していて自分にとって慣れ親しんだこと、と思えるようになれば、その夢は向こうからこちらへやってくる。

自己暗示

よく笑う人は儲かる

TRICKキーワード　ミラーリング効果

赤ちゃんの愛らしい笑顔を見て、つられて笑みをこぼしてしまう。そんな経験はないだろうか。それは『ミラーリング効果』と呼ばれる心理現象で、相手の表情が伝染して自分の表情にも表れるという。

私たちは例外なく、怒っている人より笑っている人の方が好きだ。とにかく、人に好かれたかったらただただ笑っていればいい。そうすれば、頼み事をしても聞いてくれるし、人脈もどんどん広がっていくだろう。

イメージ操作

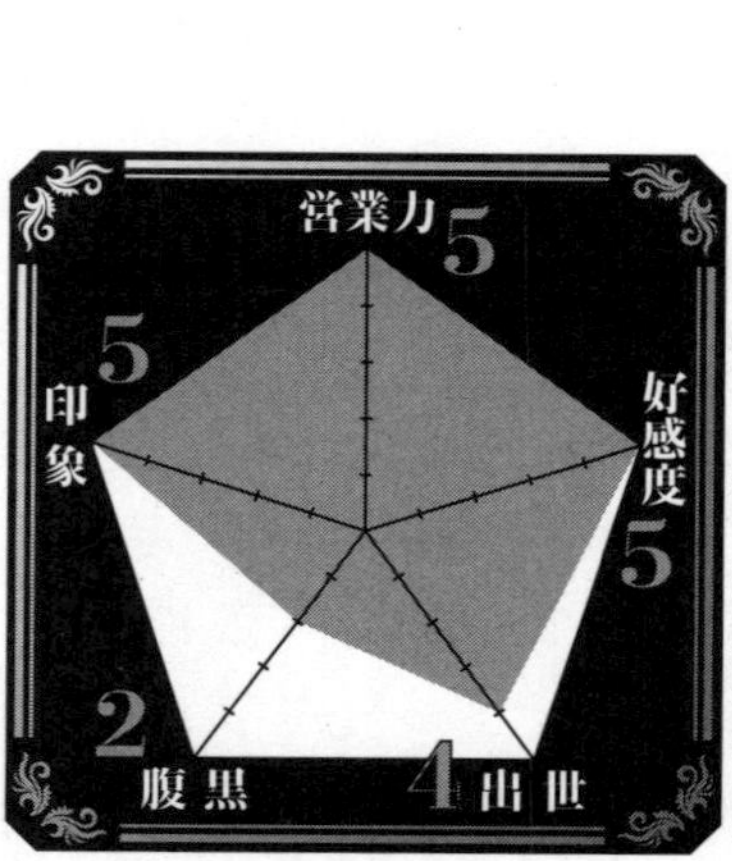

悪魔の格言

「笑う門には福来る」。よく笑って幸運を味方に！

アメリカのある調査では、お金持ちほどよく笑う、という統計結果も出ている。そして、少し微笑むよりは大きな声を出して笑うのがいいという。

「笑う門《かど》には福来《きた》る」とはよくいったもので、大声で笑うことは体にもいいと医学的にもいわれている。大声で笑うと、脳だけでなく腹筋も刺激され、悪いものを吐き出す効果もあるという。

いかなる場所でも笑顔のパワーは絶大だ。実際、末期ガンの患者に落語や漫才を聞かせて定期的に笑わせると、症状の改善が見られるというケースも出ている。

だから積極的に笑おう。お笑い番組やコメディーを見るのもいいし、落語やマンガでもいい。

でも、なかなか笑えないときもあるだろう。自分の想い通りにいかなかったり、体力的にきつかったり、悲しいことがあったり、はらわたが煮えくり返る状態だったり…。そんなときにはカラ元気でもとりあえず声を出して笑ってみよう。

どんなにつらい場面でも、笑顔を絶やさずにいること。

自己暗示

自分を動かすにはご褒美をたっぷり用意すべし

TRICKキーワード 報酬の自己暗示

人は誘惑に弱い生き物だ。今日はまっすぐ家に帰って早く寝て明日に備えよう、と思っていても、帰りがけにいつもの飲み屋へ立ち寄っていたり、ダイエットをしようと思ったそばから、おやつに手が伸びてしまったりする。

誘惑だらけの日々で、なにか目標に向かっていくには強い意思の力が必要……ということでもないようだ。頭の中にあるさまざまな煩悩は、うまく使えば武器にもなってくれる。

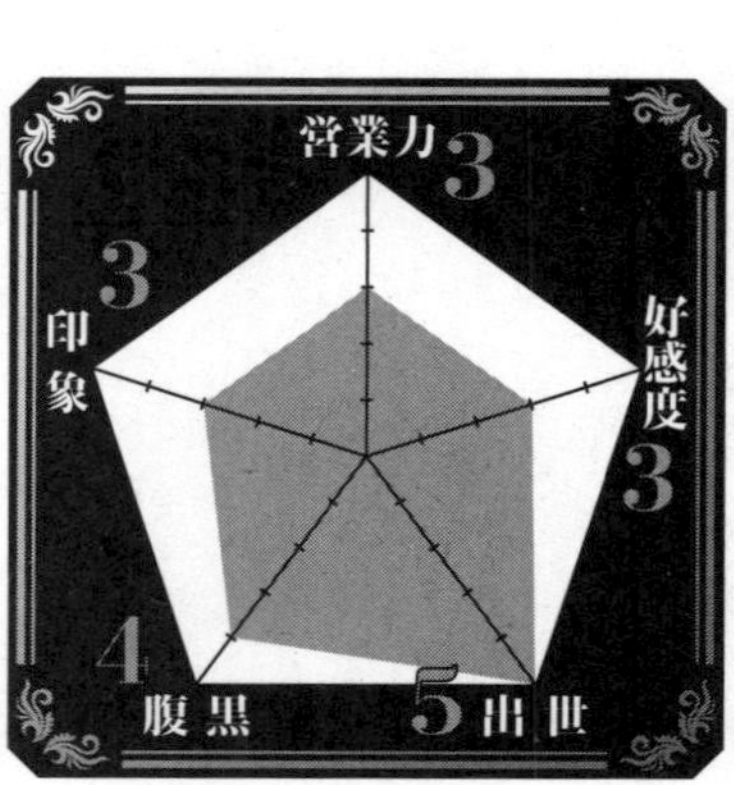

悪魔の格言

どんな「ニンジン」でも、あれば人は半端じゃない力を発揮する

飼い犬がお手をするのは、お手をすると頭をなでられる、という嬉しいことがあるからだ。人間だって同じで、なにかご褒美があるからやる気が出るのだ。ご褒美もなければ何かをやろうと思ってもなかなか腰が重いもの。だから、自分を動かすのに「どんなご褒美をどれだけ用意しておくか」がとても重要となってくる。

ご褒美は何でもかまわない。自分の気持ちがワクワクしてそそられるものなら、高級店でうまい寿司を食べることでも、お菓子を存分に食べることでも、キャバクラで豪遊することでもかまわない。目標が達成できたら、このご褒美が待っている、という仕組みをつくることが大切。

イメージを膨らませて、どんどん妄想していこう。映画を見たい、買い物に行きたい、南の島へ旅行に行きたい……。目標に向かっている途中で、やりたくないことや、やらなくてはいけないことでいっぱいいっぱいになっても、常に自分の目の前に「ニンジン」をぶら下げておくことが大切。少し先にある「エサ」を追いかけている状態をつくるようにしておくこと。

マイナスの言葉を吐くとその通りの結果が生まれる

TRICKキーワード　気持ちの切り替えスイッチ

携帯を忘れた。遅刻をした。打ち合わせがうまくいかない。体調がすぐれない…。よくないことがいくつか続いたら要注意だ。それは、負のループにはまっている証拠だから、意図的にそこから抜け出さなければいけない。

そんなとき、よくあなたはマイナスの言葉を発していないだろうか。人のことをうらやんだり自分だけが損をしているように思ったり、イライラしたり暴言を吐いてしまったり…。

好感度アップ!

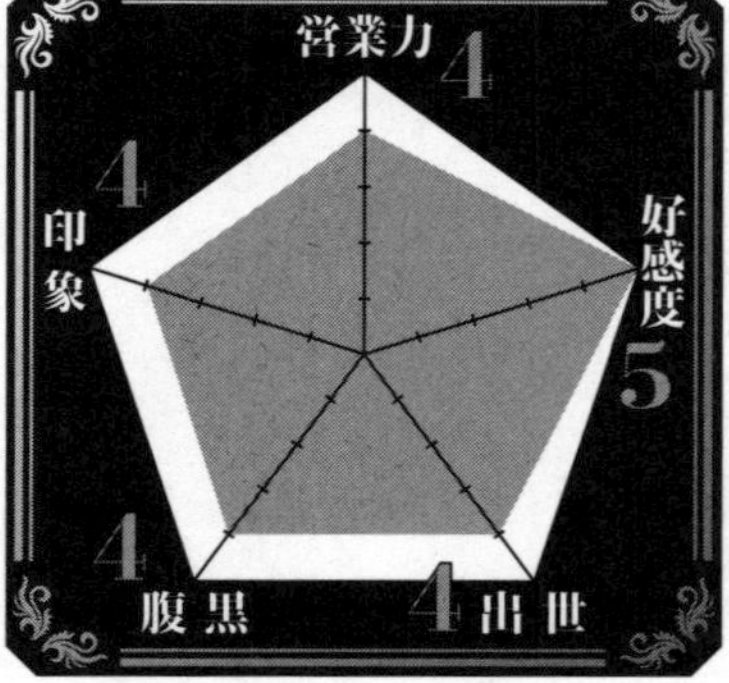

悪魔の格言

プラス思考で、能力パフォーマンスも上げまくれ

マイナスの言葉は、口から発せられると耳から入ってきて脳まで届き、マイナスの考えを再度強くさせてしまうのだ。気をつけてはいてもついつい言ってしまうグチや不平、不満などのマイナスの言葉を、とにかく使わないよう今からでも少しずつ習慣づけるべし。

心の中に否定的な感情や考えがわき起こり、マイナス思考に陥ったときは、まず、そのネガティブな言葉を発しないようにする。そしてそんなときに反射的にする動作を決めておくこと。たとえば、パンッと両手を目の前で叩いたり、まじないのような言葉を用意しておく。「よくあること、よくあること」と言って気分に落ち着きを取り戻すもよし、思わずマイナスの言葉を口走ってしまったときは「…というのはウソ！」と言い直すもよし。

とにかく、必要以上にマイナスにとらわれないよう「スイッチ」を用意しておく。そのスイッチ（動作や言葉）を押せば、マイナスの考えをリセットして、チャンネルを切り替えるかのように、気持ちを切り替えるようクセをつける。

自己暗示

どうしても嫌いな人を好きになる方法

TRICKキーワード　記憶の書き換え

人間だから、どうしても虫の好かない奴や苦手な人もいるだろう。

人はいったん「嫌いだ」とイメージを固定すると、そのイメージに従った情報に敏感になる。たとえば、相手のことを「嫌みなヤツ」と一度決めつけると、相手の嫌みな部分が余計目につきフォーカスしてしまい、さらにその思い込みが強化されることになる。そうやって嫌いな上司はますます嫌いになり、能なしの部下はますます使えなくなる。

ストレスフリー！

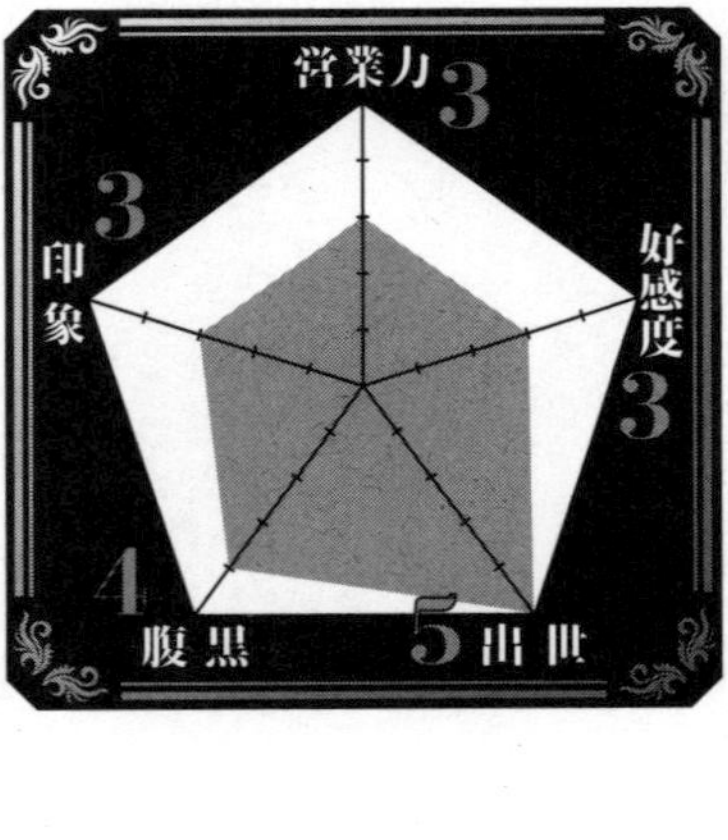

悪魔の格言

嫌なアイツは、大好物のアレに変えてしまえ

そういった人たちと接することなく済めばいいが、社内やクライアントなど、避けられない状況であることも多いはずだ。では、どうしたらいいいか？

ここにひとつ、脳に書き込まれた「嫌い」という情報を「好き」に変える簡単な方法を紹介する。まず、白紙を用意して嫌いな人の名前を書く。そしてその下に自分の好きなものを書く。好きなものは、食べ物でも趣味でも人でも場所でも何でも構わない。とにかく、自分がワクワクしたり好きでたまらなかったりするものを書く。そして、その好きなものの写真を貼るか、なければ絵を描く。そして、嫌いな人と接したり思い出したりするたびに、そこに書かれた好きなものを必ず連想するようにする。

「嫌いだ」というネガティブな思いが頭の中を占めた状態では、何事もうまくいかない。ならば、「嫌い」なものに「好き」なもののイメージを結びつけることで脳を守って効率を上げよう、というのがこのメソッドの核だ。

「嫌い」でいいことなどほとんどない。「好き」に変えて勝ち組になるべし。

レスポンスの早い人はデキる人だと思われる

TRICKキーワード
反射行動の効果

実際の実力以上に、デキる人間に見せる術がある。そのひとつが「0・2秒以内にYESと言う」というもの。スポーツやビジネスの世界ではよく使われる手法なのだが、一体どんなものなのか説明していこう。

0・2秒とは、ほんの一瞬である。何かを頼まれたり指示をされたりしたときに、考える間もなく返事をしないと間に合わないことを意味する。人は五感から情報をインプットされるとまず、感情を司る大脳辺縁系にその情報が送られるが、そこに達す

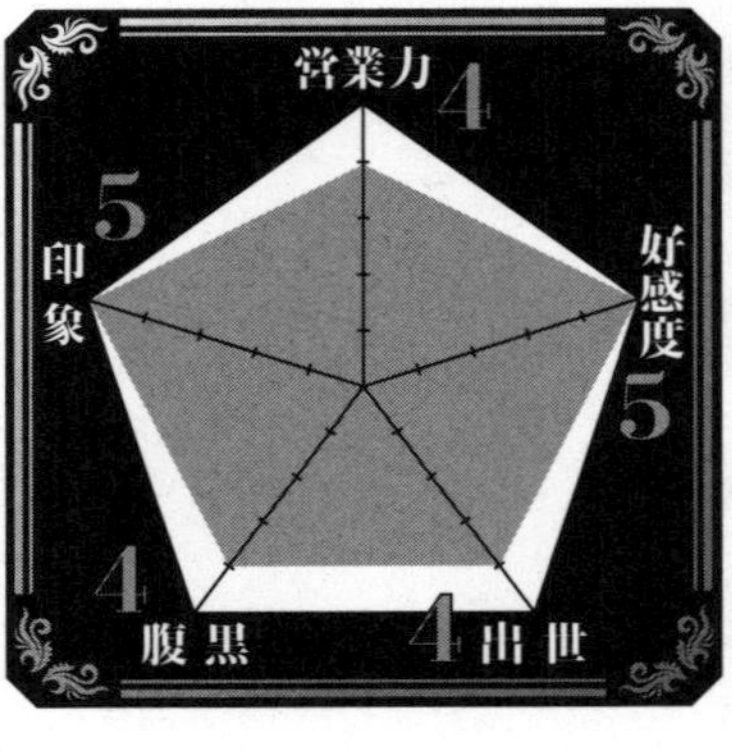

悪魔の格言

デキる人の第一歩は即答から

るまでの時間が約０・１秒。そこからさらに大脳新皮質に送られるが、そこではじめて合理的に分析をして「考える」という作業をする。それにはさらに０・４秒かかるので、０・２秒以内では考えて返事をすることができない。反射的に「ＹＥＳ」と返事をするということになる。

たとえば、サッカー部の練習中、「校庭を10周しろ！」とコーチから言われたとき、０・２秒以内で答えるとなると、「嫌だな」などとネガティブなことを考えている間がない。脳が肯定的な状態のまま、体が自然と動くことになる。疑問に思ったとしても、すでに体は動いている状態。思うツボだ。

ビジネスの場でも同じで、０・２秒以内のＹＥＳでデキる人間になる。即答の姿勢は相手に「こいつはすごいな」と思わせ、ビジネスを優位に進める武器ともなる。レスポンスが遅いのは、信用問題に関わる。数日経ってからの返事というのは、相手を不安にさせ、不安は容易に不満に変わる。

まずはあれこれ考えずに「ＹＥＳ」と答えてみる。それから具体的な話を詰めていけばいい。

会話のキャッチボールで相手に信頼感を与えろ

TRICKキーワード　自己完結型の会話

人と話しているとき、「感じ悪いなぁ」と思う瞬間がある。たとえば、会話の途中で「要するにこういうことだね」と話を要約したり、「それはね」とウンチクを語りはじめたり、自分の結論を押しつけたりする人。それに「私の話、ちゃんと聞いてるの?」と疑惑を投げかけたり「本当はどう思ってるの?　どうせ…」などと卑屈な見方をしたりする人。

これらの人たちは、自分の言った話を自分自身でまとめてしまう『セルフ・サマ

好感度アップ!

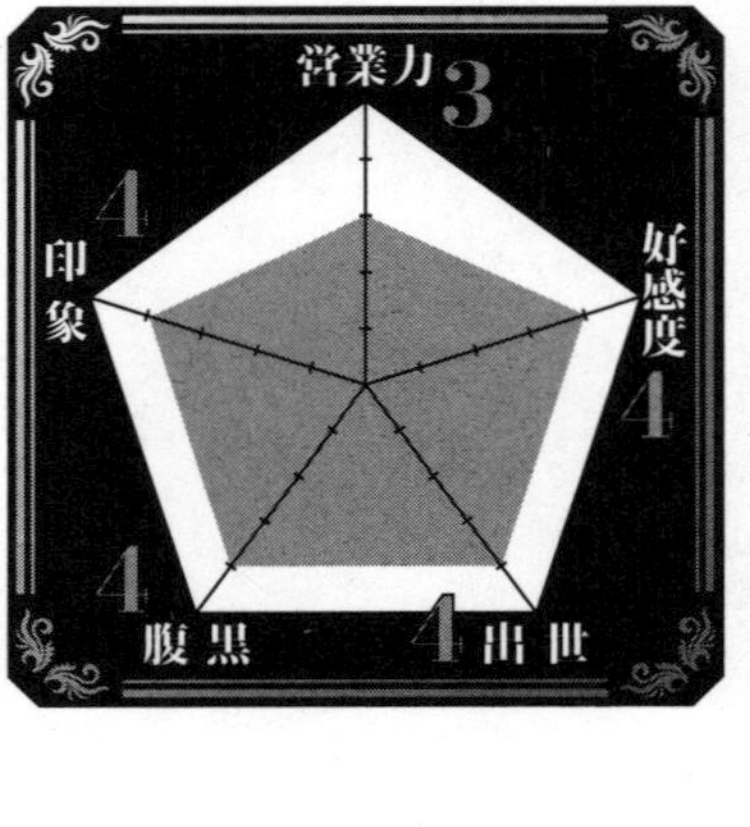

悪魔の格言

卑屈になったら負け。ひとりでしゃべり続けるな

ライジング・シンドローム』と呼ばれる自己完結型のコミュニケーションをとってしまっている。会社、家庭、地域、友人…。正常な人間関係を営むうえで、陥ってはいけないシンドロームだ。

本来、コミュニケーションとはお互いがお互いの発する言葉に耳を傾け、それに対してレスポンスを返し合うもので、キャッチボールとなっていなくてはならない。それを自分で勝手に結論づけてしまっては、コミュニケーションが成り立たないばかりか台無しにしてしまう。お互いが自己完結型の場合は最悪だ。ネガティブな言葉の応酬となり、泥沼の感情論になり果てることは明らか。「相手に自分の話を聞き入れてもらえない」ということは、想像以上に不快感を感じることなので、それが繰り返されれば憎しみにまでなってしまうことも。

自己完結型のコミュニケーションをとる人は、自己愛を満たしたいという欲求でいっぱい。コミュニケーションをうまく生かすには、まずは相手の立場や気持ちになってみよう。いつもできなかったとしても、心がけを続けることが大事だ。

自己暗示

深呼吸するだけで相手へのイライラを抑えられる

TRICKキーワード　クロス・コンプレイニング

待ち合わせに遅れた彼に、彼女は「いつもあなたはそう！」と不満をぶつける。それに対して彼は「お前だってこの間は…」と逆ギレをする。

「夫婦ゲンカは犬も食わない」というが、ケンカや言い合いの原因はつまらないことだったり一時的なことだったりして、後から冷静に考えてみると「なんであんなに怒ったりしたのだろう」と不思議に思うことも少なくない。関係性が近ければ近いほどケンカも起こりがちだ。

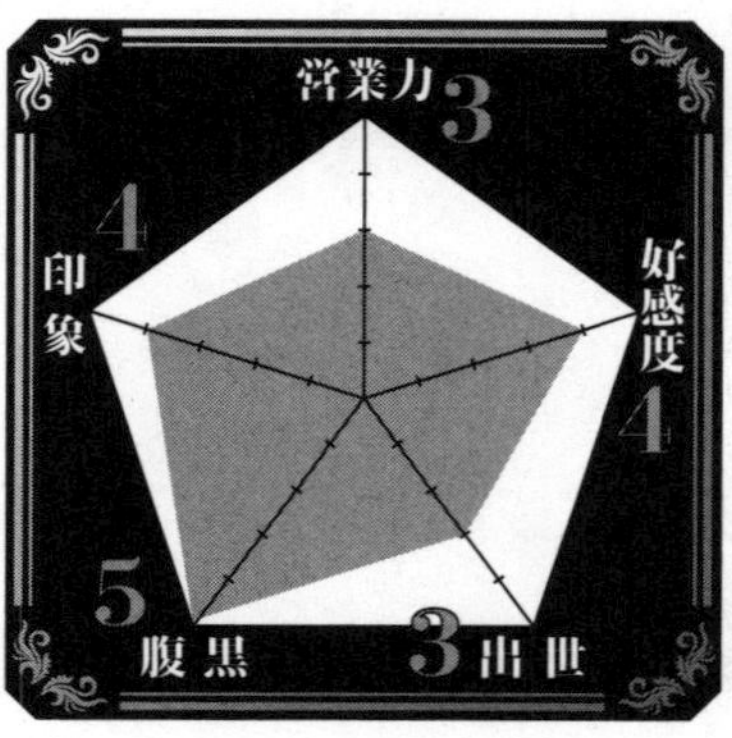

悪魔の格言

揚げ足を取る前に、深呼吸をせよ

結果的にお互いを傷つけ合ってしまい、些細なケンカを積み上げて人間関係が修復できないほど壊れてしまうことも多い。

「お前こそ」と非難をし返す『クロス・コンプレイニング』は、ケンカを最悪な事態に発展させてしまうことも多い。

相手にムッとしたら、まずはひと呼吸を置いてみる。そして話の論点を冷静に考えて明白にし、自分の気持ちを素直に伝える。少し癪だと思っても、自分から歩み寄りを見せるようにする。感情的に反応して、反射的に相手のことも攻撃してしまっては、関係性の改善はありえない。

だいたいケンカの元は、日頃我慢して少しずつ蓄積していた相手への不満やストレスであることが多いもの。相手への不満は、溜まってから一気に吐き出すのではなく、そのときそのときで小出しに、なるべく感情的にならないように伝えること。日々のストレスは、体を動かす、ショッピングをする、友人と飲みにいくなどで上手に対処しておかないと、いざというときにケンカへの導火線に火がつきやすくなってしまうので注意したいものだ。

自己暗示

お金のためだけでなく「人のため」がより大きな力を生み出す

TRICKキーワード　絆の底力

自分の利益ばかり考える利己的な人間が増えてきたといわれる昨今だが、「人は自分のためより、友のためのほうがより頑張れる」という研究結果がある。

実験参加者に、背中を壁につけたままひざを90度に曲げる、いわゆる「空気イス」をしてもらい、その姿勢を維持してもらって1秒耐えるごとに1ペンス（約1.4円）払う旨を伝える。これを5回行い、そのうち1回は自分にお金が払われ、残りの4回は友人たちのために空気イスを行い、お金も

イメージ操作

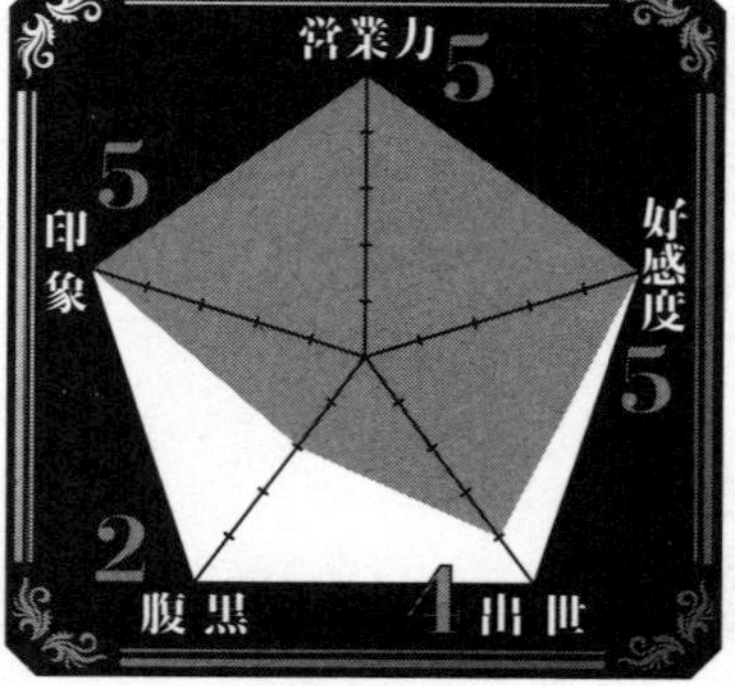

悪魔の格言

自分のためではなく人のためのほうが能力は上がる

友人たちに支払われる。すると17人中10人は、友人のために少なくとも1回は、自分がお金をもらえる回より長く空気イスに耐えた。また中には、友人のために自分がもらえる回より2倍長く耐えた参加者もおり、その友への熱い想いを見せつけた。これを受けて、社会的なつながりを維持し、共に協力し合うことが、成功をもたらす大きな要因となる、と結論づけている。

もちろん、自分への報酬もモチベーションになるが、「このお金を持ち帰って家族を食わせなけりゃならない」となると、必死度は格段に増してくる。それが自分の家族から社員、お客様、地域に住む人、日本人、地球に住む人のため…と、より規模が大きくなればなるほど、頑張れる力が大きくなり、より大きな潜在能力が引き出されることが多い。

昨今は『絆』の再認識がされるようになってきたが、日本人は元来、和を重んじる民族なのだ。人のために頑張ることは、自分の結果につながる。

「他人に喜んでもらえる」ということは、とても大きな原動力となるのだ。

落ち込んだらなるべく早めに手を打て

TRICKキーワード　心を落ち着ける癖

上司にひとつのことを注意されただけで「自分はダメな人間なんだ」とひどく萎縮して集中力を欠き、さらにミスを重ねてしまう。取れるはずの契約が直前でダメになり「やっぱり最近うまくいかない」と落ち込みやる気を失い、営業成績がガタ落ちになる……。あなたにもそんな経験はないだろうか？

　ひとつの出来事にとても感情的になり動揺してしまう人は、仕事もうまくいかず、収入もなかなか上げることができない。

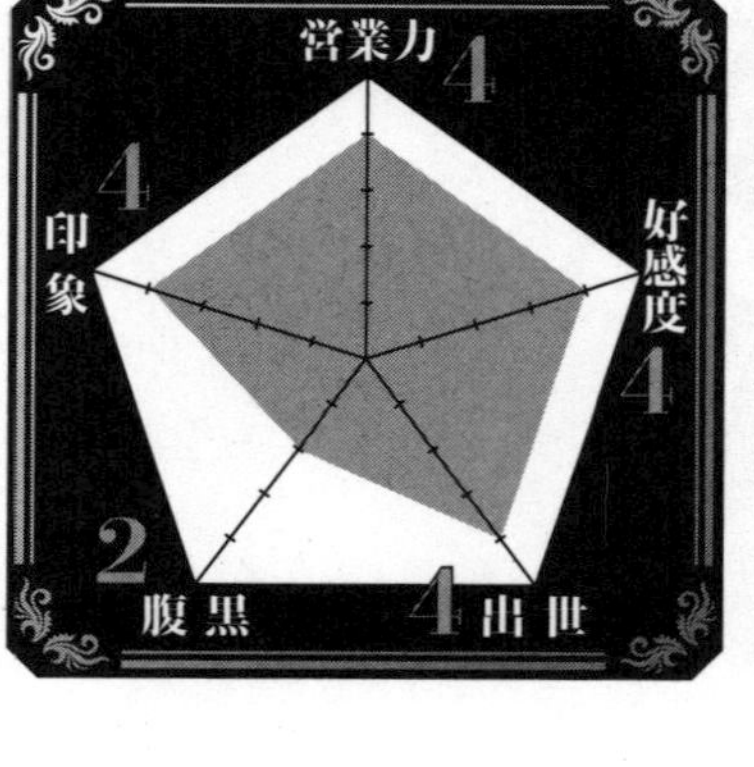

悪魔の格言

落ち着いて物事を運べば、そのうちにうまく進んでいく

どんなに慣れている仕事でも、用意周到に対策をめぐらせていたとしても、予想外の事態は起こるものである。大概のことは結局なんとかなり、大した問題にはならないことが多いので、どっしりと構えて冷静に事を運べばいい。人間だから、感情に揺れがあるのも当然のことで、時にイライラと焦り、落ち込むこともあるだろう。

だが、心が乱れるとすべてのリズムが崩れはじめてしまう。コントロールがきかなくなってパニック状態に陥ってしまい、焦れば焦るほど急ぎの仕事がスムーズに片づいていかない。

そんなときは、まずは一息ついて、呼吸を整える。ゆっくり深呼吸をして、呼吸をどんどん安定させて、心も落ち着かせる。そして「大丈夫」と自分自身に言い聞かせるのだ。

心の動揺を感じたらなるべくすぐに手を打ったほうがいい。動揺が小さいうちに対処したほうが、落ち着きを取り戻す時間も短くて済む。冷静に前向きに対処していけば、どんなことが起こっても、必ず道は開けるはずだ。

自己暗示

モヤモヤを消すには全部文字で書き出せ

TRICKキーワード　気持ちの言語化

霧がかかったように気分がモヤモヤして、なんとなく不安で憂鬱で、やる気が出ない。そんな経験はないだろうか。

そういったモヤモヤを放置していると、どんどんそれは大きくなり、さらに精神を蝕《むしば》んでいくので、手遅れになる前に自覚し対処しておかないといけない。

そのためにはまず、モヤモヤの元となっていそうな事柄をすべて、紙に書き出していくことが有効だ。片っぱしから懸念材料を書き出していくことで、原因に近づいて

イメージ操作

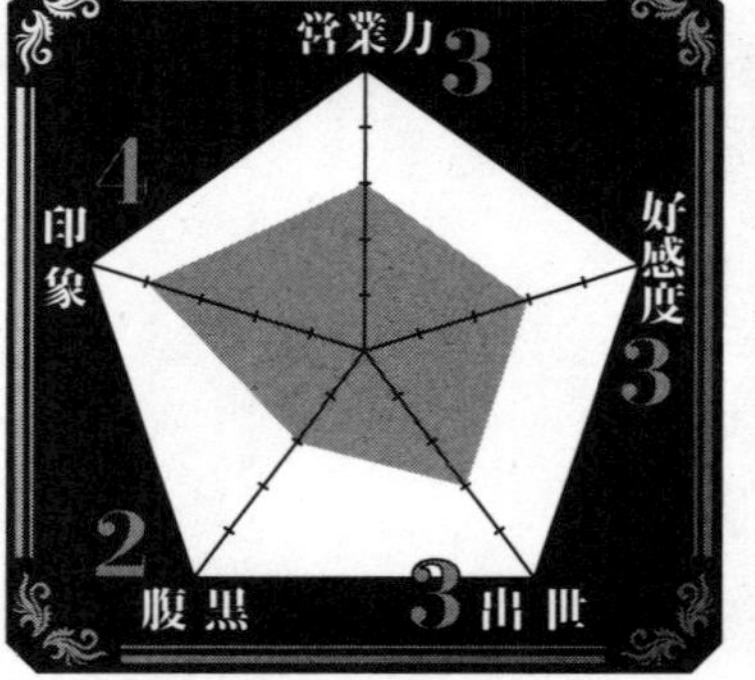

悪魔の格言

とにかく書き出してすべてを昇華させるべし

いくことができるだろう。

たとえ原因がはっきりしなかったとしても、紙に書くだけで気分はだいぶ楽になっているはずだ。

問題は、問題そのものにあるのではなく、問題によって心が落ち込んでしまっていることにある。だから、問題が解決したら、どんな気分になるのか想像してみること。すっきりとした晴れやかな気分を想像してみてほしい。

心の状態を常にクリーンに保っておくことが、何事もうまくいかせる秘訣だ。

モヤモヤの
原因らしきことを
すべて書き出すことで
原因に近づく
モヤ
モヤ
モヤ
モヤ
モヤ
モヤ

あなたの本性がわかる
心理テスト④

自分のスキルや実力を見誤ってないか!?
錯覚なし!
本当の自分を知る!

問題 1

初対面の人と本の話題で盛り上がりました。本を一冊だけ貸してほしいと言われたら、あなたはどれを貸しますか？

C 週刊誌	A お気に入りの本
D 辞書	B 未読の新刊本

「ウソつき人間」診断

本は秘密、真実の象徴。どんな本を選ぶかで、あなたが秘密や真実をどれだけ重んじるかがまるわかり！

C その場限りのウソつき

本に衝撃的な内容やスキャンダルを求めるあなたは、その場限りのウソをつくタイプ。ところが、ウソを考えるのがあまり得意ではないので、恩情的な目で見守ってくれるラッキーなタイプ。

A とっても一途なウソつき

気に入った本を何度も読むタイプのあなたは、基本的には正直で、ウソをつくことも少ないタイプ。そして、周囲にバレバレなウソでも、一途につき通そうとするなんだか憎めない奴。

D ウソを許せない正直者

人から受けたり与えたりする情報にウソがあってはいけないと考えるタイプ。ウソをついたほうがうまくいくときも決してポリシーを曲げないため、融通がきかないと周囲に煙たがられることも。

B ウソを操るウソマスター !?

知的好奇心が旺盛で、場の空気を読む能力に長けている。ウソをうまくついて、うまく立ち回り、世の中を渡っていける人。相手と場所を選んでウソを繰り出す姿は、ウソマスターのよう !?

問題2

直感でお答えください。
パソコンの壁紙を変えることにしました。
あなたが選ぶのは次のうち、どれ？

C ぽっちゃりとしたモデル	A 海外の大自然の風景
D スリムでスタイリッシュなモデル	B 毛むくじゃらの動物の集合体

「孤独度」診断

自分がよく目にする場所に置いておきたい光景には、あなたの心の孤独度が投影される。ひとりでいるときに無性に誰かに電話をかけたくなることは多くはないだろうか？

C　新しい環境に入りたての人

新しい環境に身を置きはじめたばかりの人が選ぶのがC。人間の丸みを見て、寂しい心をどうにかしようとしているのだ。孤独感を放っておくのはNG。早く今の環境になじめるように努力しよう。

A　孤独感を感じない人

本当の友達、あるいは心をしっかり許せる相手が、いつでもどこかでスタンバイしていると感じている。その後ろ盾によって、孤独感とは無縁の存在。今の人間関係を大切にしていこう。

D　孤独感を崇拝するタイプ

孤独感を逆にクールでカッコイイと思っているタイプ。泥くさい付き合いなんてノーセンキュー。人付き合いから得られる感動などを欲することなく、とにかく結果だけを追い求めがち。

B　常に人恋しいタイプ

あなたは自己愛が強く、愛されたい欲も強いので、常に人恋しいと感じてしまいがち。眠るよりもインターネットでもいいから交流していたい。そんな孤独な心を持て余しているのでは？

問題3

直感でお答えください。
スマホのケース、あなたはどんなものを付けていますか?

C 携帯電話と一緒に付いてきたもの	A キャラクターやブランドもの
D ケースには入れていない	B 自分でデコレーションしたもの

「洗脳されやすさ」診断

スマホは敬愛する対象を表し、その装飾品はハマり方や洗脳のされ方を表している。あなたの洗脳されやすさはいかほどか。

C　ほとんど洗脳されない人間

付き合いで交流をしたり、趣味の物を買ってみたりはするものの、それに本気になることはまずないと言っていいだろう。会社などへの帰属意識も薄く、会社側は教育に苦労することだろう。

A　最強の洗脳人間

愛着のあるスマホに好きなキャラクターやブランドを重ねるあなたは、好きになったら一直線の洗脳されやすいタイプ。敬愛するもののためならお金も惜しまないので、どんどんのめりこむ可能性大。

D　洗脳される可能性ゼロ

必要最小限しか身に着けないという潔いあなた。洗脳しようとする側が困ってしまうほどのツワモノで、言葉をかけられても「だから何？」という姿勢をつらぬくため、簡単に操られることはないだろう。

B　そこそこの洗脳人間

スマホのケースも好みに合わせて美的に表現するあなたは、自分の波長に合うものをよく知っているタイプ。自分と合うと確信すると、とことんまで洗脳されていってしまう単細胞だ。

問題4

5人グループで写真を撮ることに。配置は前に3人、後ろにふたり。あなた自身はどこに映っている？

C 後ろでワルなポーズをとっている	A 一番前のセンターに映っている
D 後ろで地味に映っている	B 前の右または左で映っている

「ナルシスト度」診断

写真に映る場所は、あなたの心にひそむ自己愛を示している。その自己愛にこそ、あなたのナルシスト度や理想の姿が投影される。

C　ナルシスト予備軍

個性派を気取るナルシスト予備軍。理想とするアイドルもどこか個性派で、「個性がある」ということに自分の存在意義を感じているようだ。個性はマネするものではないと肝に銘じて。

A　大いなるナルシスト人間

自分が容姿端麗な花形であると思っている傾向があり、かなりのナルシスト。実社会でも無意識にスター気取りの行動を見せている可能性も。自分の言動を一度ゆっくりと振り返ってみよう。

D　どこまでも現実を見つめる人

特に役割を買って出るでも、主張するでもなく、あくまで実社会でのつながりを大事にする人。一見ノリに欠けるようだが、仲間からの信頼も厚く、ここぞというときに頼りにされるタイプ。

B　ナルシスト症候群

中心人物の右腕的存在でいることを熱望し、実はかなりのナルシスト。中心人物を支えられるだけの器量が自分に備わっていると無意識に思っている。仕事も運動もできる自分に陶酔……なんてことも。

第五章
気になる相手をトリコにする！
恋愛心理学

恋愛心理学

他人より一歩踏み込んだ気遣いで好印象をゲット

TRICKキーワード　心の柔軟性

オフィスや学校で、気になる異性が最近風邪ぎみ。くしゃみが止まらず、なんだかつらそう。くしゃみをするたびに、周りからは「大丈夫?」の声が。

しかし、相手に自分を印象づけたければ、周りと一緒になって「大丈夫?」を繰り返してもあまり意味がない。相手はそれどころではないし、それ以前に、風邪をひいていては大丈夫ではないのだから。

こんなとき、「はい、これ使って」とさりげなくティッシュを渡してみてはどうだろう。手元にティッシュがない場合には、「つらそうだね、少し休んできたら?」の一言でもいい。

心配することにプラスアルファを付けることで、相手に返事をする以外の行動を起こさせるのだ。ティッシュを渡されたら鼻をかまざるを得ないし、休んできたら?と言われれば、「大丈夫?」と聞かれたとき以上の言葉を返すことになるだろう。相手にこのワンアクションをさせることが、相手に自分を印象づけることにつながるのだ。

これができればあなたは…

心の柔軟性を鍛えることがモテへの近道

ただ、これをするには、常に「相手は今なにをしたら喜ぶかな？」と考え、瞬時に行動に移せるように心を柔軟にしておくことが大切。上司や先輩を練習台にしてもよい。上司がコピーを取ろうとしていたら「私がやりましょうか？」と声をかけ、先輩が○○へ行くと言えば、さっとスマホを出して経路を検索してみせてもいいだろう。こうやって心の柔軟性を高めていれば、おのずと周囲からの評価も上がり、やがてその評判が意中の相手にも届くというものだ。

　ただし、何事もやりすぎは禁物。口を出しすぎてただのおせっかいにならないように注意したい。

悪魔の格言

同性なんて気にするな。愛されキャラはわかりやすいぐらいが異性受け◎

悪魔の実践度チャート

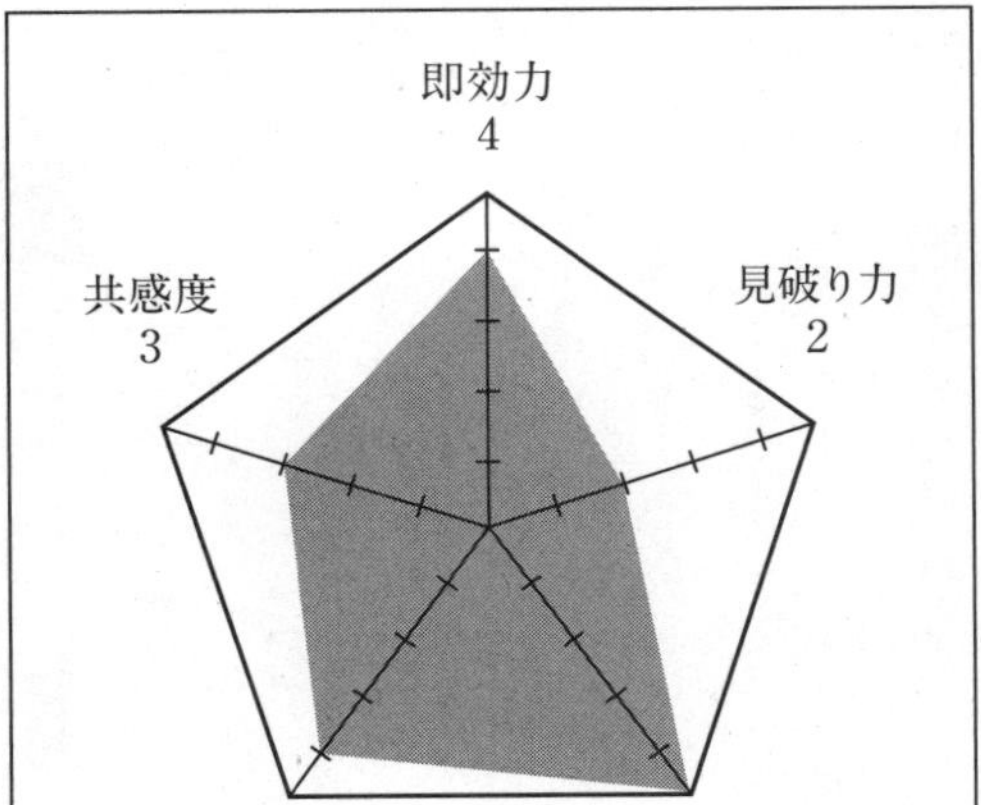

恋愛心理学

「今電話しようとしてた！」で運命の人になる

TRICKキーワード　偶然

心を寄せている同僚とお付き合いまであと一歩。でも、彼の本心がいまひとつわからない……。どうせ思いを告げるなら、少しでも成功確率を上げてからにしたいと思うのは当然のこと。この忙しい世の中、フラれてメソメソしている時間ほどもったいないものはないのだから。

　そんなときは、スマホひとつで、彼の心をぐっと自分に引き寄せてしまえばいい。方法は簡単、相手が自分のスマホに連絡をするように仕向けるだけだ。

「仕事でわからないところがあるので、時間があるときにお電話いただけますか？」でも「○○を相談させてもらいたくて」でも可。お付き合いまでもうひとふんばり！という関係なら、「ランチに行ける日、連絡ください」でもなんでもいい。とにかく相手に電話を「かけさせる」環境をつくるのだ。そして、あなたは、彼からかかってくる電話をただ待っているだけ。

　そしてかかってきたら、「ちょうど今、私もかけようとしてたの！」と言ってみよう。

これができればあなたは…

なんか気になる奴

告白はできるだけ成功確率を上げてからが鉄則

彼は「え！　本当に？　びっくり！」と言っても言わなくても、その偶然に多少なりとも心が動くだろう。

　人は、思いもよらない偶然に出会ったり、偶然の一致を見つけたりすると、その相手に好感を抱きやすい傾向がある。また、偶然が重なれば重なるほど、相手を「運命の人」だと思い込みやすい。街で偶然昔の同級生に会ったり、意中の相手とスマホが同じ機種だったりしただけでウキウキしてしまうのもこのためだ。意中の相手がいる場合には、同じ文具を使う、行動時間を合わせてみるなど、小さな偶然を意図的に重ねれば、自分に好意が向く確率がぐっと高くなる。

悪魔の格言

装った偶然でもモノにすればそれは必然

悪魔の実践度チャート

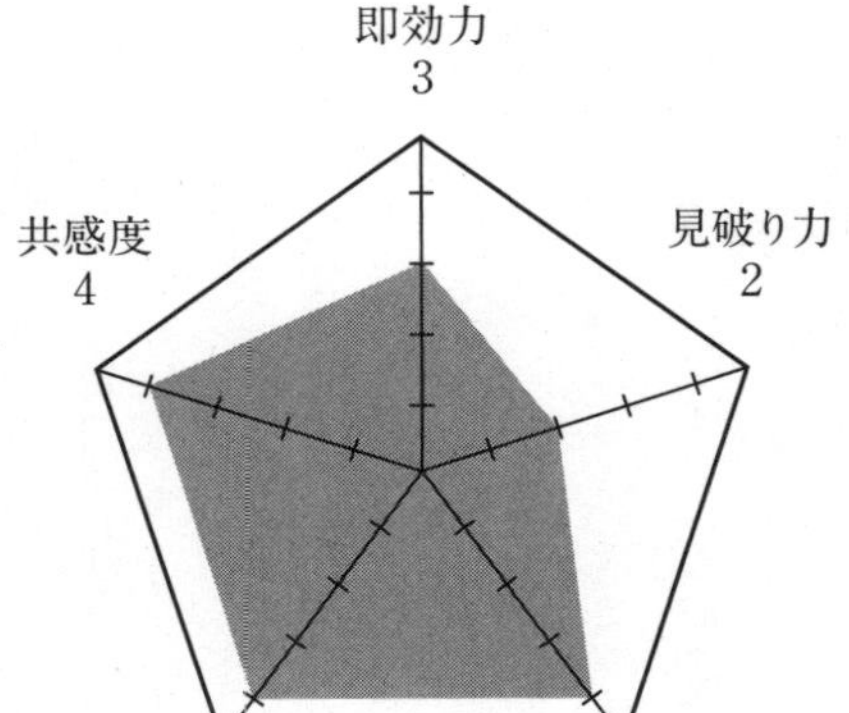

恋愛心理学

へこんでいるときに近づけば恋人になれる

TRICKキーワード　自己評価の低下

気になっているあの人、今日はなんだか元気がない。声をかけようか、そっとしてあげたほうがいいのか……。

落ち込んでいる相手には悪いが、実はそんなときこそ、あなたにとって恋を発展させる最大のチャンス！　というのも、人間は心が沈んでいるときのほうが、異性を好きになりやすい生き物だからだ。

それを実証したのが、心理学者のウォルスターである。彼女は次のような実験を行った。

これができればあなたは…

相手が落ち込んだときが最大の狙い目！

参加者は、事前に性格検査を受けていた女子学生。彼女たちはその性格審査の結果を聞きにきたのだ。実験室に行くと実験者の姿はなく、代わりにハンサムな男性が。彼女たちは、彼から「これが終わったら、食事に行かない？」とナンパされるのだ。

その後、女子学生たちは性格検査の結果を聞くのだが、一部の学生には「あなたの性格では人に好かれない」などと、さんざんな結果を告げたのだ。その後、例の男性のナンパについて聞くと、自分の性格が悪いと言われた女子学生のほうが、男性の誘いに応じることが多かったのだ。

誰だって、自分の性格に問題があるなどと言われたら、落ち込んでしまう。そんなとき、優しくされたり、声をかけてもらえたりすると、「なんて優しい人なんだろう」と心を開いてしまうのだ。つまり、自分の評価が下がるため、相対的に相手の評価が上がるのである。

もし、すでに誰かと付き合っている人に恋してるならば、その人が失恋するときを待つのもいいだろう。失恋して落ち込んだときこそ、あなたにとって最大の狙いどきになるのだから。

悪魔の格言

相手が落ち込んでいるとき、優しく声をかければ恋に発展する可能性あり！

悪魔の実践度チャート

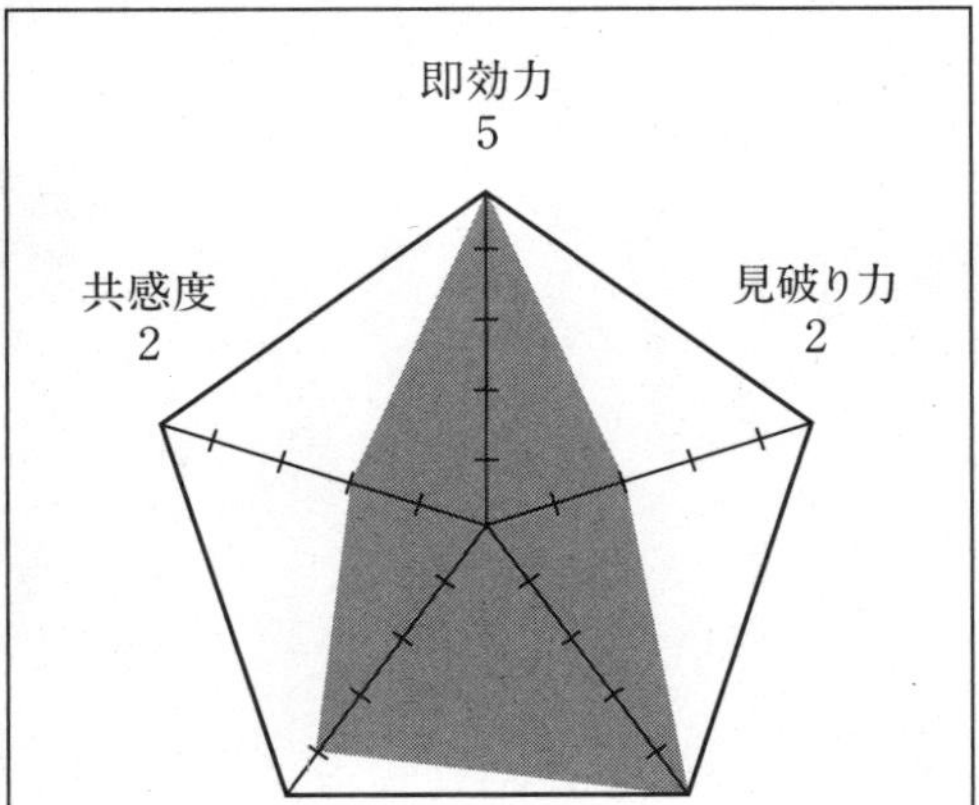

恋愛心理学

相手の行動をマネすれば高嶺の花もオレのもの

TRICKキーワード　同調ダンス

親しい人同士は、表情やしぐさ、話し方まで似てくる。職場でもサークルでも、そんな人間模様をよく見かける。

なぜそんなことになるのか。親しみを覚えるきっかけはいろいろだが、いったん親しくなると、会話や行動をともにする時間が多くなる。すると、相手のことがいっそうわかってきて、共感できるポイントがどんどん多くなるのだ。

興味の対象が一緒だったり、価値観が同じだったり。そんな「同じ」を重ねると、そこに今度は、心地よさが加わり、お互いの好意もぐっと上昇する。

そうして心の動きが似てくると、不思議なことに動作まで共鳴しはじめる。同じポイントで相づちを打ったり、笑ったり泣いたり……。相手に思わずつられて、同じ動きをする『同調ダンス』といわれる状態にもなってくる。

これを逆手に取れば、恋の駆け引きに勝利することも可能だ。

まず、意中の相手が自分に好意をもって

これができればあなたは…

恋愛のスタートは相手の観察から

いるかどうかは、相手の表情やしぐさを観察していれば見抜くことが可能だ。「同じようなしぐさをしているな」「マネをされているかも？」と思ったら、好意をもたれている証拠だと思っていい。自信をもって、駆け引きをリードしよう。

一方で、アプローチしてみたい人が現れたら、その人のしぐさをマネすることからはじめてみよう。

お茶や食事の機会を上手につくって、まずは「ふたりきり」に。そして、まばたきや飲食のペース、ちょっとしたしぐさなどを合わせて、相手に「気が合うかも」と思わせることができれば、しめたものである。

悪魔の実践度チャート

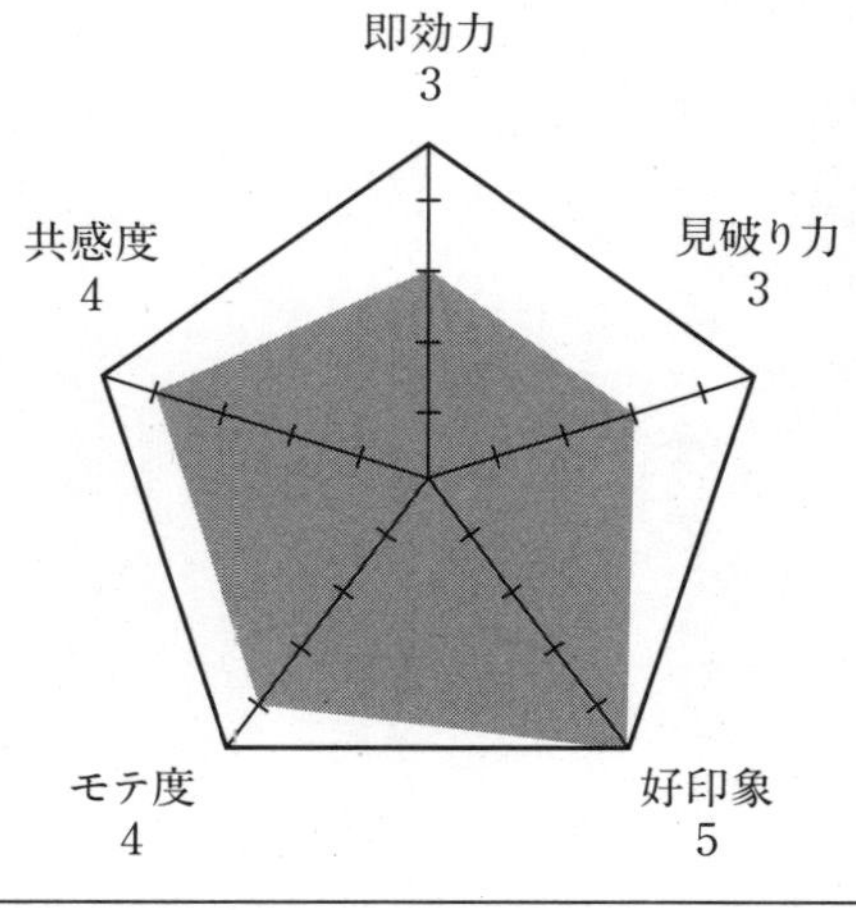

悪魔の格言

食事デート。次は勘弁と思ったら食事のペースを合わせるな

恋愛心理学

字を見れば相手の性格がわかる

TRICKキーワード　文字の書き方

あなたが好意を抱く彼は、とても優しく紳士的。困っていれば声をかけてくれるし、食事に行けばスッと先にドアを開けて通してくれる。ただひとつ気がかりなことは、外から聞こえてくる彼の評判があまりよくないこと。「怒りっぽい」「あんな短気はいない」など、いつもの彼からは想像できない言われっぷり。付き合う前に、彼の本性を知っておきたい！

　そんなときは、彼の書く字をチェックすればいい。一般的に、大きい文字を書く人は自信家で積極的、小さい字を書く人は慎重で几帳面なタイプ。また、右肩上がりは感情的で怒りっぽく、右肩下がりはカッコつけ屋だといわれている。つまり、この彼が右肩上がりの字を書けば、残念ながら、あなたの前での彼は偽の姿。怒りっぽいという評判のほうが本性となる。

　それでも好きな場合は、さりげなく欠点を指摘すれば、「オレのことをわかってくれている」と思わせることができ、ダメなところも直してくれるはずだ。

これができれば
あなたは…

賢い奴

好きな相手の欠点は告白前に克服させる

悪魔の格言

丸文字は柔軟性不足の証。リードしてほしいなら指摘するべき

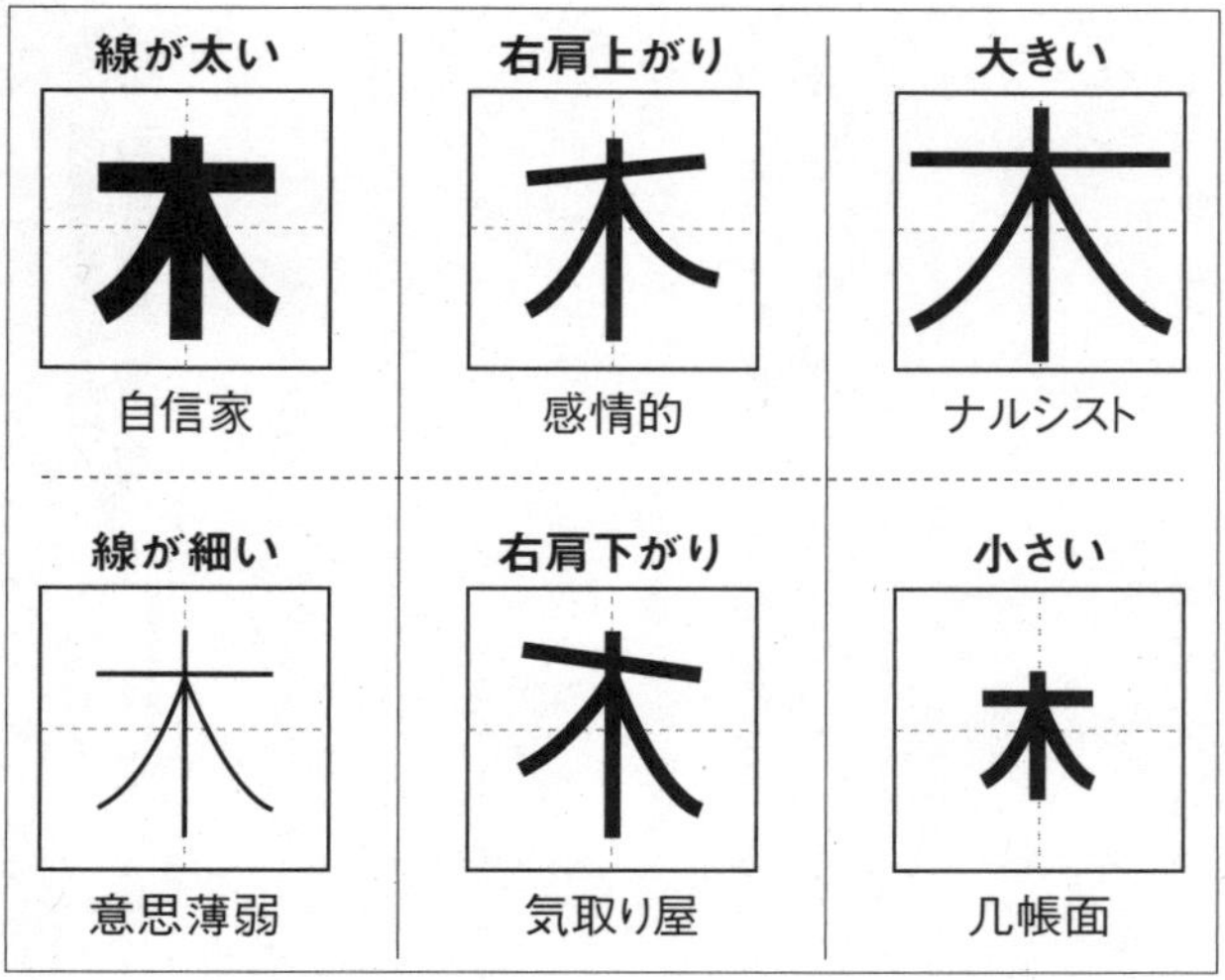

悪魔の実践度チャート

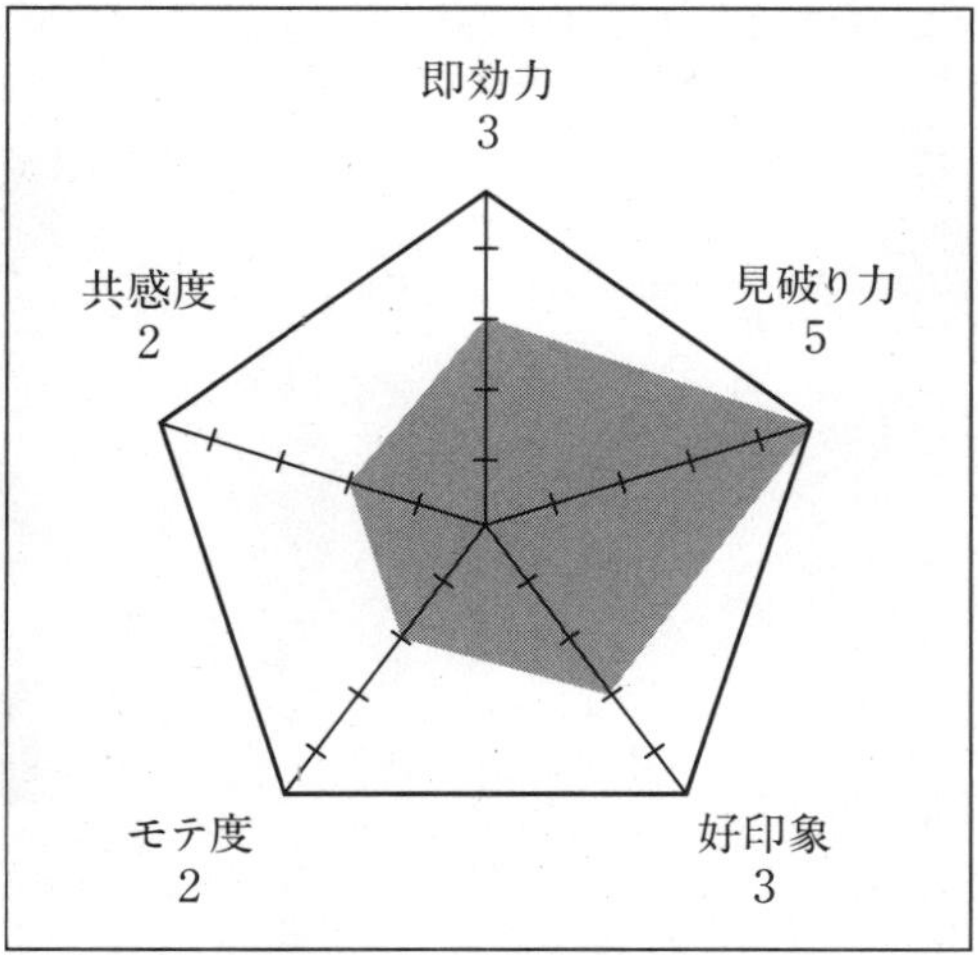

恋愛心理学

寝相を見れば相手のストレスがわかる

TRICKキーワード
寝相

ストレスは、自分のことも蝕むが、八つ当たりなどで他人のことも振り回すやっかいな敵。恋人やパートナーがストレスを抱え込みやすい性格なら、気分のアップダウンに対応するだけの体力と覚悟が必要だ。とはいえ、相手がストレスを感じていることがわかれば、優しく接するなどして相手の恋心をさらに引きつけることもできる。恋人が昼寝などをする際、その寝相をチェックしてみよう。

まず、背中を丸めたり両足のくるぶしを重ねたりして横向きに寝る人はストレス過多。あなたの前では平静を装っていても、そのストレスは爆発寸前。逆に、仰向けに寝る人はすばらしいオープンマインドの持ち主。小さなことは気にしない精神で、ストレスはあまり気にしていない。ちなみに、顔やお腹を腕で隠したり膝を抱えたりする人は自分の世界に閉じこもりがちでストレス気質、うつぶせで寝る人は几帳面で堅物、膝を軽く曲げて横向きに寝る人は、精神が安定しているタイプだといわれている。

これができればあなたは…

賢い奴

掛け布団をめくってこっそりチェックを

悪魔の格言

膝を曲げる寝相をしていたらストレス過多。触らぬ神にたたりなし

悪魔の実践度チャート

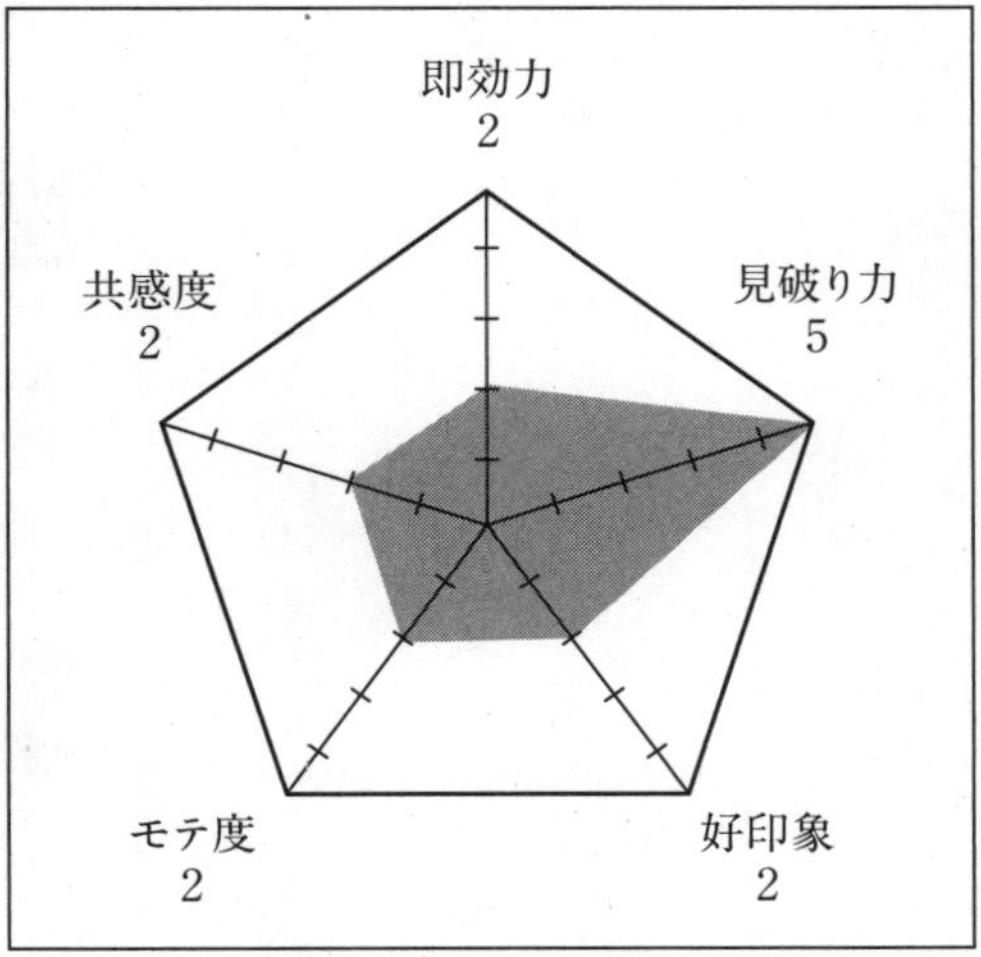

恋愛心理学

自分のダメさを訴えれば溺愛される

TRICKキーワード　ダメ男

あなたの周りに、「どうしてあんないい子があんなダメ男と付き合ってるの？」というカップルはいないだろうか。誰もが付き合いたいと思うような美女が、貯金もあまりない男性のために、せっせと働き、彼との話を幸せそうに語ったりする。男性の性格がバツグンによいのかもしれないが、多くの場合、女性が男性の面倒を見て、お金まで出してあげていたりする。

実はこの場合、男性側が、自分のダメさ加減を恥じることなく女性に話している場合が多い。多くの男性は、自分をカッコよく見せたい、頼れる男でいたいという願望をもっているものだし、女性も、そんな男性に憧れをもつ。しかし、目の前の男性にこんなことを言われたらどうだろう。

「俺は何をやってもうまくいかない。お金も貯まらないし、失敗ばかり。だけど、お前といられればそれで幸せなんだ」

なにこのダメ男！　と、プイッとそっぽを向く女性も多いだろうが、少しでも気がある相手であれば、「私だけに話してくれた

これができればあなたは…

救えるぐらいのダメさ加減にするのがよい

んだ」と少し嬉しい気にもならないだろうか。そして、少しずつ力になることで、いつの間にか、「私がいなきゃダメだ！」という気持ちになってくる。〝彼を助ける優しい私〟と〝それを喜ぶ彼〟の構図ができ上がると、その心地よさはやがて、「これは愛情だ」という確信に変わる。

実際はお互いに依存しているだけなのだが、人に何かを与えるという快感から抜け出せなくなるのだ。つまり、あなたにもし付き合いたい異性がいて、なおかつ愛されるだけでなく養ってもらいたいと思っているならば、方法は簡単。ダメな自分をとことん訴えればいいだけだ。

悪魔の格言

ダメな自分を出すだけで、愛情も生活費も簡単に手に入れる

悪魔の実践度チャート

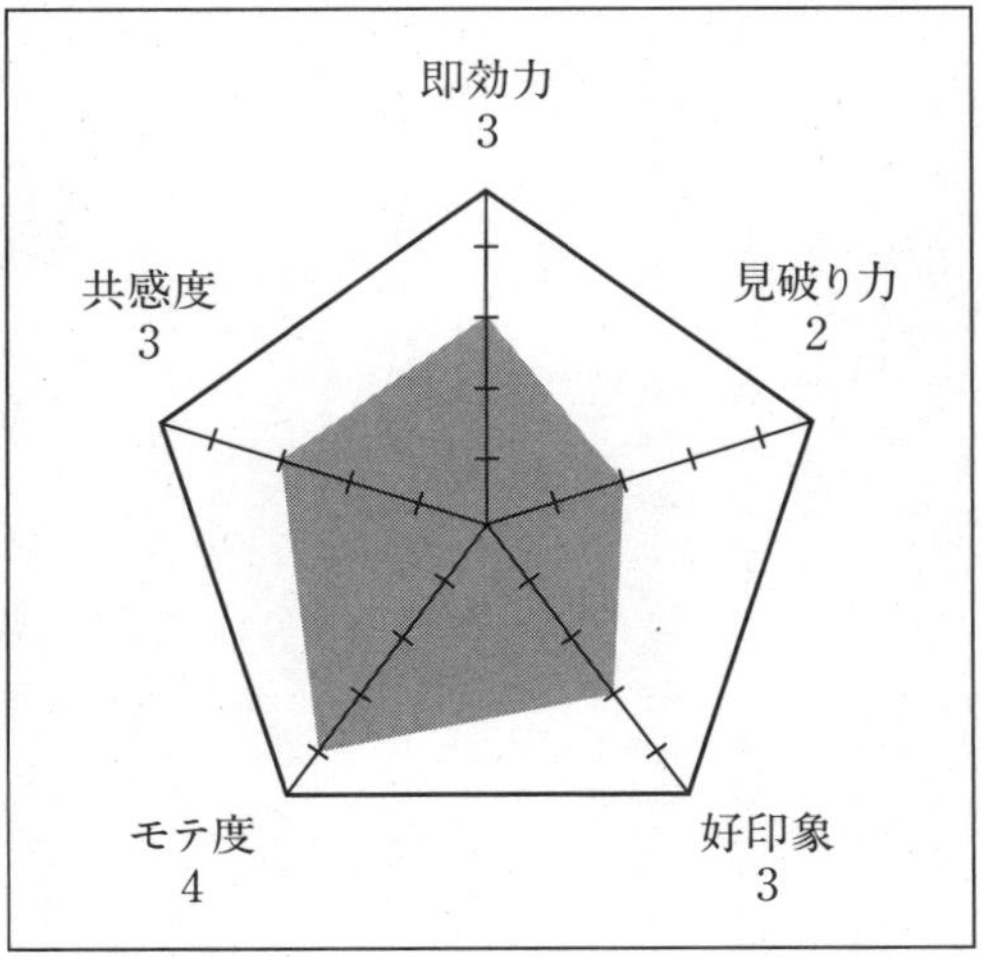

恋愛心理学

暗がりを狙えば相手をエッチな気分にさせられる

TRICKキーワード
暗闇と心理

最近は、照明を落とした個室のレストランがカップルたちに人気だが、これは、明るい場所にいるよりも『暗闇』のほうが人は相手に対して心を開きやすく、密着度が増す、という心理効果のせい。胸に手を当てると、確かにそんな気がしないでもない。ふたりで映画を観た後に、夜景の見えるレストランでディナー。夜の公園をふたりで散歩し、今夜は一緒に……。

人は明るいところでは開放的な気分になり、暗い場所になると、無意識のうちに警戒心を強めるという傾向がある。『暗闇』では視界が狭まるために不安になり、その代わり、周囲にいる人間への依存心や好感が高まるのだ。

こんな実験結果がある。ある研究者が、初対面の男女8人を4人ずつのグループに分け、それぞれ明るめな部屋と真っ暗な部屋に1時間ずつ入ってもらった。すると、明るめな部屋の男女は、自己紹介や当たり障りのない話などをしているだけだったが、真っ暗な部屋に入った男女は、最初は自己

これができれば
あなたは…

さわやかホレ対象

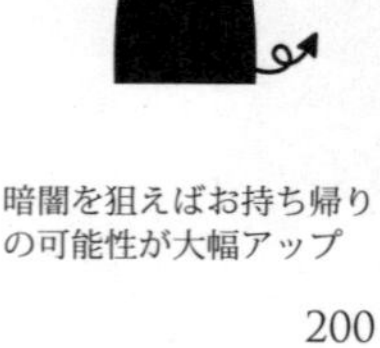

暗闇を狙えばお持ち帰りの可能性が大幅アップ

紹介をしていたが、やがて会話が途切れると、男女がお互いにボディタッチしはじめたり、抱き合いはじめたりしたという。しかも、不安を感じやすい女性のほうが、暗闇で性的興奮を覚えやすいという結果が出たという。つまり、開放的な気分でいるよりも、周りの状況が見えない暗闇のほうが、異性と「いい感じ」になれる確率がグッと上がるというわけだ。

奥手の恋人をエッチな気分にさせたり、これから付き合いたいと思う異性と密着したりしたければ、遊園地よりも暗いレストラン、昼間のデートよりも夜のデートをプランニングしたほうがよさそうだ。

悪魔の格言

間違っても付き合いたくない異性とは決して暗闇に行くな

悪魔の実践度チャート

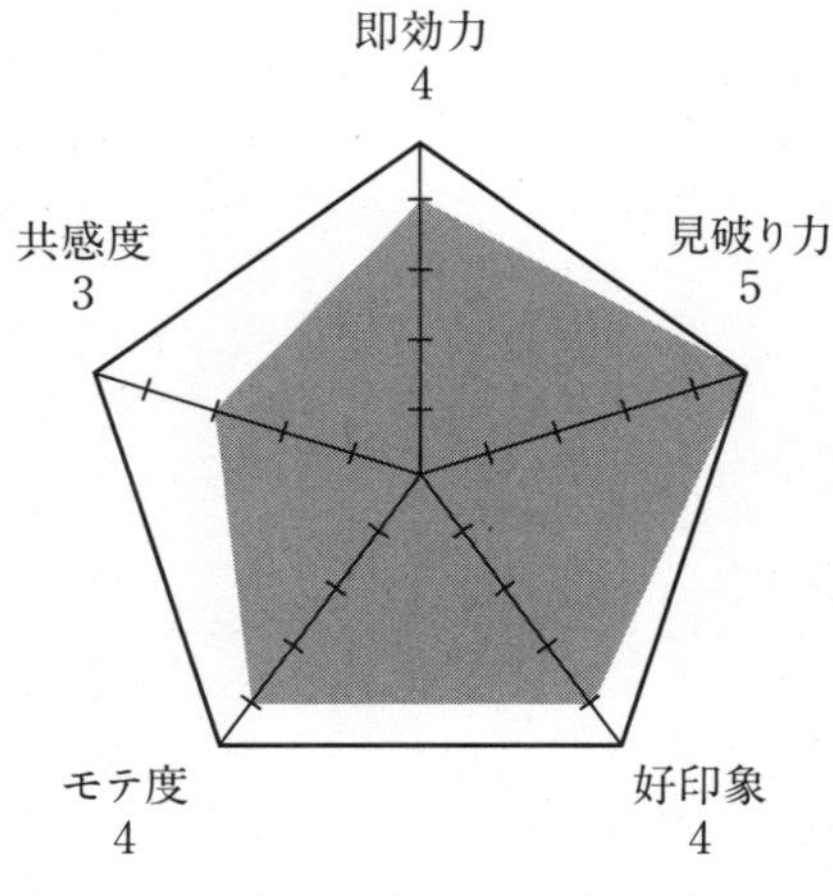

恋愛心理学

椅子にゆったり腰かけるとベッドに誘い込める

TRICKキーワード　姿勢

意中の相手に、さりげなくベッドイン希望を伝えるにはどうすればいいだろうか。おおっぴらに誘うのも気が引けるし、とはいえ、今夜を逃したくない！

相手に密着し、目をじっと見て好意を猛アピール、なんていう小悪魔的アピールも悪くはないが、もっと簡単な方法がある。息をゆっくり吐き出し、リラックスして椅子にだらりと座るのだ。思いきり椅子にもたれかかってしまうくらいがいいだろう。人は、日常生活の中で、さまざまな心理模様を無意識的なしぐさで表している。椅子にだらりと座っているのは、心を開いている証拠。その姿勢を相手に見せることで、相手の警戒心を解き、好感度を上げる効果があるのだ。

一方これは、相手が自分に体を許してもいいと思っているかどうかチェックするときにも有効だ。相手が足組みをしていたら、性的接触は絶対禁止のサイン、体を抱えるように腕を組んでいたら「あなたには興味ありません」のサインだと思えばよい。そ

これができればあなたは…

ベッドインはしぐさでさりげなく伝えて

んな場合は、急なベッドインを狙うのではなく、むしろ何度か食事などを重ね、もう少し自分への警戒心を解いてからトライするのがいいだろう。

　また、だらりとした姿勢を見せるのは、相手に対して90度の角度がベター。テーブル席だと、角を挟んで座る位置だ。向かい合って座ると、話し合いのスイッチが入ってしまうために、話が盛り上がるにつれ、だらりとした姿勢が逆に傲慢な態度に映ってしまう可能性もなくはない。

　しかし、90度や横に座ると、お互いによりリラックスでき、姿勢のメッセージも伝わりやすくなるのだ。

悪魔の実践度チャート

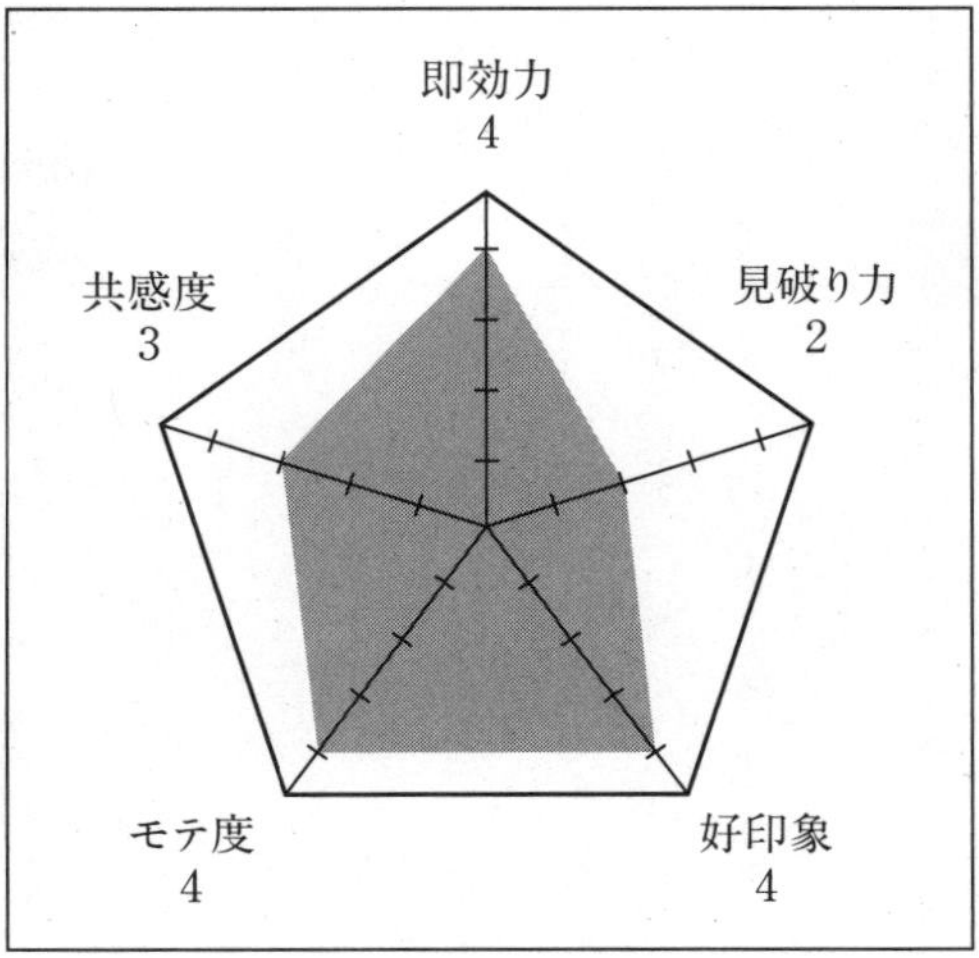

悪魔の格言

こいつとはベッドイン不可！の場合は、足を組んで無言の拒否を‼

恋愛心理学

初体験を繰り返してあなたのトリコにし続ける

TRICKキーワード　誘惑への免疫力

付き合っている相手の態度が最近おかしい。デートの約束をしようとメールをしても「忙しい、ごめん」の一言だけ。平日の夜はいつも帰りが遅いみたい。これって、もしかして浮気⁉

　長く付き合っていれば、多かれ少なかれ誰にでも訪れるのが「マンネリ」。よく、長年連れ添っている夫婦から「一緒にいて当たり前」、「空気のような存在」という言葉を聞くが、それに安心感がともなっているのなら言うことなしだが、お互いの異性としての魅力を感じられなくなっているとしたら要注意。「一緒にいると楽」だと思う関係性になったときが、いちばん浮気の可能性が高まるからだ。

　誰しも、好きな相手には浮気をしてほしくない。そして、一度浮気を疑い出そうものなら、今度はその真相を突き止めようと相手のスマホを盗み見て、あわや大ゲンカ！なんてことにもなりかねない。

　当然のことだが、浮気の心配をしたくなければ、相手に浮気をさせなければいい。

これができれば
あなたは…

初体験は自分の魅力を引き出すことにもなる

その方法は、ふたりで一緒にいるときに、できるだけ多くの初体験を繰り返すことだ。

たとえば、普段料理をしない彼女が料理をしてみてもいいし、行ったことのない場所にふたりで足を運んでみるのもいい。こうすることで、相手は初体験をしてワクワクすることへの免疫がつき、外でほかの女性に誘われたとしても、誘惑になびきにくくなるのだ。

いつもよりおしゃれをして、「お？　今日は何かいつもと違うな」と相手に思わせるのも手。

初体験と一緒に、自分の魅力も上げることができるはずだ。

悪魔の格言

恋人がいる異性をモノにしたければ、情に訴えるよりもサプライズありの初体験を！

悪魔の実践度チャート

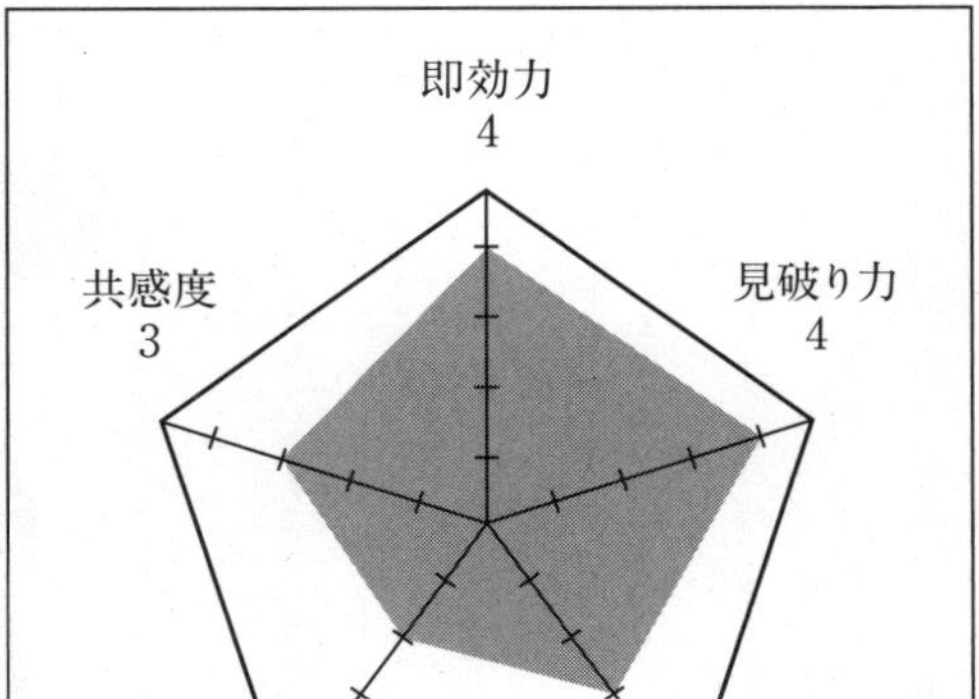

恋愛心理学

性格の違う女を選べば勝手に相手はメロメロになる

TRICKキーワード　性的相補性

異性に興味をもつきっかけとして、無意識のうちに趣味や性格、考え方などが似ている相手を選んでいる人は多いのではないだろうか？

しかし、その考え方はどうやら間違っているようなのである。

アメリカの心理学者ウィンチの研究によると、亭主関白な傾向にある男性とそれに従う女性、逆に勝気で男勝りな女性とナヨッとした男性は、夫婦関係がうまくいく確率が高いという統計結果が出たのである。

しかし、考えてみれば、お互いに勝気同士の男女が一緒に暮らせばケンカが絶えないだろうし、弱気な男女が一緒に暮らした場合はお互いにあまり楽しそうじゃない。当然といえば当然の結果だ。

このような男女のバランスを心理学では『性的相補性』という。人は、自分にないものを異性に求める生き物なのである。

相手が病的に内向的だったり、極端に暴力的だったりした場合は考えものだが、ある程度「自分にないもの」をもった相手の

これができればあなたは…

賢い奴

性格が異なる相手を選んで、一生の伴侶をゲット

ほうが、意見が分かれたときなどに立ち止まって考えることで慎重になれるし、いろんな刺激も受けられるので、結果的に長続きするものなのである。

「趣味が一緒のほうが……」とか、「考え方が似てる人がいい」なんてことは考えずに、まずは自分とは性格が違う相手を選んでみよう。

単なる恋人であればどんな相手でもいいかもしれないが、一生の伴侶を選ぶのであれば心理学を活用しない手はないのである。

その代わり、「この人はこういう考え方をするのね」と一度きちんと認め合うことが、何よりも大切なのである。

悪魔の格言

何人もの異性と付き合いたいなら、性格が似た相手を選べ

悪魔の実践度チャート

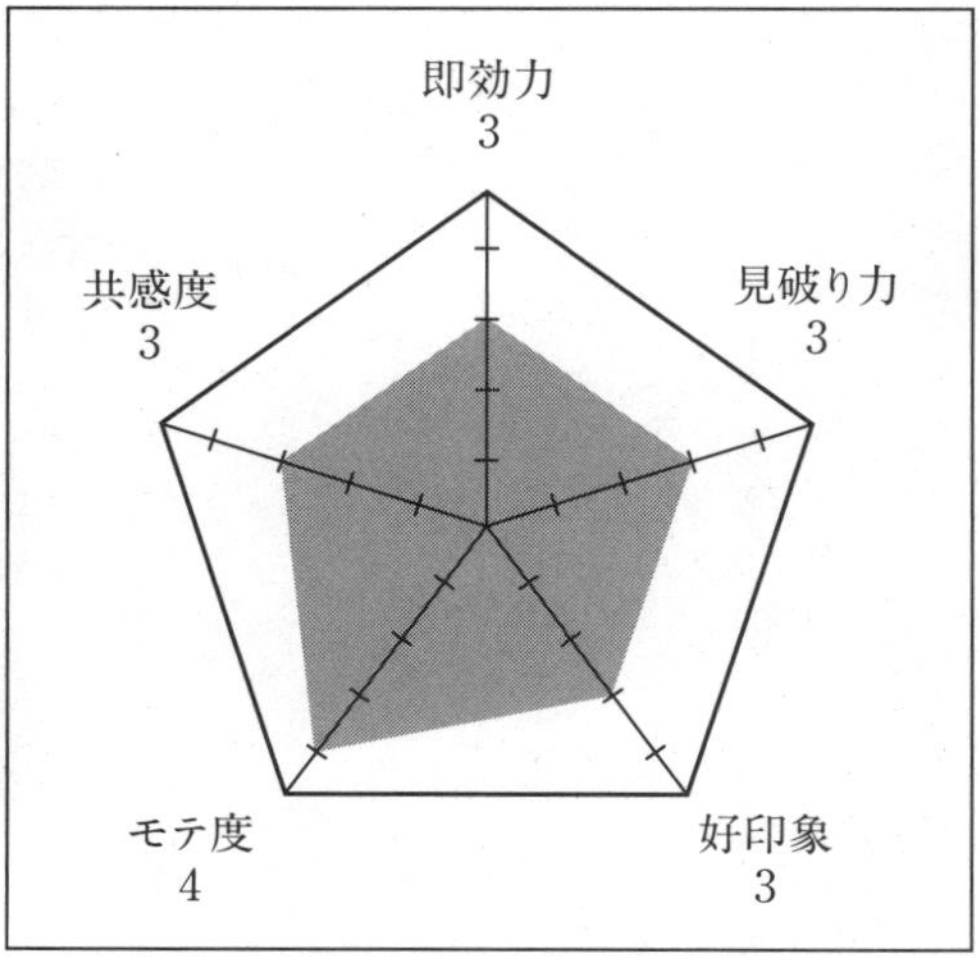

恋愛心理学

浮気を見破れば相手はあなたに一途になる

TRICKキーワード　言葉遣いの変調

「バレる浮気をするから、悪いんだ」。そんな会話を聞いたことはないだろうか。確かに、浮気の仕方に「上手」と「下手」はあるだろう。とはいえ、どんなに上手に浮気をしても、必ず見破るポイントがある。話し方や言葉遣いだ。

人間は、誰でも「良心」をもっている。悪いことをすると、この「良心」が首をもたげてきて胸がうずく。それが、もっとも形になって表れるのが話し方、言葉遣いなのだ。だから、普段の話し方を把握していれば、浮気を簡単に見破ることができる。

「あのー」「えー」が多くなると、要注意。話をとりつくろうとすると、時間稼ぎが必要になる。その表れが、この言葉。早口やどもり、丁寧な言葉遣いも、浮気の証拠。気が焦ると、早口になる。ぼろが出ないように異常に丁寧になることもある。浮気を指摘するときには女っぷりを上げておくこともポイント。話しぶりだけで早々に見破れば「君は何でもお見通しなんだ」と認め、あなたに一途になるかも。

これができれば
あなたは…

賢い奴

浮気を見つけたらさっさと忘れて次の恋もアリ

悪魔の格言

浮気した！ バレたくなければ、発言は大きな声ではっきりと！

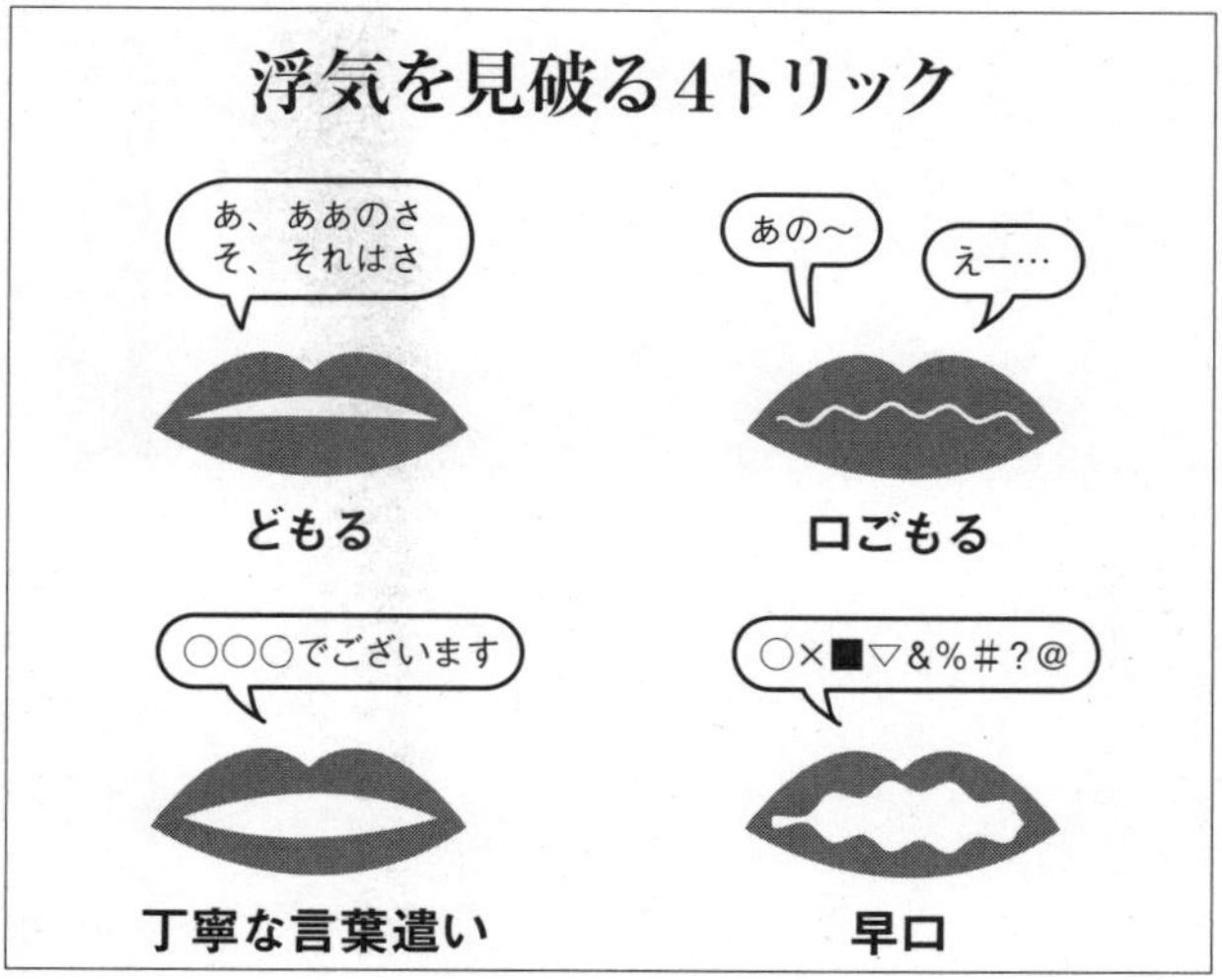

悪魔の実践度チャート

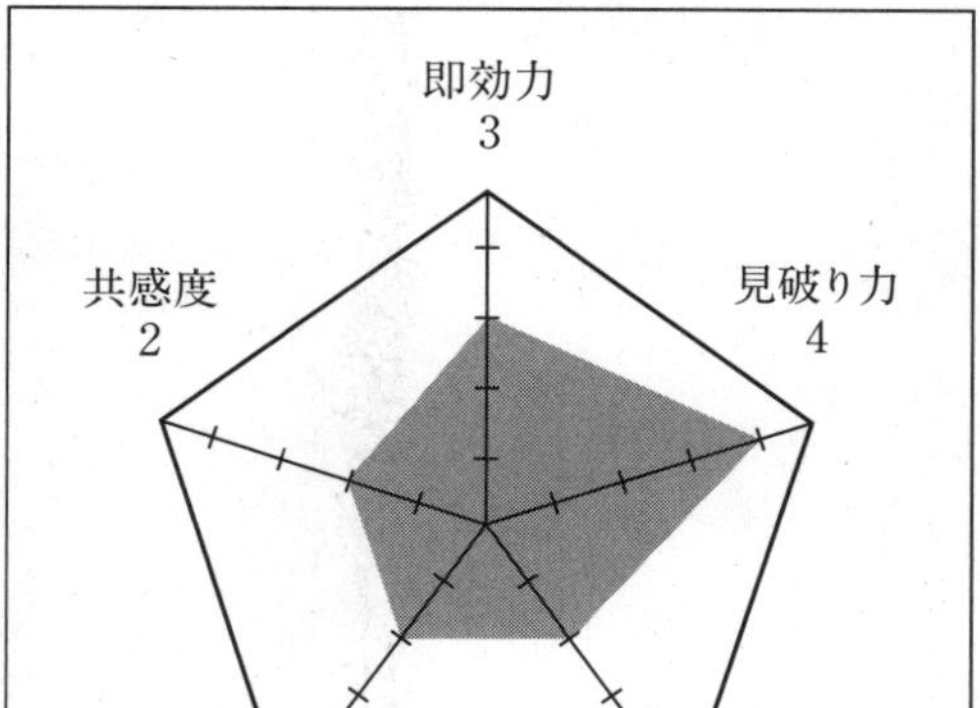

恋愛心理学

ふたり組に声をかければナンパの成功率アップ

TRICKキーワード 集団安心感

これができればあなたは…

右の子を褒めたら、別の言葉で左の子も褒め倒せ

そもそも、「ナンパなんてできないよ、絶対」という男性は多いのではあるまいか。その理由は、自分に自信がない、自信はあるけど恥ずかしいなどさまざまだろう。だがしかし、成功の可能性が飛躍的に上がるコツがあるとしたら、どうだろうか。しかも、方法は至ってシンプルで、ふたり組の女性にターゲットを絞るだけ。気になる相手を誘う際にも応用可能だ。

成功率アップのメカニズムはこうだ。基本的に、人間はひとりでいると警戒心が働くもの。それを解くには、かなりのスキルが必要だろう。ところがふたり組の場合は、その警戒心が薄れるのである。これが、いわゆる『集団安心感』の効果だ。

『集団安心感』とは、他の人と一緒だったり、集団の一員だったりするとあらわれるもの。「ひとりではない」という安心感から恐怖心が薄れ、警戒心のひもをゆるめてしまう心理のことだ。ふたり組であるという安心感や優越感が、あなたのターゲットとなった女性たちに心の余裕をもたせ、警戒心を薄れさせるのである。

そして、その代わりに顔をのぞかせるのが、好奇心だ。

誘い出せたら出せたで、注意しなければならないことがある。それは、片方だけをやたらとチヤホヤしないこと。チヤホヤされた子は好奇心そっちのけで友達を気遣い、無視されたほうは好奇心をなくして帰りたそうにしはじめるからである。

視線も話題もなるべく均等に。『自己同一化』を解いてしまうような言動は控えるのが鉄則。ふたりからの好感度を上げるのが、口説きたい相手を落とす前の必要条件なのである。

悪魔の格言

急がば回れ！　異性を誘う際は友人も同時に

悪魔の実践度チャート

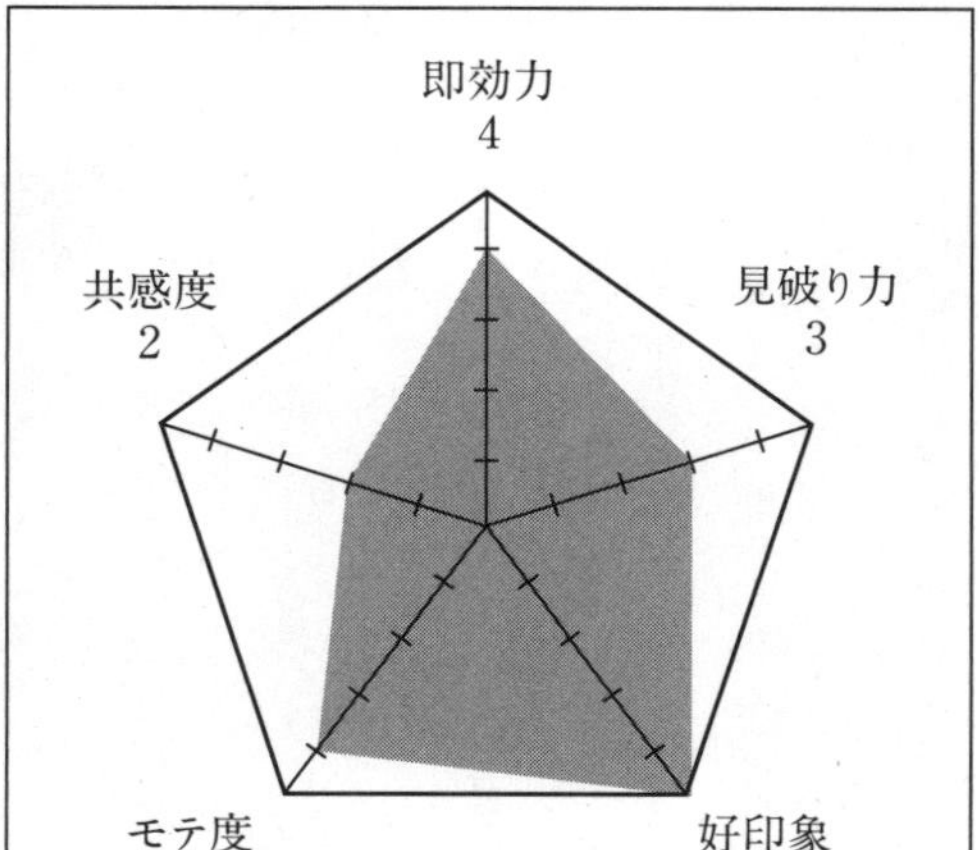

恋愛心理学

デートに誘うなら「寿司か焼き肉、どっちにする？」

TRICKキーワード　誤前提提示

人間、AかBかの選択を迫られると、どちらにしようか悩むものである。Cという別の選択肢を選んだり、どっちもイヤだから「NO」と答える人はほとんどいない。もちろん、ある程度つり合いのとれた、妥当な選択肢を与えられたら、という前提のもとではあるけれど。

たとえば寿司屋と焼き肉屋のどちらに行くか、と問われて「いいよ、お金ないんでしょ。ウチで食べようよ、私が作るから」なんて返事をする大和撫子は、悲しいかな、おそらく現実世界には存在しないのである。「タイ料理食べたい！　パクチー‼　大好きパクチー！」と言う子はいるかもしれないが、それはおそらく東南アジアにかぶれている人か、東南アジアの人だろう。

話を元に戻すと、特に異性を誘う場合、実は「どこへ行くか」の前に、そもそも食事に「行く・行かない」という選択肢があってしかるべきである。けれども、「行く」という前提で寿司屋と焼き肉屋のどちらに行くかと問われた瞬間、行かないという選

これができればあなたは…

さわやかホレ対象

最強の提示は「お風呂？ご飯？それともアタシ？」

択肢は頭から抜け落ちてしまうのだ。

心理学では、これを『誤前提提示』と呼ぶ。そもそも論を抜きにして選択肢を提示する手法で、交渉術のひとつとしても知られている。選択肢を提示され、選択した当人は、自分に主導権があって自分が決めたつもりでいるが、実は質問者の手のひらで踊っているだけなのである。

ここで大切なのは、「ＡかＢかを選ばせる」ということ。「お寿司屋さん行かない？」だと、選択肢は「ＹＥＳ」と「ＮＯ」になってしまう。いくつもの選択肢を用意できるか否か。それがモテ男とそうでない者との違いなのだ。

悪魔の格言

お誘いは「行く」前提で、２択を提示すべし！

悪魔の実践度チャート

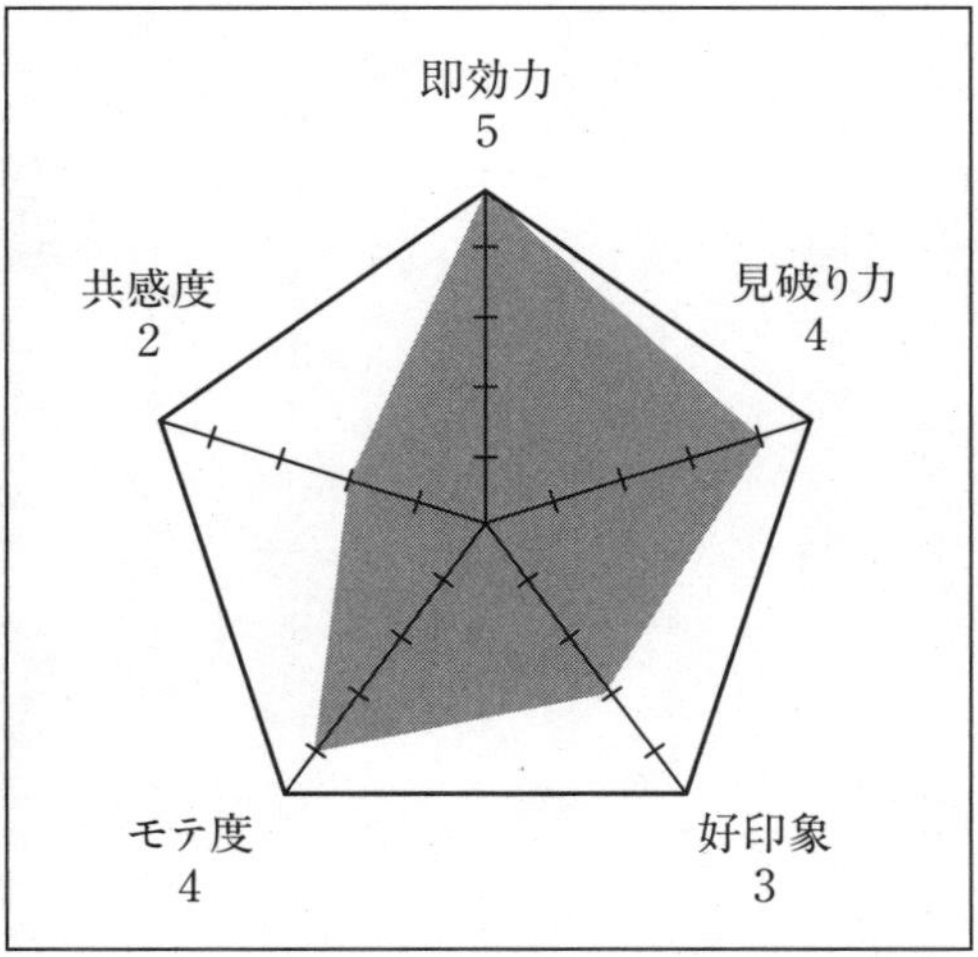

腹八分目で食事をやめればお持ち帰りできる

TRICKキーワード　欲望充足の般化

デートの約束を取りつけて、シャレオツなレストランに予約を入れて乾杯。いささかバブル感はあるものの、男性が思い浮かべるベタなデートプランといえば、こんなところだろう。女性においしいものをお腹いっぱい食べさせたいと思う男性は少なくないもの。だがしかし、ここに意外な落とし穴がある。心理学でいうところの『欲望充足の般化』には、くれぐれも気をつけなければならない。『欲望充足の般化』とは、何かに満足した結果、そのほかの欲望・欲求が著しく減退することを指す。ハングリー精神の対極の状態ともいえる。

この心理法則に従えば、もしあなたがデート相手と今夜ベッドインを希望していたとして、食事の席で相手を満腹にさせるのは得策ではない。たとえ相手が勝負下着を着けてきていても、フルコースの料理に満足した途端、「今日はもう帰ろうかな」と心変わりする可能性があるからだ。もちろん、自分自身も急に「面倒くせー」となる危険性をはらんでいる。

これができればあなたは…

デキる奴！

満腹で眠いのは、欲望充足の般化とは関係ない

景気が後退したとはいえ、満たされた生活を送る現代の日本人は、普段からこの『欲望充足の般化』状態にあるのかもしれない。だからこそ、草食男子なるものが生まれたのかも。

　ともあれ、デートは「不満を抱かせないながらも満足させすぎず」が合言葉。デザート食べ放題のフルコースなど、もってのほかだ。彼女は、あなたに好感をさらに抱くだろうし、感謝もしてくれるだろう。けれども決して、その夜のうちにゴールを決めることはできないはずだ。

　デートの食事は腹八分目。覚えておきたい鉄則である。

悪魔の格言

キメたい夜のディナーは腹八分目で切り上げろ！

悪魔の実践度チャート

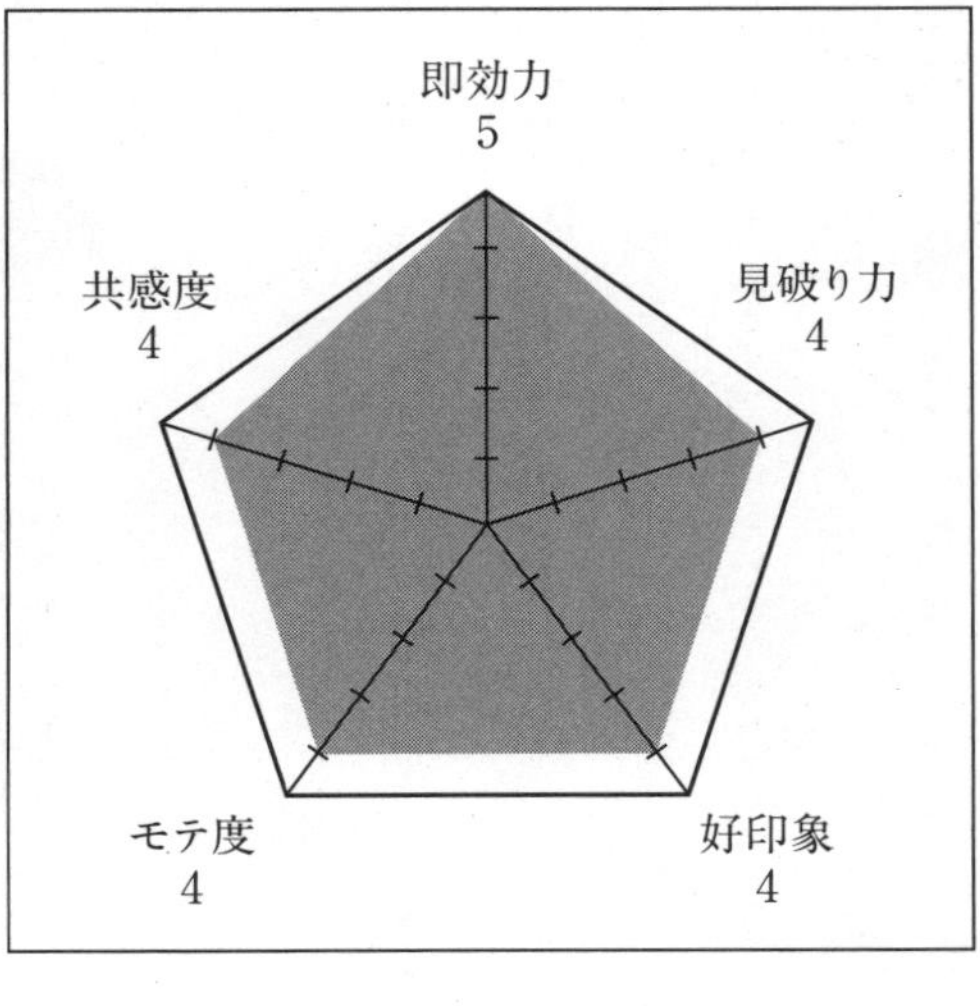

恋愛心理学

キスされたかったら唇をペロリ！

TRICKキーワード　疑似行為

もしもあなたが女性なら、自分から「抱きしめて」と言ったり、キスをせがんだりするのには、ちょっと抵抗があるかもしれない。そんなときに便利なのが『疑似行為』という心理トリックだ。

動物行動学者のデスモンド・モリスの理論で、自分の欲求を相手の潜在意識に訴える効果があるとされている。抱きしめられたいと思ったら、自分の体をギュッとする。「今日は寒いね」なんて言いながら。キスしてほしいと思ったら、自分の唇を舐《な》めたり手で触れたりする。もちろん、不自然でない程度のソフトさで。そうするだけで、相手は抱きしめたりキスをしたくなったりする衝動に駆られるというわけだ。

もしもあなたが男性なら、相手のサインを見逃さないことだ。いくら自分の唇を舐めまわしたところで、女性からキスされる可能性は限りなくゼロに近い。とはいえ、相手に笑ってほしければ笑えばいい。気持ちよくなってほしければ、こちらも気持ちよさそうにするとよいだろう。

これができればあなたは…

唇を舐めすぎると、乾いてカサカサに……注意！

悪魔の格言

異性にキスされたかったら自分の唇をペロリと舐めればOK！

悪魔の実践度チャート

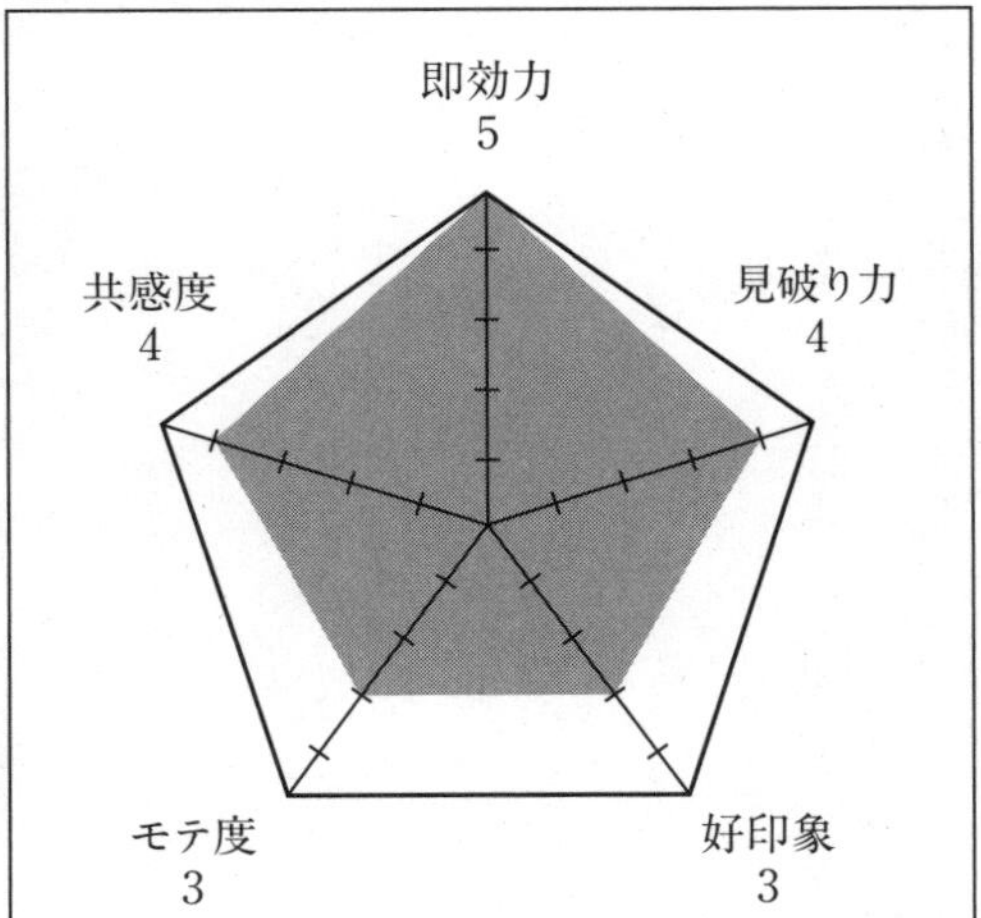

恋愛心理学

嫉妬させるとマンネリ化した恋がよみがえる

TRICKキーワード 嫉妬のストラテージ

これができればあなたは…

嫉妬させれば、あなたの価値を再認識させられる

どんな恋にも倦怠期は訪れる。このとき、パートナーの心が冷めてしまったのではと不安になるあまり、「私のこと愛してる?」と何度もたずねるのはまずい方法だ。「しつこい!」、「信用していないの?」と、逆に相手の反感を買ってしまうかもしれない。それでわずかに残っていた相手の愛情が完全に冷めてしまっては、元も子もない。

パートナーの愛を確かめ、冷めてしまった恋を再びあたためるためには、注意深さが必要だ。

そんなときは、パートナーの「嫉妬心」を上手に刺激すると効果的である。これを『嫉妬のストラテージ(対人戦略)』と呼ぶ。なにも浮気をしろといっているのではない。たとえば「ストーカーされているみたい」「この間、またナンパされちゃった……」など、相談してみる。そうすることで、あなたの近くに別の異性が存在することを、相手に感じさせることができるのだ。

「もしかするとこの人(あなた)を、失うかもしれないのだ」と思うと、恋人は突然激しい嫉妬心を覚えるだろう。嫉妬心を抱いたパートナーは、自分があなたに対し「嫉妬するほどの愛」を抱いていることに気づく。これが『嫉妬のストラテージ』の第一の効用だ。

第二に恋人はあなたのことを、「ほかの人間が好意を抱くほど魅力的な存在」であるとも認識するようになる。こうして「嫉妬」は「焦り」を呼び、愛情を昔の形に戻してくれるというわけだ。

恋愛にとって「慣れ」と「安心」は、時に敵にもなる。たまには不安を煽ることで、互いの恋心を新鮮に維持してみてはいかがだろう。

悪魔の格言

ほかの異性の存在が、愛情をよみがえらせる

悪魔の実践度チャート

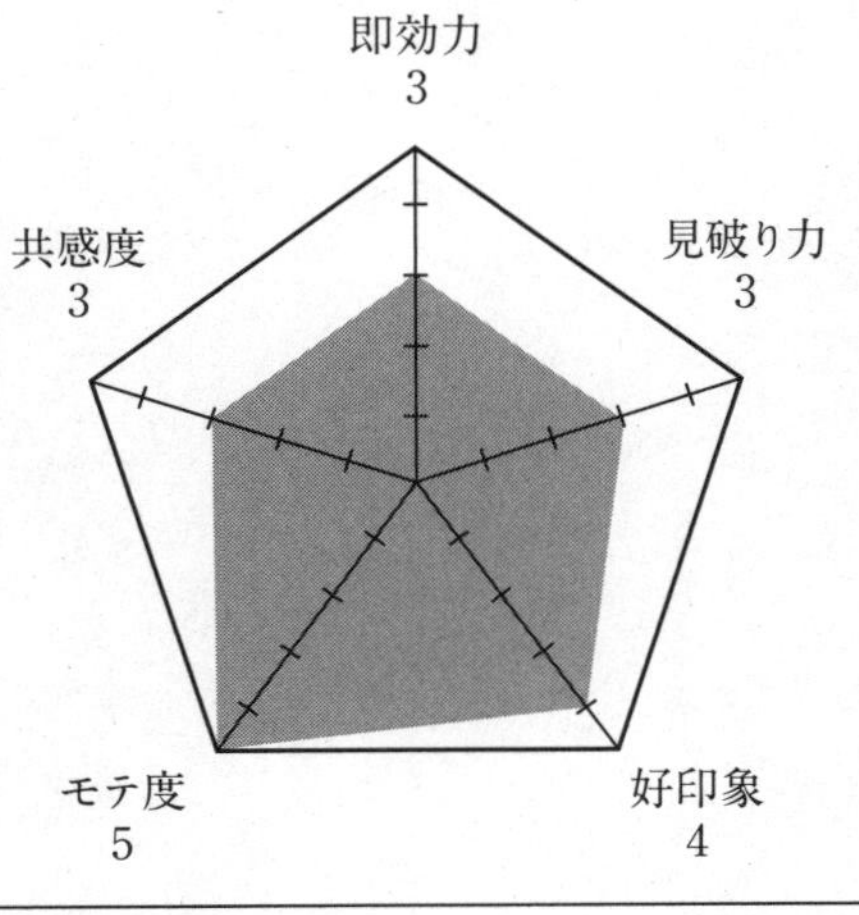

あなたの本性がわかる
心理テスト⑤

パートナーをトリコにできているか!?恋人への対応など恋愛傾向がわかる!

問題1

スマホの調子が悪くなったので、アプリをひとつだけ残してほかを削除することに決めました。あなたが残すアプリとは?

C 気象情報がわかるアプリ	A お気に入りのゲームアプリ
D 芸能情報満載のアプリ	B 今いちばん話題のアプリ

「恋人へのウソつき度」診断

自分がたったひとつ残したいアプリは、これからの唯一の情報源となるもの。その情報源に信憑性のあるものを選ぶか否かで、ウソつき度がわかる。

C

ウソをつく自分が大キライ

情報源の確かなものしか信じず、人に伝えもしない誠実な人。ただし、ウソをついたほうが人を傷つけない場面でも、正直な性格を貫いて本当のことを言ってしまうため、周囲は困惑しているかも。

A

良心の呵責に耐えられない

ウソをついても良心が痛み、結局は正直に事実を伝えてしまうタイプ。しなくてもいいケンカを招くこともあるが、お互いに隠しごとのない、土台のしっかりした関係を着実に築いていける。

D

余計なことまで話しがち！

情報通を気取り、自分の情報も包み隠さずに他人に伝えたくなるタイプ。相手からリアクションがあるのが嬉しいからと、つい聞かれていないことまで調子に乗ってベラベラと答えてしまう。

B

何の罪悪感もなく嘘をつく

状況に合わせて口八丁、手八丁。ウソをつくことに何の罪悪感も抱きません。ウソの上に成り立った恋人関係でも、うまくいっているのならそれはそれでよし!?　ある意味相手を幸せにできるかも。

問題2

レジをいくつも設置しているスーパーで働くあなた。担当するレジには、お客さんがよく来ますか？

C ほかのレジより少なめ	A 絶え間なく来る
D なぜかあまり来ない	B ほかのレジと同じくらい来る

「過去の恋愛傾向」診断

お客さんが自動的に集まる場所での集客率は、自身のもつ自信を象徴。その自信は間違いなく、過去の恋愛を通じて培われてきたものなのだ。

C 他人の恋愛をうらやむ

理想やプライドが高いわりには自分に自信がなく、恋愛の種をうまく育てられなかった過去がある様子。幸せそうなカップルを見て下唇を噛むより、幸せな未来に目を向けて婚活に力を入れて。

A 恋愛に飢えたことはなし

お客さんが絶え間なく来ると答えたあなたは、恋愛の悩みとは無縁なタイプ。モテモテで相手に不自由したことはないが、自分を好かない異性などいないと思っているので、同性には嫌われがち。

D 恋愛経験は皆無に近い!?

自分に劣等感を抱いていて、恋愛をあきらめており、片思いすらあまりしたことがないのでは？　まずはハードルが低いところからはじめて、異性より同性の友達に心を開くことからはじめてみては？

B 恋愛経験は「それなり」

ごく普通の恋愛をマイペースに楽しんできた恋愛平凡タイプ。初エッチは20歳になる前にすませて、結婚は30代前半までには……、普通の人生を送りたい、と考えているようだ。

問題3

あなたは脱皮するための木を選ぼうとしているセミの幼虫です。迷った末、選ぶ木は次のうちどれ？

C　何となくいいなと思った木	A　どっしりとした木
D　一番近くにある木	B　背の高い木

「異性との友情は成立するか」診断

脱皮するための大切な場所となる木は、あなたの相談相手を象徴しているもの。相談相手に異性を選ぶ人は、異性はみな恋愛対象と考えている!?

C

異性との友情の成立率 30%

いいなと思った相手に相談をもちかけて、あわよくばチャンスがあれば接近しよう考えているタイプ。自分の印象を上げるために、恋愛対象外の相手ともわけ隔てなく接する頭脳派。

A

異性との友情の成立率 99%

どっしりとした木が象徴するのは親。何か困ったことがあったら、とりあえず友達でも上司でもなく親に相談。よって、フレンドリーな関係を築きやすく、異性との友情が成立する可能性は極めて高い。

D

異性との友情の成立率 10%

「相談をする」ことを貴重な恋愛のための手段と考えているタイプ。異性はあくまで恋愛対象か対象外かのどちらかであり、異性と友情を育むのはまったくもって時間の無駄だと考えている。

B

異性との友情の成立率 70%

背の高い木が象徴するのは、会社の上司など、目上の人。他人にベタベタ甘えることなく、本当にタメになるアドバイスを求めたいときだけ相談をするあなたは、公私混同と無縁のタイプ。

問題4

あなたは気ままなバックパッカー。
今度の目的地はヨーロッパにしました。
どんな道を辿る？

C	A
ストレートに向かう	あえて遠回りをして行く
D	**B**
向かう途中で目的地を変える	寄り道をしながら向かう

「好きな人へのアプローチ法」診断

目的地＝好きな人。どんな道を辿って行くかということは、好きな人へどうアプローチするかを表します。さて、あなたの恋愛攻略法は？

C 直球勝負のアプローチ

肉食系とも武骨ともいえる人。素直に自分の気持ちを相手に伝えて、直球のアプローチを続ける。ただ、計算したり思いとどまったりしないため、うざがられて失恋した経験も少なくないはず。

A じわじわとアプローチ

相手の好みを分析することからはじめる努力家。デートに誘う段階まで辿り着くのにも相当な時間を要する。ただ、思い通りにいかないとすぐイライラしがち。努力の見返りを求めすぎるのも考えもの。

D 紆余曲折を経るアプローチ

好きな人を見つめるうちに、その友達が気になりはじめたり、自分に気がある相手を優先的に考えはじめたり、自分の気持ちが定まらない。自分の本意がわからなくなったら、恋愛休止日を設けるべし。

B かけひきしつつアプローチ

かけひきがうまく、相手を少しずつ自分のペースに巻き込んでいくのが大得意。必要があれば友達の協力をあおぎ、いけると思ったら即告白。恋愛成功率の高さに、周囲は嫉妬心をつのらせているかも。

第六章

人は3人集まれば操れる！

集団心理学

集団心理学

行列を意図的につくれば人の行動を操れる

TRICKキーワード　モデリング

人間の動作や行動は、他人の動作や行動によってコントロールされている場合が多い。たとえば、人がたくさん入っている店を見ると、知らない店でも中を覗いてみたいと思う人は多いはずだ。いわゆる客寄せの「サクラ」は、こういった心理をついたものである。これはお店に限ったことではない。たとえば、頼まれたわけでもないのに、いつの間にか他人のために動いていたという経験はないだろうか。左図のような状況も、無意識のうちに他人の行動に影響を受けていることで起こるものだ。

このように、他人の動作や行動に影響を受けて、自分も同じように動いてしまうことを、心理学用語で『モデリング』という。人間は成長過程において、このモデリングにより学習・成長していくといわれている。

つまり、この人間の成長に根ざした行動原理を「行動する側」ではなく、「影響を与える側」に立って利用すれば、他人の興味を引き、時にはコントロールすることも可能なのである。

これができれば
あなたは…

賢い奴

無意識を操るマジシャンになって人を操れ

悪魔の格言

他人の行動をコントロールしたいなら、ひとまず人目を引け

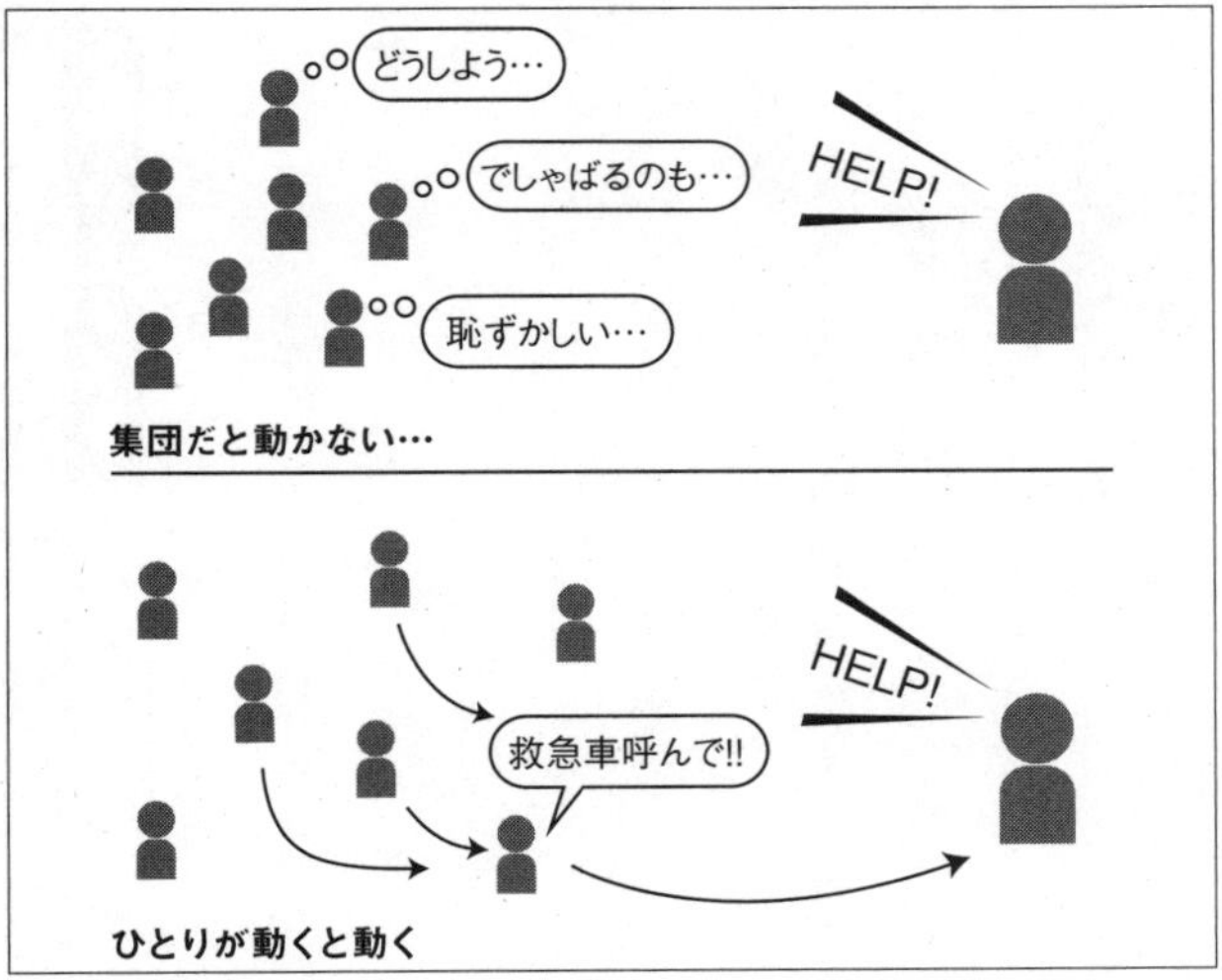

悪魔の実践度チャート

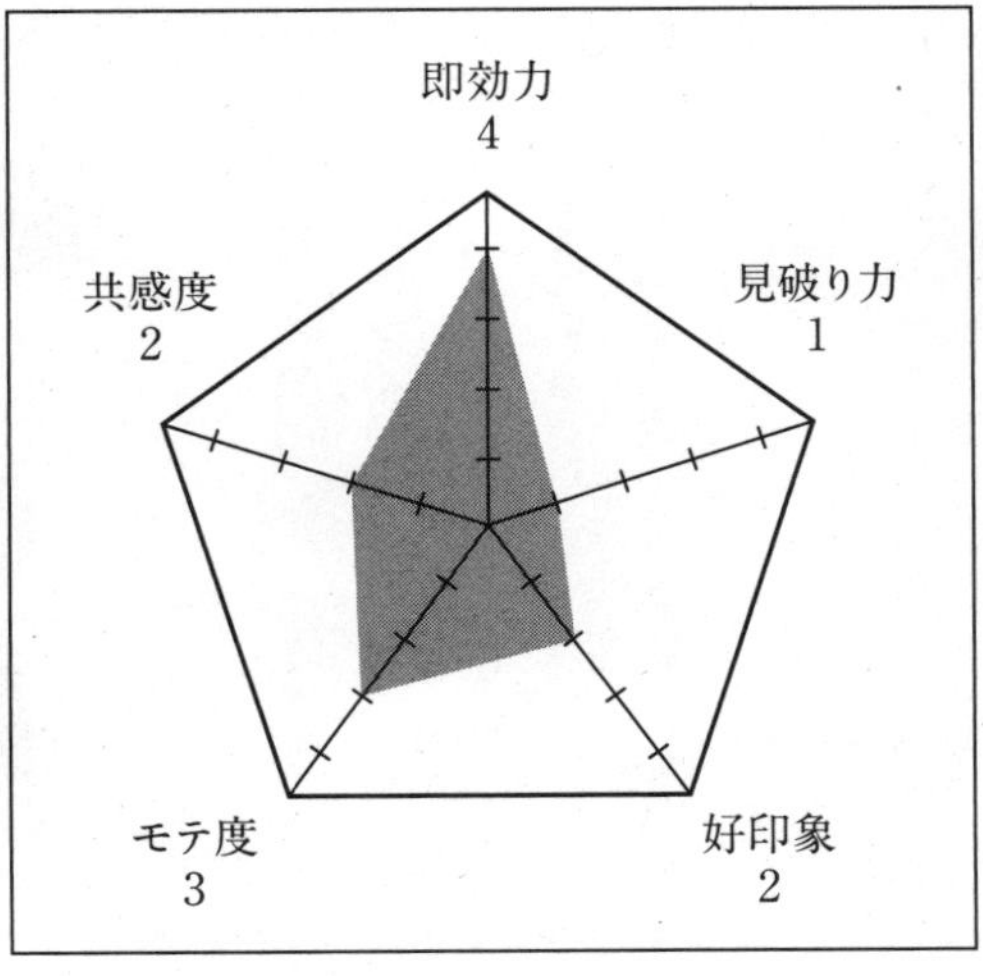

集団心理学

集団の団結力を上げるには敵をつくるだけでOK

TRICKキーワード　共通の敵、ライバル

これができればあなたは…

賢い奴

集団心理を利用して組織力を強化

学生時代などに、普段はさほど一体感のないクラスが、体育祭になると一致団結したという経験がある人は多いのではないだろうか。これは、普段はまとまりのない集団でも、『共通の敵』や『ライバル』がいると団結力が強くなる傾向があるためだ。

「ライバルに勝ちたい」、「負けたくない」といった欲求を集団が共有することは、組織のモチベーションを高め、能力を向上させる原動力になるのである。

ただし、すべてを「勝ち」と「負け」で判断し、自己の集団と対立するものすべてを『敵』や『ライバル』といった概念でとらえることは、自分たちの価値観や文化を中心に物事を考える『エスノセントリズム』に似た、狭い価値観にとらわれる危険性もある。

そのような狭い価値観にとらわれると、異なる集団や見知らぬ人々の中では安心感が得られなくなり、慣れ親しんだ集団の中に閉じこもるようになってしまう。そして、そのような個人や組織が、変化や競争の激

しい現代社会の中で成長していくことは難しい。

組織は、新しい考え方や多様な価値観を受け入れ、分析・学習することで、さらに可能性を広げ、競争力を蓄えることができるのである。

そのためには、組織にとっての『共通の敵』をつくりながら、その集団の「何にどう勝ちたいのか」を明確にしたり、「この部分は絶対に負けない！」と決めたりすることが重要だ。そして、時にはライバルから学び、盗むくらいの度量の広さと「ズルさ」を身につけることが、勝ちに一歩近づくための鉄則なのである。

悪魔の格言

無理にでも共通の敵をつくって、組織のライバル心を高めろ

悪魔の実践度チャート

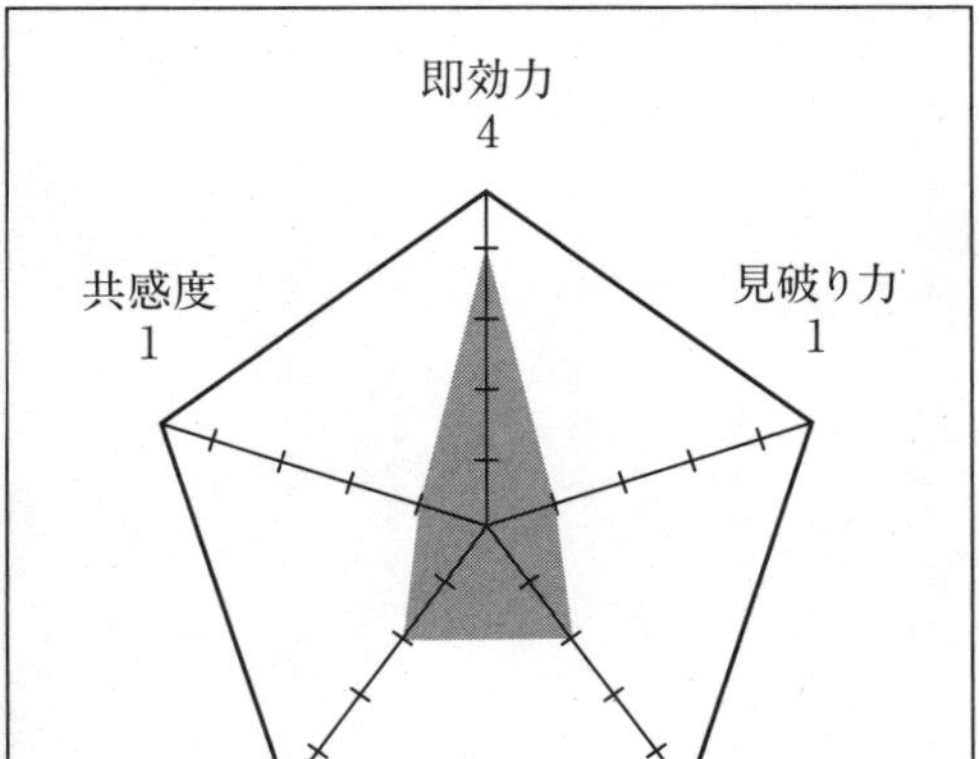

集団心理学

会社のPRをさせれば新人たちは会社の信者になる

TRICKキーワード　同一視

ミュージシャンなどの熱狂的なファンは、その人物と同じような格好や話し方をするようになる。このように、憧れの人物の模倣をすることを『同一視』という。

これと同種の心理で、ある集団の一員であることに高い価値を認め、その一員であることに誇りをもつことを『集団同一視』という。

人が集団を同一視すると、集団に対しての親愛の情や依存感情などが生まれ、集団のルールや考え方を、自分の価値基準として積極的に受け入れるようになる。

大学生の就職活動のひとつに「OB訪問」があるが、会社の新入社員がこの対応にあたることには『集団同一視』を促す効果があるといわれている。

たとえば新入社員が、会社や仕事に疑問をもっていたとしても、立場上彼は後輩たちに対して会社の長所を語らなくてはいけない。すると、新入社員はいつの間にか会社への批判精神を忘れ、愛社精神をもつようになっていくのである。

これができれば
あなたは…

賢い奴

集団同一視を利用して
組織の作業効率アップ

悪魔の格言

不平の多い奴には、組織の長所を語らせて心理を操作しろ

悪魔の実践度チャート

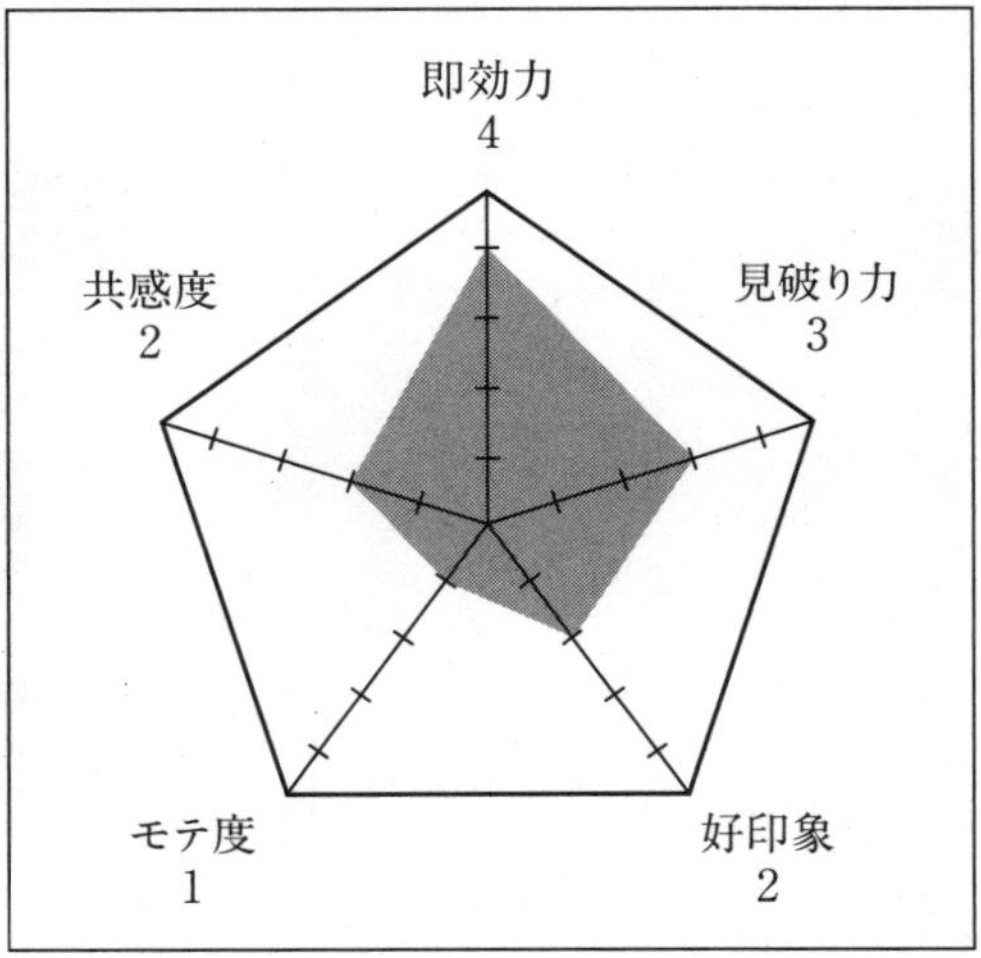

集団心理学

成功率半分の指令を出せば集団は100%力を発揮する

TRICKキーワード
やる気

人間は学生であろうと、社会人であろうとあらゆる場面で大なり小なり目標をもっていて、その目標こそが大きなモチベーション、つまりやる気となる。しかし、たとえ目標があっても、気分によってやる気が出ないことはしばしば。また、仕事や勉強においては、興味がないことでも成果を上げられるように取り組まなければならないこともあるだろう。

では、どんな目標を設定すればモチベーションを高めることができるのだろうか。

アトキンソンの理論によると、動機づけの強さとは、本人の達成動機の強さ×成功の主観的確率の高さ×誘因（成功報酬）の価値の高さだという。これは、小学生を対象にした輪投げの実験によって証明された。この実験では、参加した子どもたちにさまざまな距離から投げてもらうことにし、それぞれの距離についてどのくらい成功すると思うかを前もって聞いておいた。そして、子どもたちに自由に輪投げをさせて観察したところ、もっとも難しいかもっとも

これができればあなたは…

賢い奴

手が届きそうで届かないぐらいがミソ

簡単だと感じる距離からの輪投げの回数は少なかった。いちばん多く投げられたのは、成功する確率半分だと思われていた距離からだったという。加えて、グループに分けて競争させても、この確率半分の距離からのグループがいちばん結束力が固まったという。つまり、確実に成功する、まず失敗するとわかっている目標よりも、50％ほどの確率で成功するかもしれないと思う目標において、人間はもっとも『やる気』を発揮するということなのだ。部下や子どもに何かを取り組ませる際にはこのことを頭に入れ、彼らが成功に対して適度な難しさを感じるくらいの目標を提示してみよう。

悪魔の格言

集団には手に届きそうで届かない要求をして団結力を高めよ

悪魔の実践度チャート

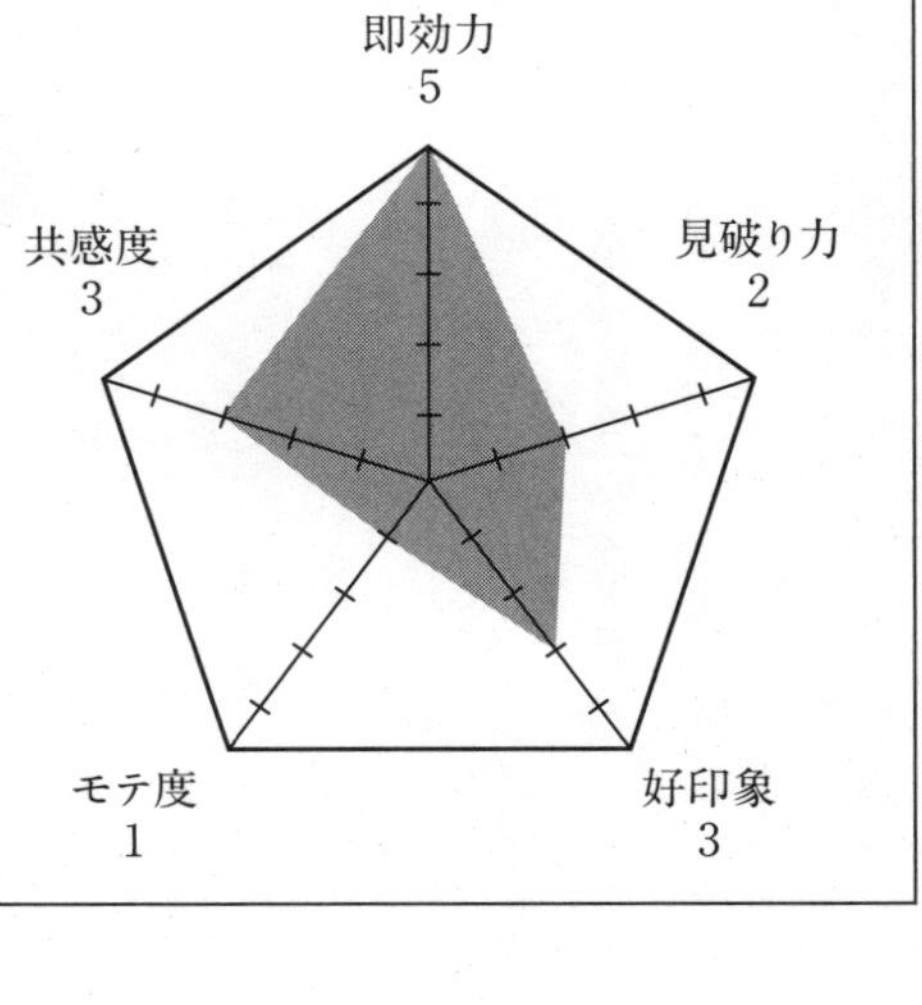

個別に仕事を割り振ればミッション達成率100%

TRICKキーワード　リンゲルマン効果

一般的には、一人ひとりがバラバラに仕事をするよりも、集団が結束して仕事をしたほうが効率的と考えがちである。しかし、実際のところはそうでもない。人は集団で作業すると、「自分ひとりくらい手を抜いても大丈夫だろう」という心理が生まれ、怠ける傾向にあるのだ。

こういった集団内における個人の心理を『リンゲルマン効果』という。かつて、ドイツの心理学者リンゲルマンは、綱引きを使った実験でこの心理現象を実証した。

たとえば、1対1で綱引きを行った場合にその人が出す力を100とすると、ふたりのときはひとりあたり93%、3人のときは85%と、人数が増えるに従って「無意識の手抜き」が生じることを実証したのである。

集団に100%の力を出させたければ、一人ひとりにミッションを与えることが大切。それも、集団の中にリーダー気質のムードメーカーをひとりだけ立て、その人から各所に指示を出させるのが効果的とされている。

これができればあなたは…

賢い奴

個人の成果を重視して
無意識の手抜きを阻止

悪魔の格言

目標を最大限に達成するためには、一人ひとりにノルマを与えろ

悪魔の実践度チャート

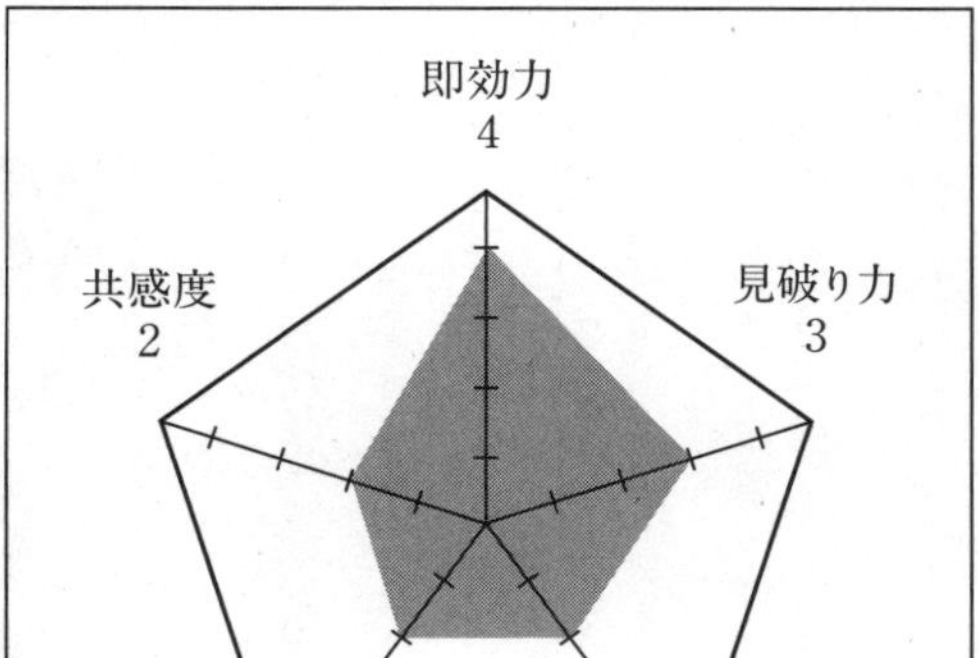

集団心理学

味方をふたり確保しておけば会議で自分の案を通せる

TRICKキーワード

バンドワゴン・アピール

政治学や経済学の分野でよく使われる用語に『バンドワゴン効果』というものがある。これは、ある選択が「多くの人に受け入れられている」、「流行している」という情報が流れることで、その選択への支持がいっそう強くなる現象のことである。

「バンドワゴン」というのは、リオのカーニバルなどで行列の先頭を行く楽隊車のことで、この車がやってくると祭りの気分が高まり、人々は高揚する。「バンドワゴンに乗る」とは、時流に乗る、多勢に与《くみ》することを意味し、政治学では、事前にマスメディアの選挙予測報道などで優勢とされた候補者に有権者が投票しがちになる現象を指す。また、経済学では同じ財を消費する人が多ければ多いほど、自分がその財を消費する効用が高まる現象を指す。この心理現象は、会議などの場でも活用することができる。

たとえば会議で議決を取る際に、一部から賛同の声や拍手などが上がることにより、周囲もつられて同調してしまうことがある。

これができれば
あなたは…

賢い奴

根回しと演出で同調者が劇的に増える！

このように、人の心を掌握するために派手なアピールで周囲を盛り上げ、賛同者などを増やすテクニックを『バンドワゴン・アピール』という。

心理学者のアッシュが行った実験によると、意見の通りやすさは、賛同者がひとりやふたりのときに比べて、3人になったときに急激に上昇し、4人以上になるとほぼ横ばいになるという結果が出ている。つまり、あなたが会議などで自分の意見を通したいと思ったら、根回しをしてふたりの同調者を確保しておけばいい。ここぞというときに3人でアピールを行えば、同調者はかなりの確率で増えるはずである。

悪魔の格言

金をエサにしてでも、「間」を読むのがうまい奴を味方につけろ

悪魔の実践度チャート

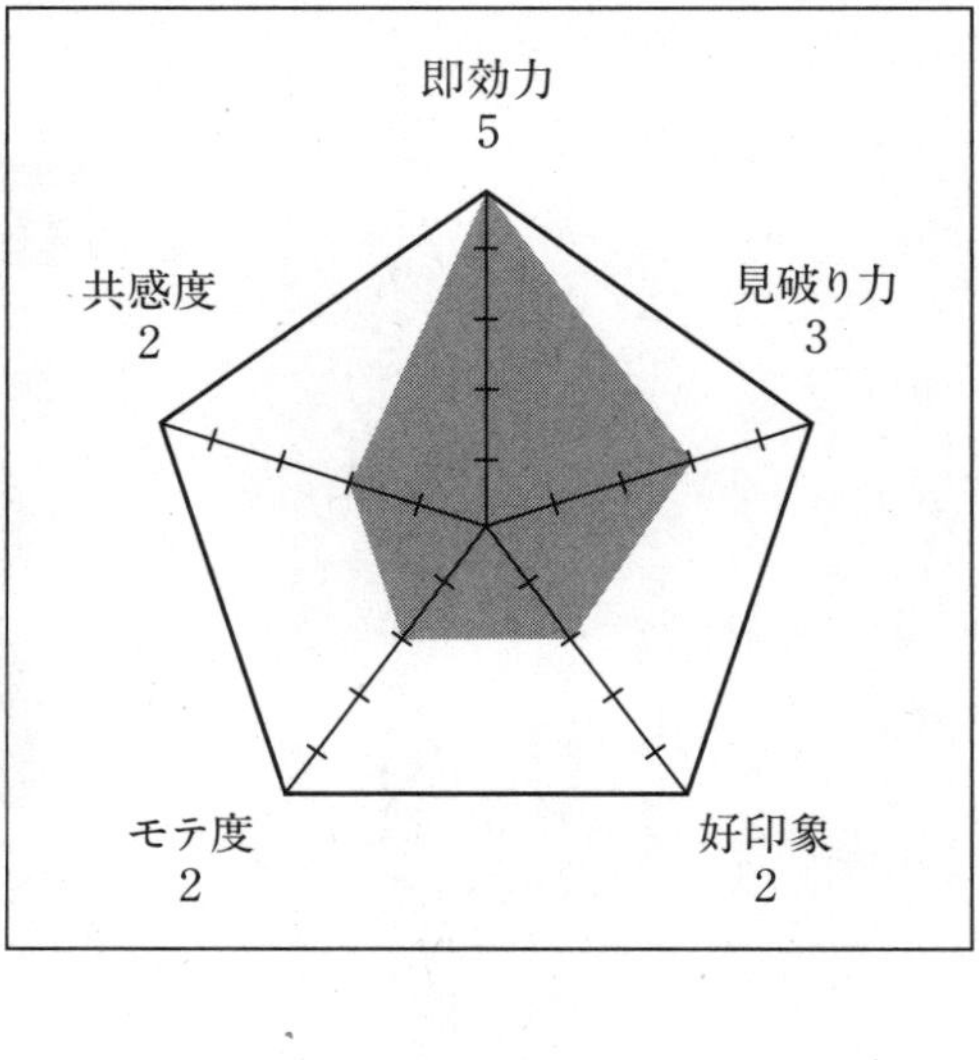

集団心理学

「予測できない人」になればチームは簡単に操れる

TRICKキーワード

予測、ギャップ、やる気

あなたがもっとも恐ろしいと感じる上司像を想像してみてほしい。それは、「普段は温厚すぎるほど温厚なのに、キレるととてつもなく怖い上司」ではないだろうか。人格が変わってしまったのでは？と周囲を不安にさせるほどの変化は、「予測できない」という意味で、最大の恐怖となる。逆に、ナメられてしまっている上司像には「どうせまたキレるんでしょと思われている上司」などが挙げられるだろう。「予測できすぎる」という現実が、部下をしらけさせる。そして一度ナメられてしまった上司が、部下にまた尊敬されるのはたやすいことではない。仕事の指示をしても聞いてもらえず、悲しい会社人生が長く続くことになる。部下にナメられずに、部下たちを動かすには、自分は「普段は温厚なのに、キレるととてつもなく怖い上司」だと周囲に印象づけるべく、何か大きな問題が起こった際に、内に秘めた恐ろしさを見せつけておくことだ。そして、普段はちょっとやそっとのことではキレずにいること。この2点により生まれ

これができればあなたは…

怖すぎると近寄りがたい雰囲気になるので要注意

るギャップが大事だ。

ただし、やる気のある部下に恐ろしさを見せつける必要はない。オランダの心理学者フレデリック・ダーメンは、参加者に単純作業をさせて様子を見る実験をした。途中、リーダーが怒りながら指示を出すと、やる気のある人間の作業効率は低下し、やる気のない人間の作業効率は上昇した。また、リーダーが楽しそうに指示を出すとやる気のある人間の作業効率は上昇、やる気のない人間の作業効率は低下したという。やる気のある人間には賞賛と楽しそうな雰囲気を、やる気のない人間には叱咤の言葉を与えるのが、もっとも効果的なのだ。

悪魔の格言

部下のやる気の度合いによって、接し方は180度変えてもいい

悪魔の実践度チャート

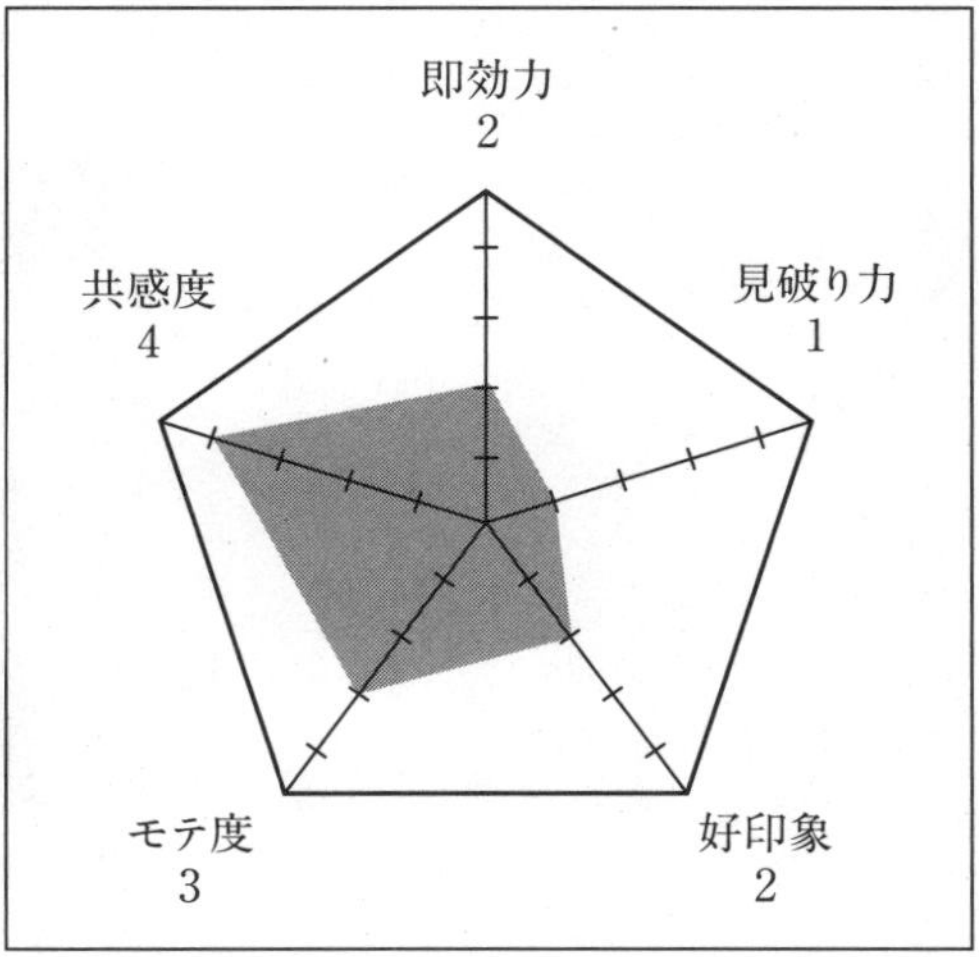

集団心理学

意志を主張し続けて多数決をひっくり返す

TRICKキーワード

マイノリティ・インフルエンス

映画『十二人の怒れる男』（1957）は殺人罪に問われた少年の裁判において、陪審員たちが評決に達するまでの様子を描いた名作だ。この映画では、はじめは全員「有罪」と考えていたのに、ひとりの陪審員が「無罪」と言い出し、どんな説得にも応じずにかたくなに主張し続けるうちに、そのほかの陪審員も「もしかしたら無罪なのでは」と考えはじめ、最終的には「無罪」の評決に達する。

これは映画の中の話だが、実生活においても少数の立場であろうと一貫した態度で意見を主張し続けていると、反対意見を持った多数の人々の気持ちに変化を起こすことがある。『マイノリティ（＝少数派）・インフルエンス』と呼ばれるこの現象は、心理学的にも証明されている。

フランスの心理学者モスコビッチがこんな実験を行っている。4人の参加者に図形をひとつずつ呈示し、そのたびに図形の特徴をひとつだけ口頭で順番に言ってもらう。図形は形も色も大きさもさまざまなた

これができればあなたは…

賢い奴

一貫したひとりの主張が多数の意見を揺るがす

め、参加者は最初は「赤」「三角」などと思い思いに答えていく。しかしその中にひとりだけ、どんな図形が出てきても常に色を答えるように指示されたサクラが入れられている。そして、興味深いことには、このサクラが一貫して自信ありげに色だけを答え続けると、ほかの３人も色を答える比率が増えたのだ。

このことによって少数派が同じ意見を主張し続ければ、多数派に影響を与える可能性があることが判明した。答えが明確でないことを議論する場においては、たとえ少数派であってもあきらめてはいけない。まったく勝ち目がないわけではないのだ。

悪魔の実践度チャート

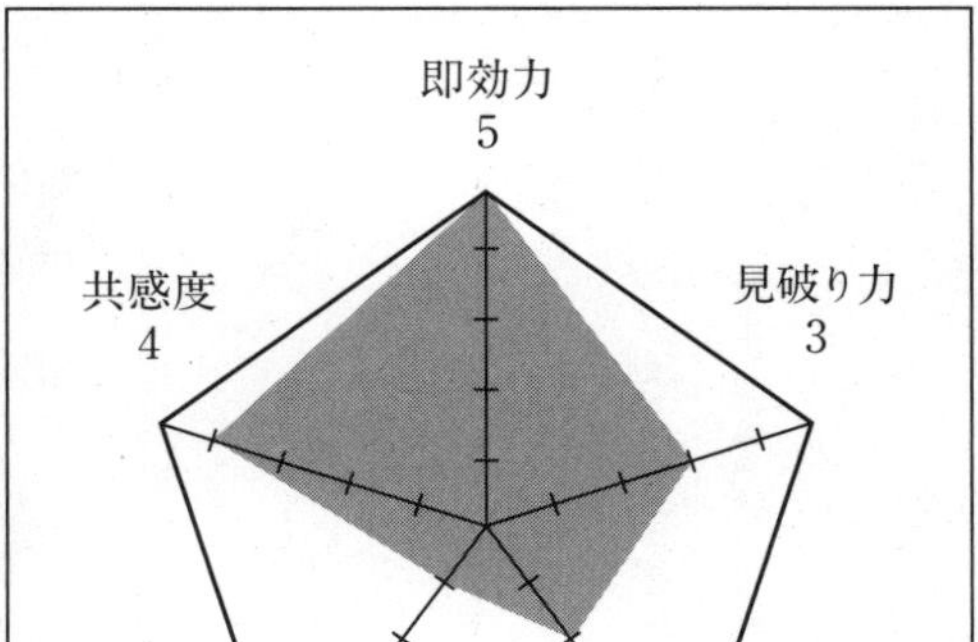

悪魔の格言

譲れないことは、たとえゴリ押ししても堂々と主張し続ければいい！

集団心理学

困った質問には「どう思う？」で返せ

TRICKキーワード　発言の機会

人間、できることなら、他人からバカだとは思われたくない。たとえ自分自身で、自分のバカさ加減を十分に自覚していたとしても……。

バカであることを隠すためには、言葉や行動をごまかして賢いふりをしなければいけないが、生半可な演技はすぐに見破られてしまう。

そんな賢さの化けの皮がもっともはがれやすいのが、会議の場だ。どんな鋭い質問にも必ず答えなければならず、多くの人間の注目も集まっているため、賢さのメッキがはがれるリスクも上昇するのだ。

もしもあなたがそんな状況に遭遇したら、即座に返事をすることで、自分を賢く見せ、かつ、相手の好感を得ることができるかもしれない。つまり質問を受けたらすぐさま「あなたはどう考えるんですか？」と聞き返すのだ。

これはオランダのテイルビュルク大学のデ・クレマー博士の実験結果を根拠にしている。博士はさまざまなタイプの上司に対

これができればあなたは…

賢い奴

即座の返答は時間稼ぎにもなる

する、部下の印象を調査した。

その結果、部下に発言の機会を与え、発言を認めてくれる上司が、もっとも高い好感を得ることがわかったのだ。発言の機会を与えられることで、「認められた」と人は喜びを感じるかららしい。

また、心理学的な意味合い以外のメリットもある。

こちらが質問を返すことで、相手に考え込ませ、こちらが答えを考える時間稼ぎができる。さらに、いったん相手の意見を聞くことで、自分はその意見の上に立った、よりレベルの高い答えを出すことができるのだ。

悪魔の格言

即座に質問返しをすることで、バカは簡単に隠せる

悪魔の実践度チャート

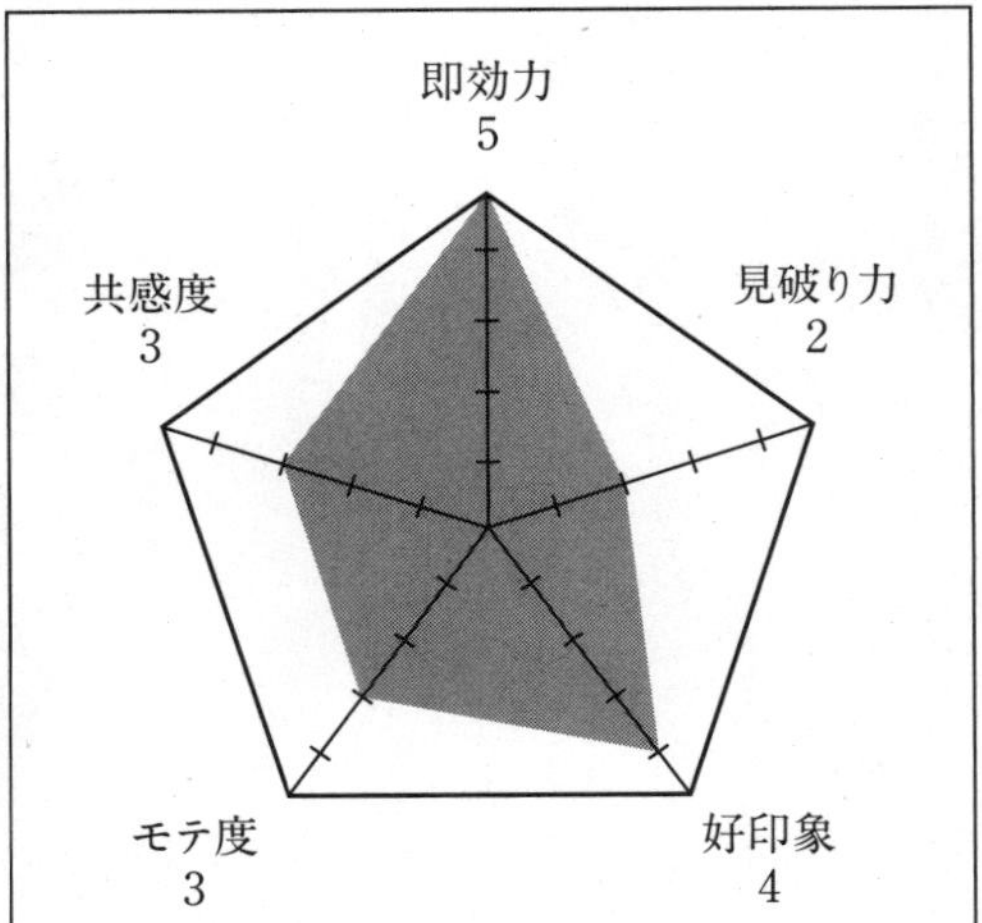

集団心理学

他人をおとしめるには悪い噂を流せ

TRICKキーワード　噂話

職場のライバルや、嫌なクラスメートのネガティブな情報をつかんだのなら、上司や先生に報告するのではなく、「噂話」にしたほうが、相手へのダメージを大きなものにすることができる。「人の口に戸は立てられぬ」ということわざ通り、人は誰しも噂好き。噂にしたとたん、その話題は周囲の人間全員に広がるだろう。

　では、どのようにすれば噂話はより早く、より長く、人々の間に広がるのか？　アメリカ・ノックス大学の心理学者フランシス・マッカンドルの実験がそのヒントになりそうだ。彼は架空のゴシップ記事を拡散させ、その広まり具合を調査した。すると「噂話は同性間で広まりやすい」、「悪い噂は長期にわたって広まる」ことなどがわかったのである。

　これを踏まえて、より効果的な噂の広め方を考えてみよう。

　もしもあなたの周囲に同性同士でできた仲よしグループなどがあれば、まずはそのメンバーのひとりに、あなたがダメージ

これができれば
あなたは…

デキる奴！

同性間に流すのが噂を広めるポイント

悪魔の格言

噂になって広まれば、情報は早く長く拡散する！

を与えたいと思っている誰かの悪い噂を吹き込んでみよう。すると、一挙にグループ全体にその噂話を広めることができるはずだ。グループ全体に広まれば、後はクラスや会社全体にまで広がるのも時間の問題だ。

また、心理学者のゴードン・オールポートによる実験では、噂は多くの人に伝わるごとに尾ひれがついて話が大きくなってしまうこともわかった。だから最初に流す噂は小さなものでいい。広がるにつれて勝手に大きくなるからだ。そうすれば、後で噂を流した犯人探しがはじまっても、「私は○○としか言ってないよ」とごまかすことができるだろう。

悪魔の実践度チャート

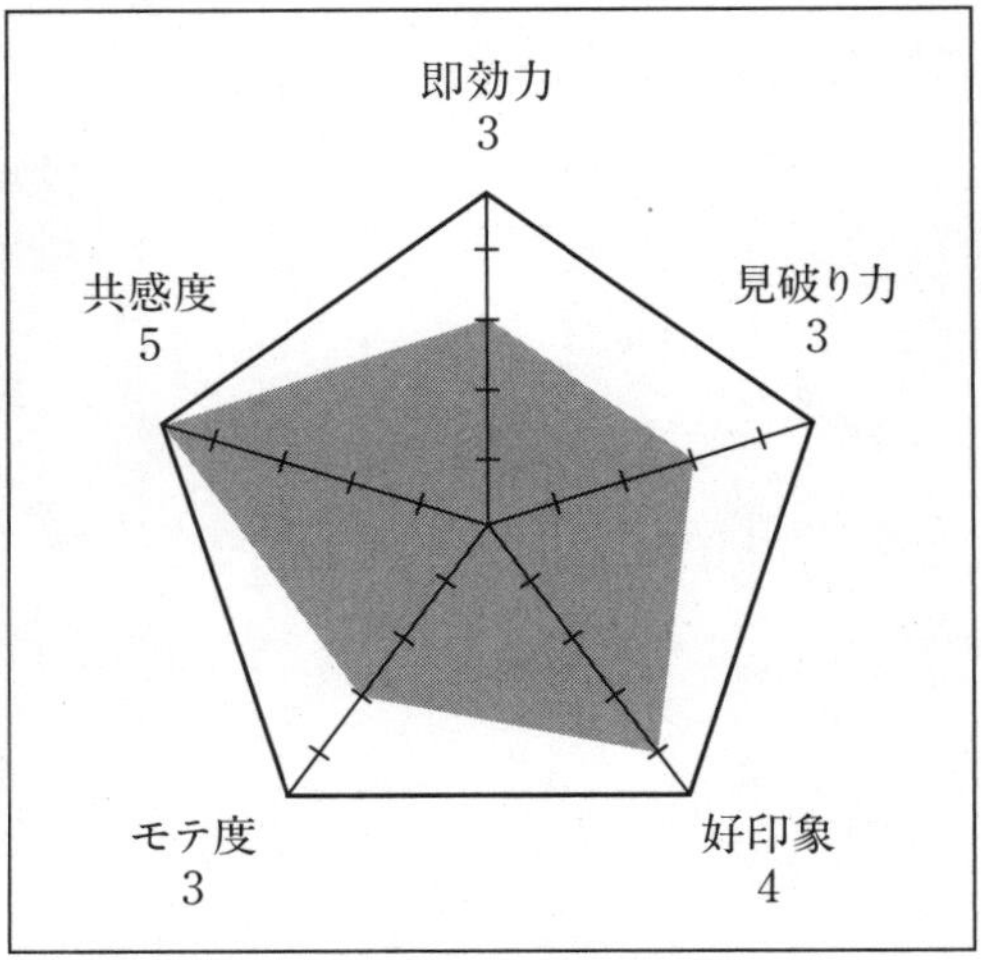

集団心理学

集中的にひとりを怒ればみんなが自然と姿勢を正す

TRICKキーワード　暗黙の罰、暗黙の報酬

自分が子どもだった頃のことを思い返してみてほしい。先生がみんなに向けて「授業中におしゃべりしてはいけません」と言ってもあまり効き目がないのに、おしゃべりした誰かひとりがこっぴどく叱られると、それ以外の人はみなピタッと話すのをやめる。この集団の心理は、『暗黙の罰』という原理に基づくもの。『暗黙の罰』とは、自分が直接的に罰を受けたわけではないのに、何かをきっかけに罰を受けるのが嫌だという気持ちがわき起こり、結果として罰に値する行動を慎むようになる……という原理のこと。この『暗黙の罰』の活用例を考えてみよう。

あなたが部下を複数もつ上司で、「部下たちが机周りを汚したまま帰宅する」という状態をどうにかしたい場合。ほかの部下たちが見ている前で部下のひとりを厳しく注意すると、ほかの部下たちは自主的に片づけをするようになるだろう。これも『暗黙の罰』だ。罰を与える相手には、神経の太い人物が適任。繊細な人物がみんなの前で

これができればあなたは…

複数名を同時に操って思うままに動かそう

叱られると、ショックをやたらと引きずってしまう恐れがあるためである。また、罰を与える相手が、能力の高い相手であればあるほど、周りへの影響は大きい。周りは「あんなに素晴らしい人でも叱られるのだから、自分はもっと変わらなくてはダメだ」という考えに至るのだ。

さらに、誰かひとりに、罰ではなく『報酬』を与える『暗黙の報酬』も覚えておきたい。これは前述した例であれば、「ほかの部下たちの机周りは汚いのにあなただけきれいだから、高く評価する」というように、ひとりに報酬を与えることで、周囲のやる気をアップさせるトリックである。

悪魔の格言

『暗黙の罰』の発信者になって、自分の権威も見せつけろ

悪魔の実践度チャート

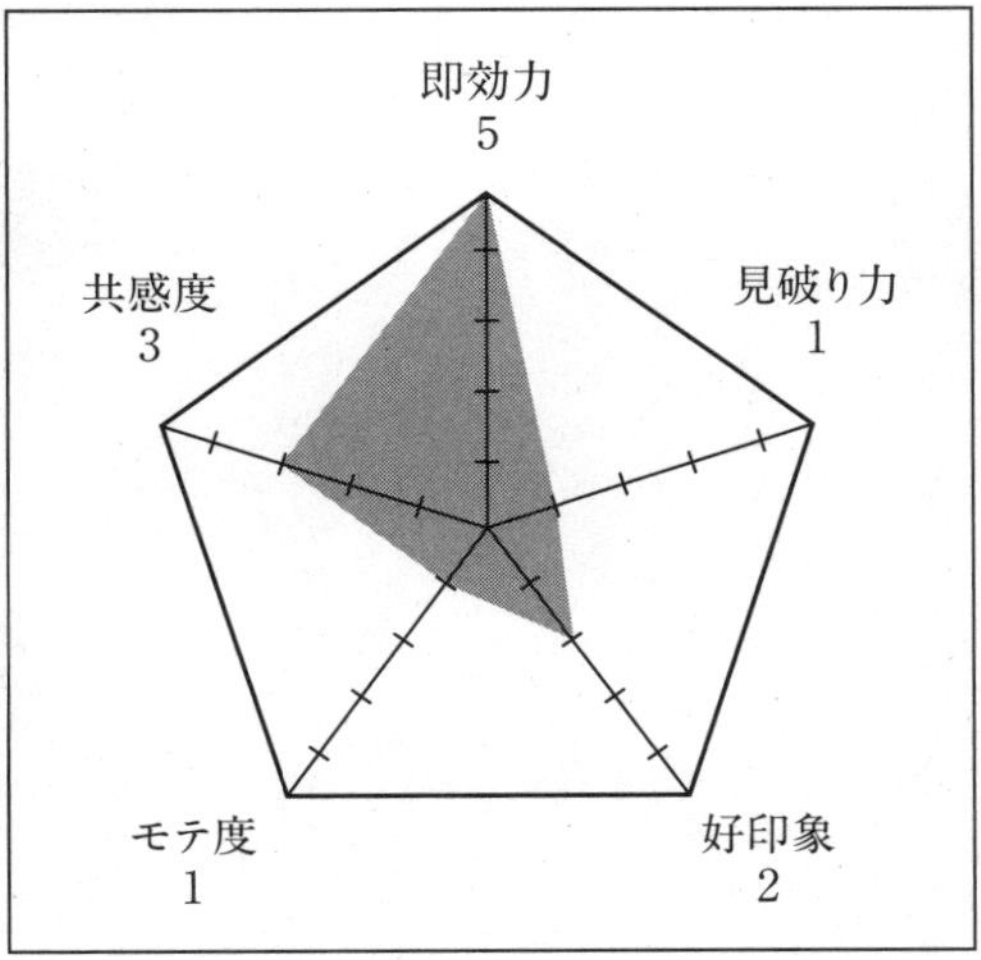

集団心理学

ルールを破れば熱狂的ファンがついてくる

TRICKキーワード
ルールを破る、独自性、ズルさ

これができればあなたは…

デキる奴！

周囲との差別化を図って成功をつかむ策略家

老若男女の支持を集める国民的アイドルグループ、ＡＫＢ48。彼女たちが大成功をおさめた一番の理由は何だろうか。それはおそらく、過去に人気を博してきたアイドルたちのルールや決まりや風習にちっとも縛られていないことだろう。プロデューサーの秋元康氏が、アイドルの概念を「憧れるだけの人」から「会いに行ける人」へと変えたこと。５人程度が相場かと思われるメンバー数を、テレビ画面にひとまとまりで収めるのが難しいほどにまで増やしたこと。メンバーの露出の増減を、総選挙というかたちで国民に委ねていること。実際のところ、多くの国民を動かし、熱狂させ、ビジネスを成功させているのだから勝ち組なのは間違いない。というように「ズルい」という見方をする人も、少なくはないだろう。

ハーバード大学の心理学者テラサ・アマビルはあるとき、３０００人のビジネスマンに創造力の度合いを調べるテストを受けさせた。その結果をもとに、創造力の高い人に見られる傾向をまとめると、彼らの多くは「仕事は自分の好きなようにする」「会社で禁止されていることでも、自分がよいと思うならやる」「決めごとはつくらない」といった点が共通していたという。この3点、ごく真面目に仕事をしている人にしてみれば、「調子に乗るな！」とでも言いたくなるかもしれない。しかし以上を踏まえると、秋元康氏だけではなく、ピーター・ドラッカー氏にしろ、スティーブ・ジョブズ氏にしろ、世界に名を馳せる成功者たちは、独自のやり方を勝手に貫いてきた結果、それが魅力となり人を動かしてきた「ズルい天才」にも見えてこないだろうか。

悪魔の格言

いいアイデアをパクるのも、新プロジェクト成功のために必要なズルさ

悪魔の実践度チャート

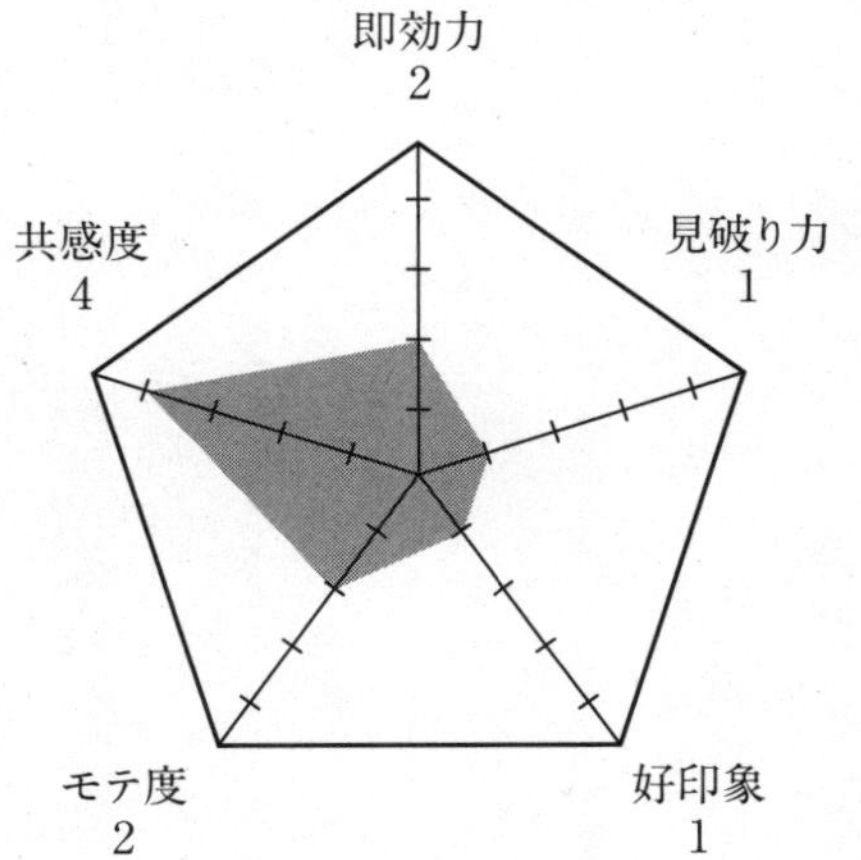

あなたの本性がわかる
心理テスト⑥

会社の中でバカになっていないか!? 集団で生きる力がわかる!

問題 1

休憩しようと公園へ。公園には、さまざまな形をした椅子がありました。あなたが選んだ椅子の座り心地は?

C 新感覚でユニークだ	A 弾力性がなくて固い
D これまでにないほど上質	B フカフカしていて気持ちがいい

「コミュニティ内での立場」診断

椅子は、社会やコミュニティのなかでの立場を表すもの。その座り心地は、友達の間でのあなたの格付けそのもの。

C

あなたは、刺激の発信源！

コミュニティに刺激をもたらすのがあなたの行動や言葉。あなたがいないとそのコミュニティはあまり楽しくなくなるという意味で、重要視されているが、飽きられないよう気を配ろう。

A

あなたは、触らぬ神！

友達はあなたについて「触らぬ神に祟りなし」と感じていて、ご機嫌を損ねそうになったらフォローにまわる。友達にとって必要な存在ではあるはずだが、恐怖から距離をとられる可能性も。

D

あなたは、強いリーダー！

コミュニティのリーダー格。次の司令を友達みんなが待っている。親分・姉御肌であるぶん頼られる場面も多いが、逆らえないという圧迫感を友達にもたらすこともあるので注意しておこう。

B

あなたは、純・癒し系！

いるだけでその場が丸くなる癒し系。そのキャラクターやオーラで周りを和ます代わりに、「面倒なことはやらされない」という報酬も得ているため、非常にオイシイ立ち位置だと言えるだろう。

問題2

友達が財布をなくしてしまったので、あとで返してもらうという約束のもと、あなたがお金を貸すことに。そのときの本音って?

C「困ったときはお互いさま」	A「友達よ、恩に着ろ！」
D「財布をなくしてもへこたれずエライ」	B「友達、ちょっとうざいな」

「お互いの上から目線度」診断

相手が困ったときのあなたの対応で、あなたの上から目線度がわかる。そして、そこから相手の上から目線度も見えてくるのだ。

C 友達はすでに下から目線!?

よく友達を助けるあなたは、困ったときに気持ちよく助けてもらえる。いつも少しずつ優しさを友達にプレゼントしているので、友達はむしろ、下から目線。このまま良好な関係を維持したい。

A 友達と上から目線同士

友達を見下すことが多く、友達もあなたのことを見下している。あなたが困ったときには友達も「仕方ないから助けてやろう」と上から目線で思うのだ。なんだかんだうまくいっているパターン。

D だまされる危険を回避せよ

相手に非がある場合でも、責める気持ちをみじんももたない人。多くの人はいい人だと思ってくれるが、あなたを利用してやろうという黒い感情を高まらせている人も。自分の身ぐらいは守れるように注意だ。

B 友達同士で軽く見下し合い

友達を少し見下し、友達もまた、あなたを少し見下している。全面的に上から目線というわけではないぶんタチが悪く、お互いに不満を高めていき、やがて友達関係には暗雲が。相手を軽んじるのも大抵にしておこう。

問題3

果実を収穫しているところに、鳥がやってきて、今にもついばもうとしています。さて、あなたの行動は？

C 鳥用の餌を別に用意する	A 鳥を音で威嚇する
D 鳥に好きなだけ食べさせてやる	B 果実の実に網をかける

答え

「リスクマネジメント能力」診断

あなたの夢などを邪魔する人が現れたとき、あなたはどのようにそのリスクを回避するのか。鳥を、邪魔者や危険として探ってみよう。

C　共存の道を探る

邪魔者との共存の道を探る人道主義者。餌付けされた鳥は、果実と餌付けの餌の両方を狙いかねない。共存の道を探るというのは非常に難しい賭けだと肝に銘じながらも努力し続けるタイプ。

A　邪魔なものは消してしまう

自分にとって邪魔な人は消してしまおうとするエゴイスト。気持ちだけで威嚇しても、鳥は去ってはいかない。その場その場の対処しかできないので、リスクマネジメント能力は低めだ。

D　リスクマネジメントせず

鳥が食べたいだけ食べさせたら、せっかく育てた果実が台無し。それも自然がなせる業と達観するのもいいが、金銭的な余裕がないと我が身の破滅がもたらされる。成り行きに事をまかせすぎるのも問題である。

B　邪魔なものは前もって排除

邪魔者が出てくることをある程度予測して、前もって対策も考えておけるタイプ。すべての鳥を追い払うことは無理だとしても、一定の効果を上げて果実を守ることができるだろう。

問題4

山登りが趣味のあなた。山に登って顔も手も足も服も泥だらけになってしまいました。水道の蛇口を見つけたら何をする？

C 手足だけ洗う	A とりあえず顔を洗う
D 何もしない	B 服を脱いで、服も体も洗う

「あなたの第一印象」診断

汚れてしまった自分がどのように行動するかということから、他人から見たあなたの第一印象が浮き彫りに！

C 好感度 60%

相手に不快な印象は与えないものの、どこか味気ない印象を与えてしまうこともある人。正直あまり印象に残らないタイプである。朗らかなコミュニケーションを忘れてしまっているかも。

A 好感度 90%

常識的で好感度の高いタイプ。相手が抱く第一印象は一番高いといってもよい。第一印象は「見た目がすべて」であることをよくわかっており、相手に悪い印象を与えない工夫を常にこらしている。

D 好感度 10%

残念ながら第一印象は最悪……。外見もさることながら、立ち居振る舞いまで、今のままではいい印象をもってもらうことは不可能。どこが悪い印象につながっているのかしっかりと分析し、努力すべし。

B 好感度 80%

第一印象はバッチリ。頭から足元まで、あまりにも完璧にきれいにしていて、相手に近寄りがたい印象を与えることも。肝心なのは見た目の美しさだけではなく、笑顔や朗らかさであることも忘れずに。

第七章

自分だけコッソリ得する！

秘密の心理学

さりげなく体に触れれば相手の警戒心が消え失せる

TRICKキーワード　スキンシップ

　嫌悪感を抱いている相手の場合を除いては、誰かに好意をもたれて嫌な気持ちになる人はいないはず。ビジネスの場においても、できるだけ多くの人に好かれるということは、仕事のチャンスを広げるのにも重要なことだろう。

　相手の気を引く効果があると知られる『ボディタッチ』は、恋愛においてよく使われるテクニックのひとつだが、どんな場面でも、異性であろうと同性であろうと、さりげなく相手の体に触れることが相手の警戒心を取り除き、好意をもたせるきっかけになることがわかっている。アメリカで行われた実験では、レストランでウェイトレスがさりげなく客の腕を触ると、触らなかった場合に比べてチップの額が多くなった。

　さらに、こんな実験も行われている。街頭で、とあるアンケートを行い、回答者の腕に軽く触りながら答えてもらった人と、ボディタッチなしで回答してもらった人のグループに分け、回答後にその人の目の前でわざと用紙の束を落として、どちらのグ

これができれば
あなたは…

なんか気になる奴

あくまでもさりげなくで
ドキッとさせよう

ループのほうが用紙を拾ってくれる割合が高いかを調べた。すると、触りながら答えてもらったグループのほうが、触らなかったグループよりも用紙を拾ってくれる人の割合が高かったのだ。人間は体に触れられると、赤ちゃんのときに母親に抱かれていたときの感覚を思い出すのだとか。触られることにより安心感を覚え、警戒心がほどかれていくのだ。このような心理から、適度な『スキンシップ』は恋人間でなくても有益だと考えられている。握手や、話をするときに相手の体に軽く触れる、肩を叩くなどの行為を、打ち解けた関係をつくるための潤滑油として有効に活用したい。

悪魔の格言

取り入りたい上司には、さりげなく肩をタッチしろ！

悪魔の実践度チャート

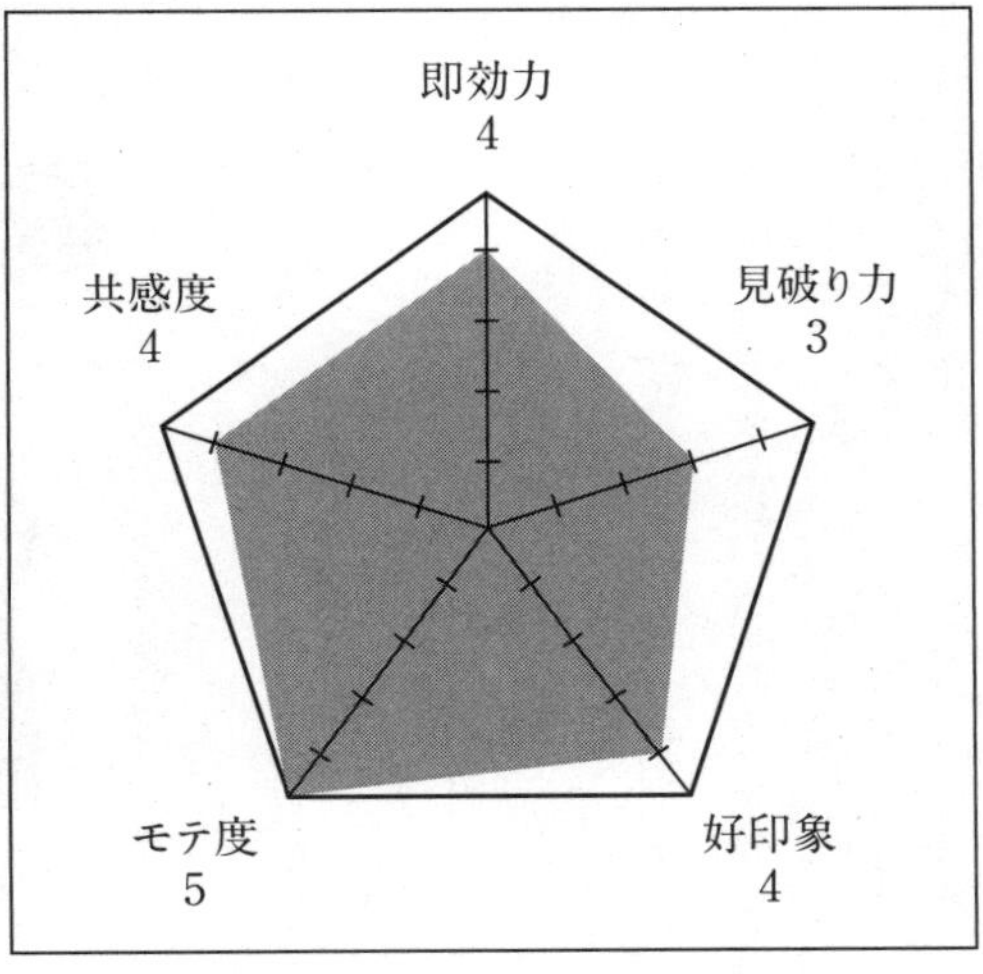

秘密の心理学

いけ好かない上司は孤立させれば丸くなる

TRICKキーワード　孤立

ろくに仕事ができるわけでもないのに部下をあごで使って目標を達成しようとして、できなければすべてお前らが悪いと頭ごなしに怒鳴りつけてくる。そもそも、部下を人間とも思っていない——。こんな上司がいたら何とかしたいと思うのは、部下である人たちの共通の願いだろう。実はこの上司はひとつ重大なミスを犯している。それは、職場にひとりも「心からの味方」をつくらなかったことである。

この上司を懲らしめるもっとも効果的な手段は、ずばり孤立させること。たとえば、上司が部下を呼びつけても1回では返事をしない。3回目でようやく応じて席を立つ。これを部下の全員で徹底したら、上司は部下全員が示し合わせていることに気づき、強烈な孤立感にさいなまれることだろう。

相手の孤立感をあおって精神的に追い詰めるのは、いわゆるイジメの手法だ。だが、かつてリストラというものがなかったころの日本企業は、辞めさせたい社員を社史編纂室という実体のない部署に追いやって、自

これができれば
あなたは…

賢い奴

上司の嫌味を撃退して後輩ウケも抜群に！

主退社するよう仕向けるという陰湿な手法をよく使っていた。

部下が上司を社史編纂室に送ることはできないが、精神的に孤立感をあおることはできる。不安を感じた上司はすぐに恐怖感をおぼえ、反省して態度をあらためてくるはずである。

ただし、ここで矛を収めておかないと、いずれは大惨事につながる可能性もある。人間はいつまでも孤立を感じていると、精神的にまいってしまい自殺を考えるようになるのだ。もし本当にそうなってしまったら、部下としても寝覚めが悪い。あくまで、相手に反省する機会を与える程度に。

悪魔の格言

困った上司に使用すれば一瞬で反省させられる

悪魔の実践度チャート

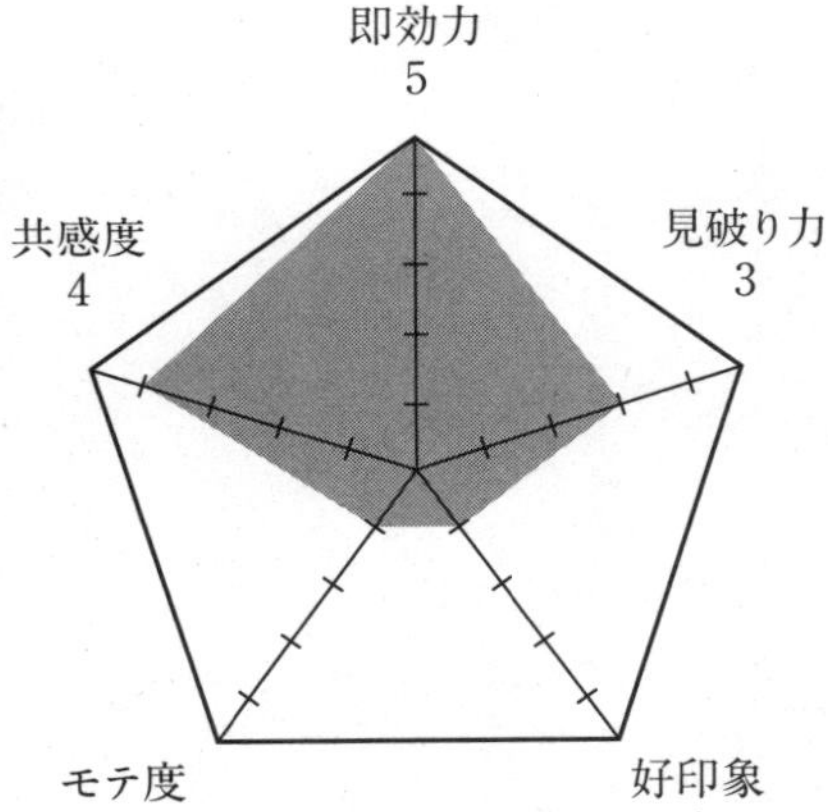

秘密の心理学

ホットコーヒーを出せば交渉相手が妥協する

TRICKキーワード　ホットコーヒー

これができれば
あなたは…

賢い奴

相手も自分も気持ちよく
話を進める即効術

ビジネスでの交渉事。大事な話をしたいときには、ホテルのラウンジなどで話をする人も少なくないのではないだろうか。フロアには季節の花が飾られ、ゆったりとしたBGMが流れる。手元には、香りのよい『ホットコーヒー』が一杯。

真剣に意見交換をしたいときにそんな人の出入りの激しいラウンジで？　と思われるかもしれないが、実際、会議室などの個室で長時間議論を重ねるよりも、心が落ちついてよりスムーズに話が進むことが多いのだ。

ここでカギとなるのは、目の前に置かれた一杯のコーヒー。人は、心地よい香りをかぐと、心がリラックスし、人に反発したりする気が起きにくくなるのだ。たとえコーヒーが嫌いでも、空腹の夕食前に、レストランから漏れる料理のいい匂いにお腹をぐーっと鳴らした経験は誰でもあるはず。人の感情は、自分が思っているよりも、ずっと香りに左右されているのだ。

アメリカの大学教授が行ったこんな実験

がある。参加者を10人ずつのグループに分け、それぞれ、よい香りが漂う部屋と無臭の部屋に入れる。その後、10人をさらに半分に分け、ひとつの議題について賛成派と反対派に分けて討論をさせた。すると、よい香りの部屋で議論を行ったグループはお互いに歩み寄りを見せたりしながら結論を出したが、無臭の部屋のグループは、お互いが主張を言い張り、決裂のまま議論が終了したという。

なかなか首を縦に振らずに交渉がまとまらない商談相手がいたら、一度、よい香りがする場所で話し合いを進めてはいかがだろうか。

悪魔の格言

交渉相手に妥協させたければ、相手にだけコーヒーを出せばよい

悪魔の実践度チャート

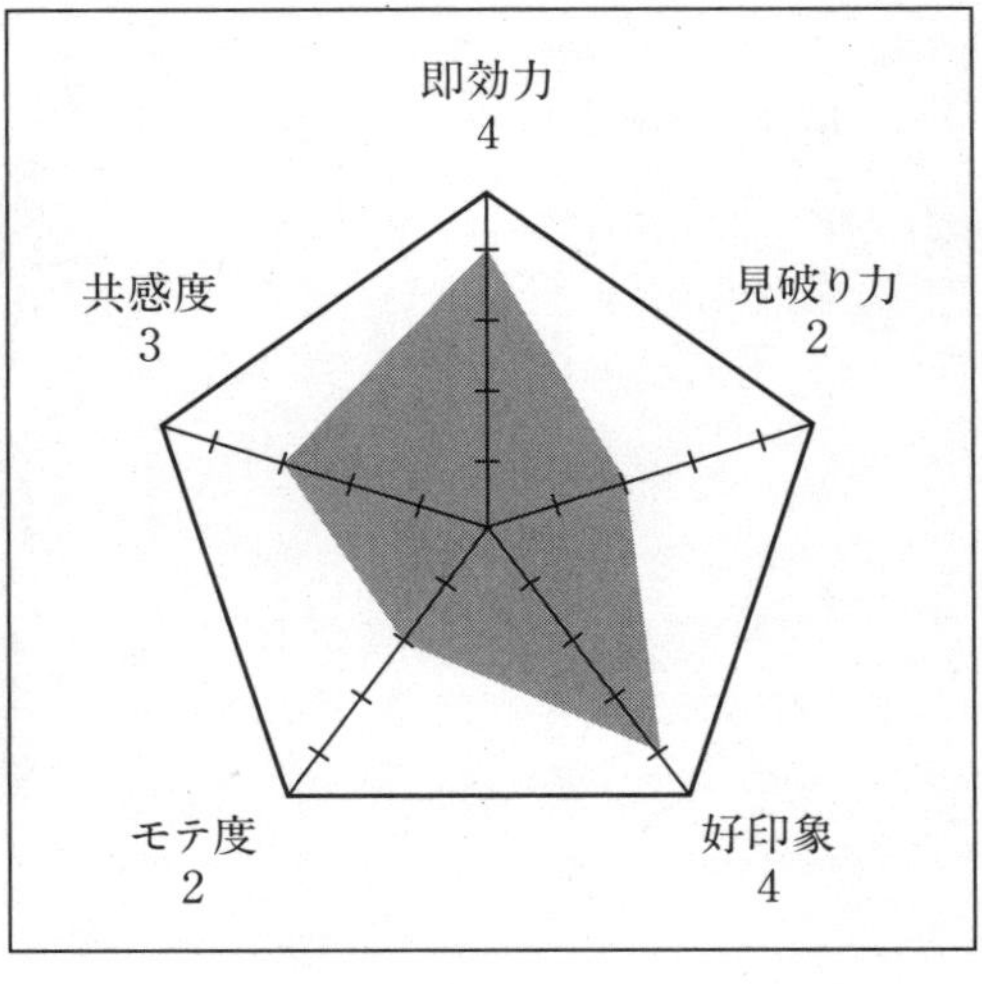

秘密の心理学

体をそらせば口だけ番長を黙らせられる

TRICKキーワード
ノンバーバル・コミュニケーション

これができればあなたは…
賢い奴

声に出さなければ相手は不満を感じても怒りにくい

多国籍のエラいさんらが集まる国際舞台。中国人がいつでも敏腕の交渉人であることは有名だ。彼らはほどんど無表情、もしくは不気味な笑みを浮かべて、めったに相づちを打たない。さらに黙ったまま相手の話に聞き入っている。こうすると、話し手は徐々に不安になる。さらに沈黙は恐怖をあおり、相手に自分の発言が「気に障ったか」「話が退屈なのか」と不安感を抱かせることになる。結果、知らず知らずのうちに中国人が主導権を握っているということが少なくない。

無言のしぐさで自分の感情を相手に伝えることは、『ノンバーバル・コミュニケーション』と呼ばれる。あなたの前に饒舌な口だけ番長がいたら、体をそらせ目を閉じたり、腕を組んだり、ペンをカチカチ鳴らして不快な音をたて、不同意のサインを送ればいい。相手は不安と混乱で口数を減らしたり交渉の主導権を引き渡す傾向がある。毎回使うと嫌な奴だと思われるので、とっておきのテクニックとしておすすめだ。

悪魔の格言

無用な会議では、発言ゼロ、体をそらせて不同意のサインを送れ

相手を不安にさせる無言のしぐさ

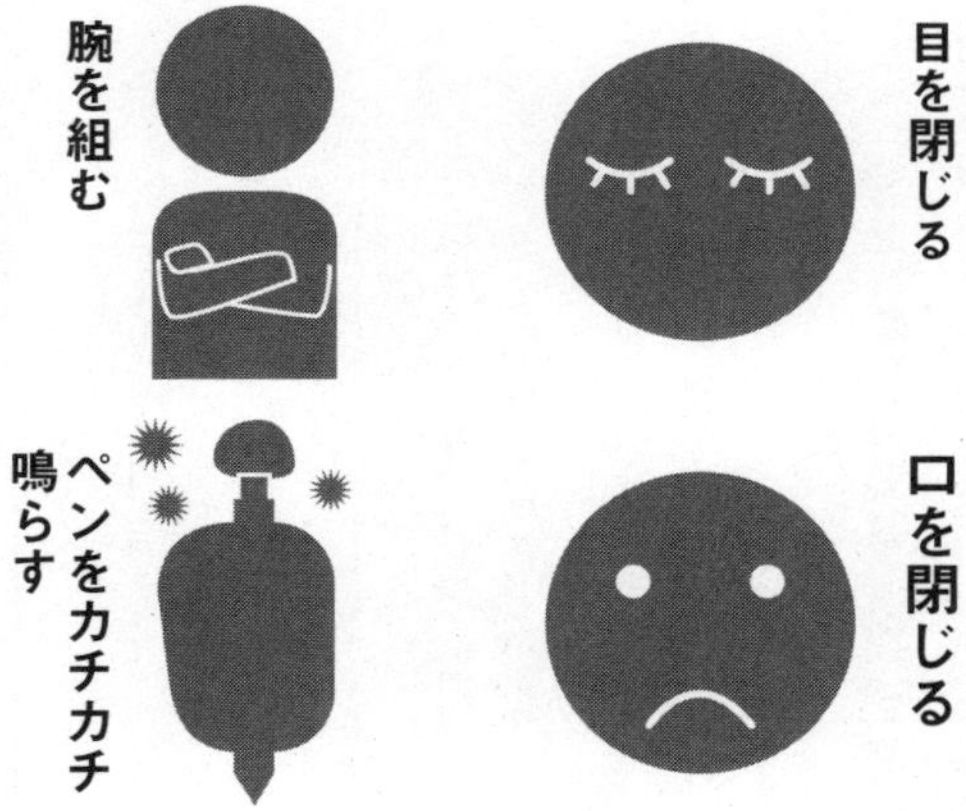

悪魔の実践度チャート

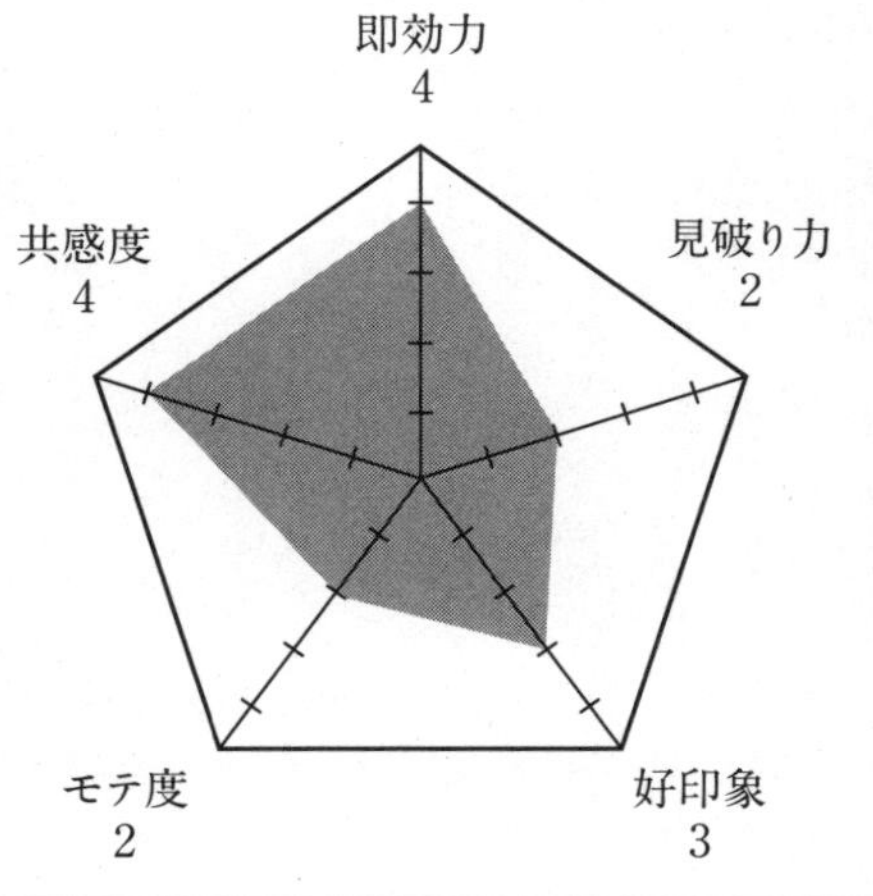

秘密の心理学

脚を褒めれば貧乏ゆすりをやめさせられる

TRICKキーワード　自己親密性行動

職場で仕事をしていると、隣の人の貧乏ゆすりがとても気になる、なんてことがある。あるいは、後ろの女性社員が長い髪をひっきりなしに触っている、取引先の営業マンは商談のときに爪を噛むクセがある、などと、気になる他人の癖を見つけることは多い。これら悪癖をやめさせるのに、何かいい方法はないものだろうか。

多くの場合、直接相手に悪癖を指摘してしまうのはいい結果にならない。なぜなら、これらのクセをもっている人は何らかの不安や心理的ストレスにさらされているからだ。それなのに自分が不快感を抱いていると指摘したら、より不安が増大してしまい、クセが治るどころかよりひどくなってしまうことになりかねない。無意識にしてしまうのがクセというもので、本人にはどうしようもないことも多いのだ。

髪の毛や頭など、自分の体の一部を触る行為は、心理学用語で『自己親密性行動』と呼ばれる。不安やストレスにさらされたとき、人は無意識に肉親やパートナーに触

これができればあなたは…

賢い奴

無用な衝突を避けて相手を操るテクニシャン

ってもらいたいという欲求を抱く。ところが抱きしめてくれる恋人もいなければ、頭を撫でてくれる母親もそばにいないとなったとき、自分で自分を慰めるしかない。

悪癖をやめさせるには、それらを指摘することでプレッシャーを与えるよりは、要因となるものを褒めて取り除いてあげるのが近道である。

たとえば無意識に爪を噛んでいる人には、「手の形、きれいですよね」と褒め、貧乏ゆすりをしている人には「脚がきれいですね」などと褒めてみる。すると相手は自分の手や脚に意識を向けるようになり、悪癖に気づいてやめるようになるのだ。

悪魔の格言

潰したい相手にはあえて悪癖を指摘してやれ

悪魔の実践度チャート

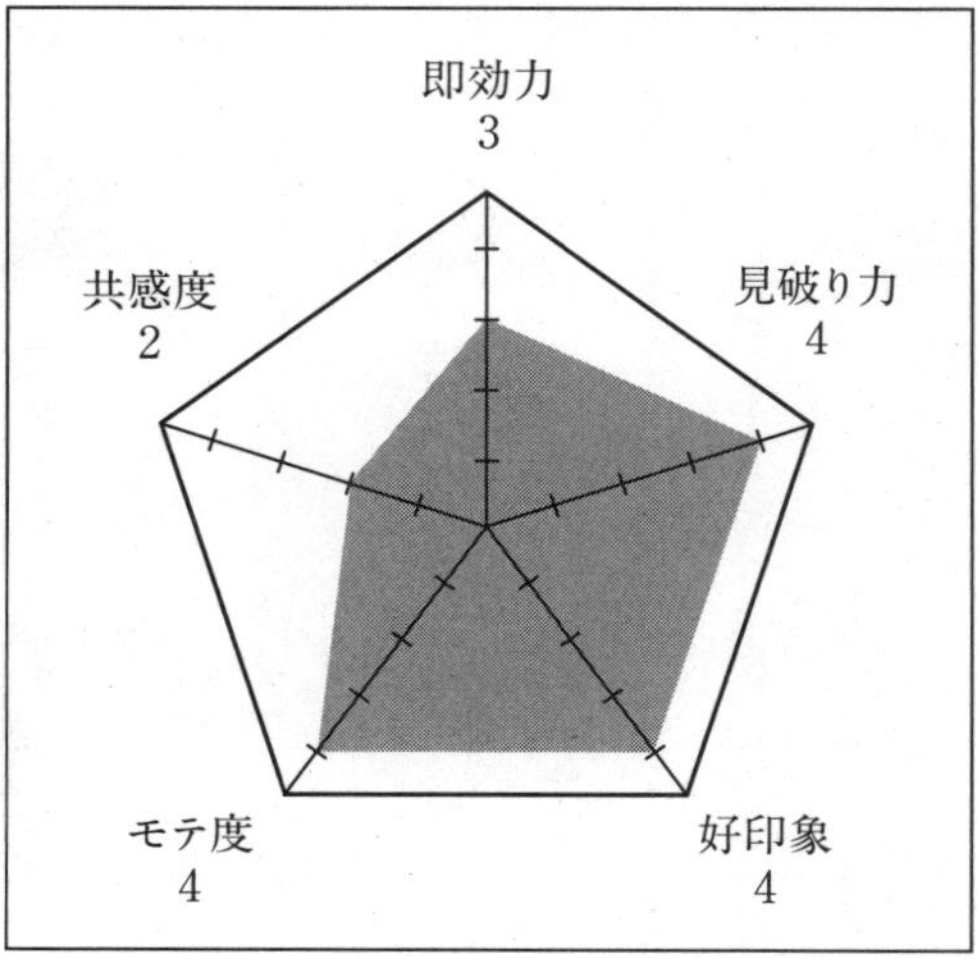

秘密の心理学

3回繰り返して伝えれば部下を納得させられる

TRICKキーワード　繰り返す

学校の教師や学習塾の講師など、教える立場の人間にとって「大事なことは3回繰り返す」というのは共通のテクニックのひとつだ。

どれだけポイントを強調したところで、教師たちはこうしないと生徒の習熟度が驚くほど低いことを体感的に知っている。だからまず教科書を読みながらポイントを説明し、同じことを黒板に書いて説明し、もう一度生徒に朗読、復唱させながら説明する。こうしてはじめて生徒の学習にも目に見える効果が表れてくる。

アメリカのケント州立大学で行われた実験では、ある映像を見せて、登場する人物が素手であったにもかかわらず「あの手袋をはめた人物が」、「指紋を隠すために手袋をしていて」と事実と違う情報を印象づけようとしたところ、1回だけ歪んだ情報を教えられた集団よりも、3回繰り返された集団のほうが6倍以上も登場人物が手袋をはめているという誤った記憶に支配されたという。

これができればあなたは…

デキる奴！

3回繰り返して部下を操る言葉の魔術師！

たとえば上司が「君は近い将来の部長候補なんだよ」と言ったとする。

だが、これだけでは部下もただのお世辞のようなものだと感じて本気にはしない。ところが、続けて同じように褒めてみたらどうか。

「さすがだな。部長になっても頑張ってくれよ」部下は半信半疑ながらも「本当にそんなに評価されてるのかな？」と思いはじめる。そこでさらに繰り返す。「部長になったら何をしたい？」ここまでくれば部下は完全にその気になる。そして「この会社でもっと頑張っていこう」とググッとモチベーションを上げることだろう。

悪魔の格言

愛の告白でも3回繰り返せば相手はその気になる

悪魔の実践度チャート

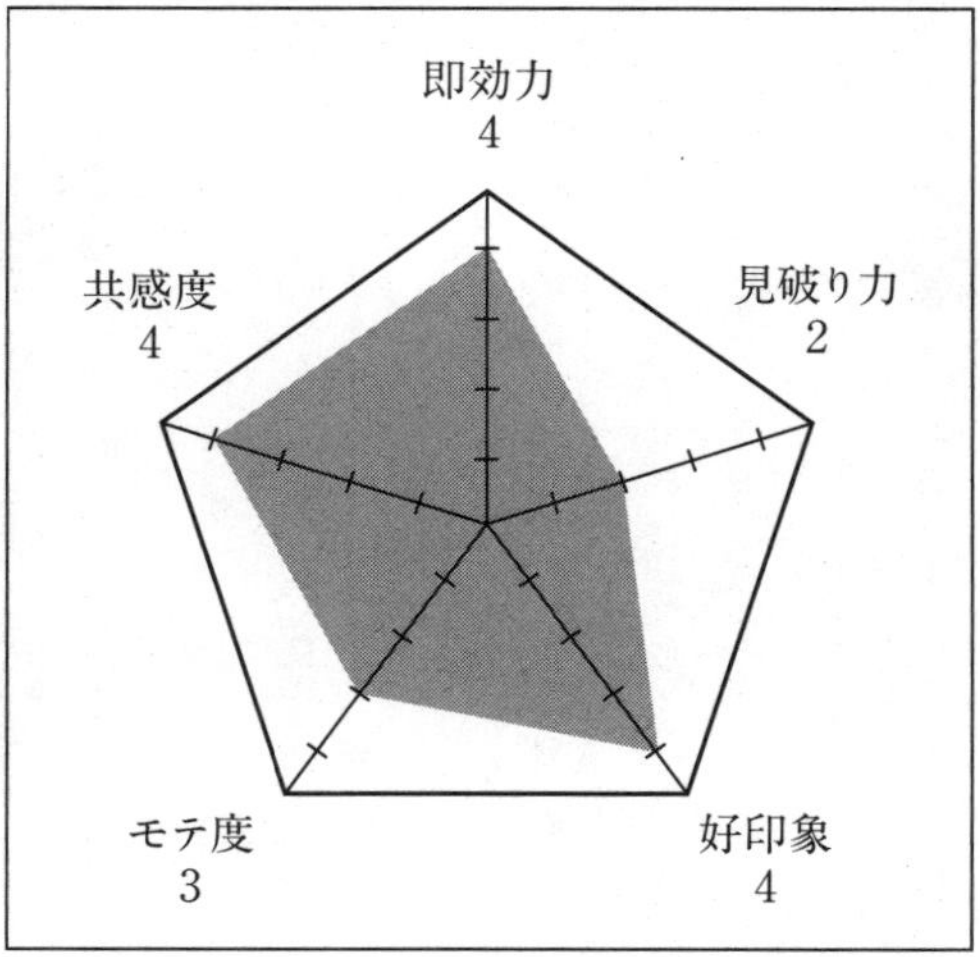

秘密の心理学

「姓」ではなく「名前」で呼んで相手を自分になつかせる

TRICKキーワード　名前を連呼する

カップルがある程度長く付き合い、お互いの親密度が増してくると、それまでの習慣に違和感が生じてくることがある。つまり、今までお互いを姓で呼んでいたのがよそよそしい感じに思えてくるようになるのだ。そうなってくるともう一日でも早く、名前かあるいはニックネームで呼び合わないと気がすまなくなる。

相手の名を姓で呼ぶか名前で呼ぶかは、そのまま親密度のバロメーターとなる。恋人に限らず、友人や職場の同僚が急に名前で呼んだりしてくるのも親密度が上がった証拠だ。いきなり名前で呼ばれると気恥ずかしく感じるものだが、嫌悪の対象でない限りはそれほど嫌な感じは受けないだろう。心理学ではこれを「自我関与が強まる」という。名前のほうが姓より自分を特定する要素が強いため、そのぶんだけ親しい人だと嬉しく感じ、逆に苦手な相手には嫌な感じを受けてしまうのだ。

たとえばはじめて会う商談相手でも、会社の付き合いが深ければまんざら知らぬ相

これができればあなたは…

デキる奴！

話術で相手を翻弄する、空気づくりの達人

手とも思えないものだ。どちらもお互いの会社の人とは会ったことがあるなら、それはもうちょっとした親戚みたいな感覚だろう。そこで会話がはずめば、一歩踏み込んで相手を名前で呼んでしまってもいい。もちろん、呼び捨てはご法度だが、「弊社には同じ姓の者が多くて、お名前で呼んでしまいましたがよろしかったですか？」と丁寧にことわれば、相手も事情を理解して許可するだろう。

そうして名前を連呼すれば、いつの間にか相手との親密度がぐんぐん上がり、帰る頃には初対面とは思えない旧知のような間柄になっていることだろう。

悪魔の格言

恋人と別れたければ決して名前で呼んではいけない

悪魔の実践度チャート

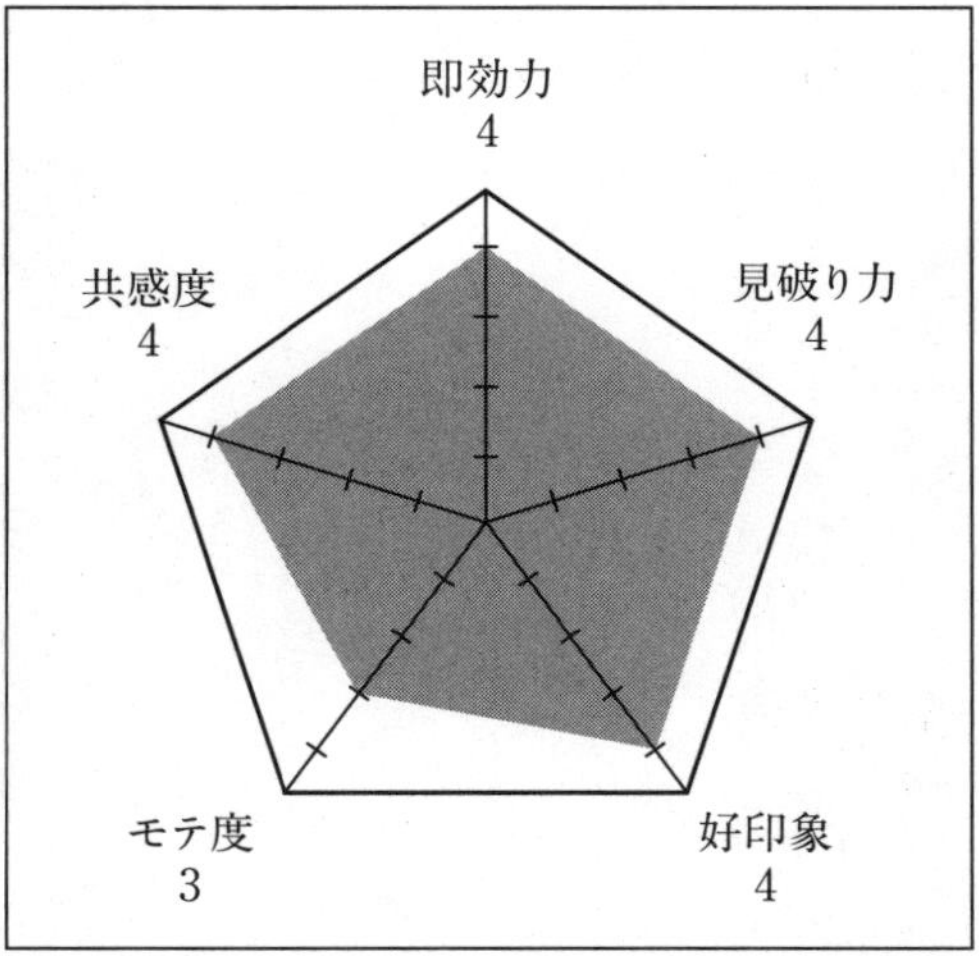

浅く前かがみに座ると相手の長話はとまる

TRICKキーワード　終止の気持ちを動作で示す

これができればあなたは…

賢い奴

体を使って意思を伝える説得上手！

困ったことになかなか話が終わらない。こちらとしても次の予定があるし、できれば早々に失礼したいところだが、ここで話の腰を折ってしまったら今後のお互いの関係に影響するかもしれない。そんなときに意外に有効なのが、それとなく動作を使って意思を示す方法である。たとえば相手の話に積極的に相づちを打ちながらも時計に視線を移したり、プレゼンの資料をそそくさと片づけたりしていれば、たいていはおのずとこちらの時間が差し迫っている雰囲気を読み取ってくれるだろう。

それすら通じない場合は、椅子に浅く座りなおして体を少し前かがみに傾けると、「このあたりで話を終わりにしましょう」という意思表示のポーズになる。もちろん、あまり大仰な動きをすれば、わざとらしく見えて相手を不快な気分にさせてしまうことも考えられる。あくまで相手の話に耳を傾けながら、さりげなくやるのがコツだ。こうすれば、ほとんどの人がこちらの意思を察して話を切り上げてくれるだろう。

悪魔の格言

格下の取引先なら露骨な態度で威圧しろ

悪魔の実践度チャート

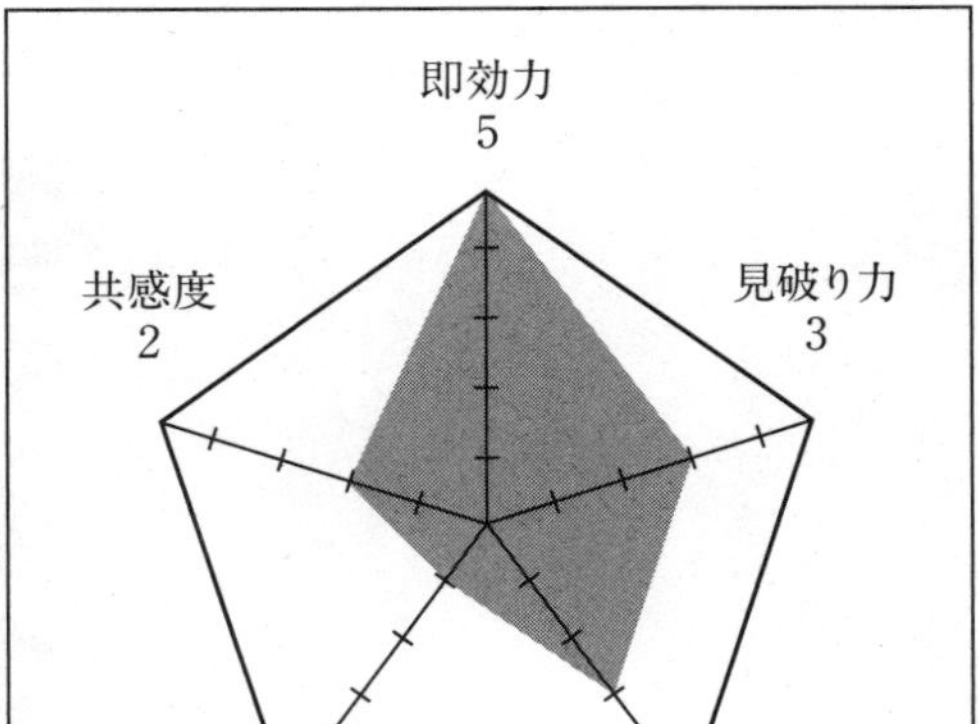

秘密の心理学

相手より高い位置からの発言は通りやすい

TRICKキーワード　視線の上下関係

自分と同期で仕事の成果も同程度。決して仲が悪いわけではないのだが、相手がどうもライバル視して、何かにつけて反対意見を言ってくる。できればこんな相手を丸め込んで、自分の意見を通したい。さて、どうしたものか。

たとえば、学校の朝礼で校長先生が訓辞を垂れるとき、必ず少し高い朝礼台から生徒を見下ろす。あるいは犬を飼ってしつけた経験がある人はわかりやすいと思うが、人間は間違っても犬より下の位置からしかったり命令をしたりしてはいけない。もしそんなことをしていたら、犬は人間の言うことをきかなくなるばかりか、いつしか自分のほうが主人であると思い込み、飼い主を振り回すようになるだろう。

目上の人が上からの視線で相手を見下ろすのは、相手を威圧するという単純な効果ばかりでなく、相手を見下ろす位置に自分の身を置き、支配権を手にしていることを心理的に誇示する効果を無意識に期待しているのである。

これができればあなたは…

デキる奴！

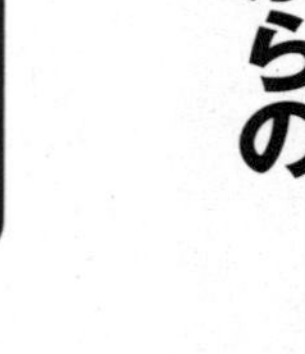

自分に有利な条件を熟知したデキる奴！

となれば、ライバルに自分の意見を通したいときは、相手がデスクに座っているタイミングを狙って近づき、立ったまま話をするとよい。相手は座ったままだから、自然にこちらが相手を見下ろし、ライバルは見上げる形になる。視線の上下関係が生じることで、ライバルは自分が支配されているという心理トリックに陥り、こちらの意見が通りやすくなるのだ。

ただし、これはあくまで対等な関係の相手を支配関係の錯覚に陥らせるトリックであり、上司のように実際に支配的立場にある人にはまったく意味をなさないので、あしからず。

悪魔の実践度チャート

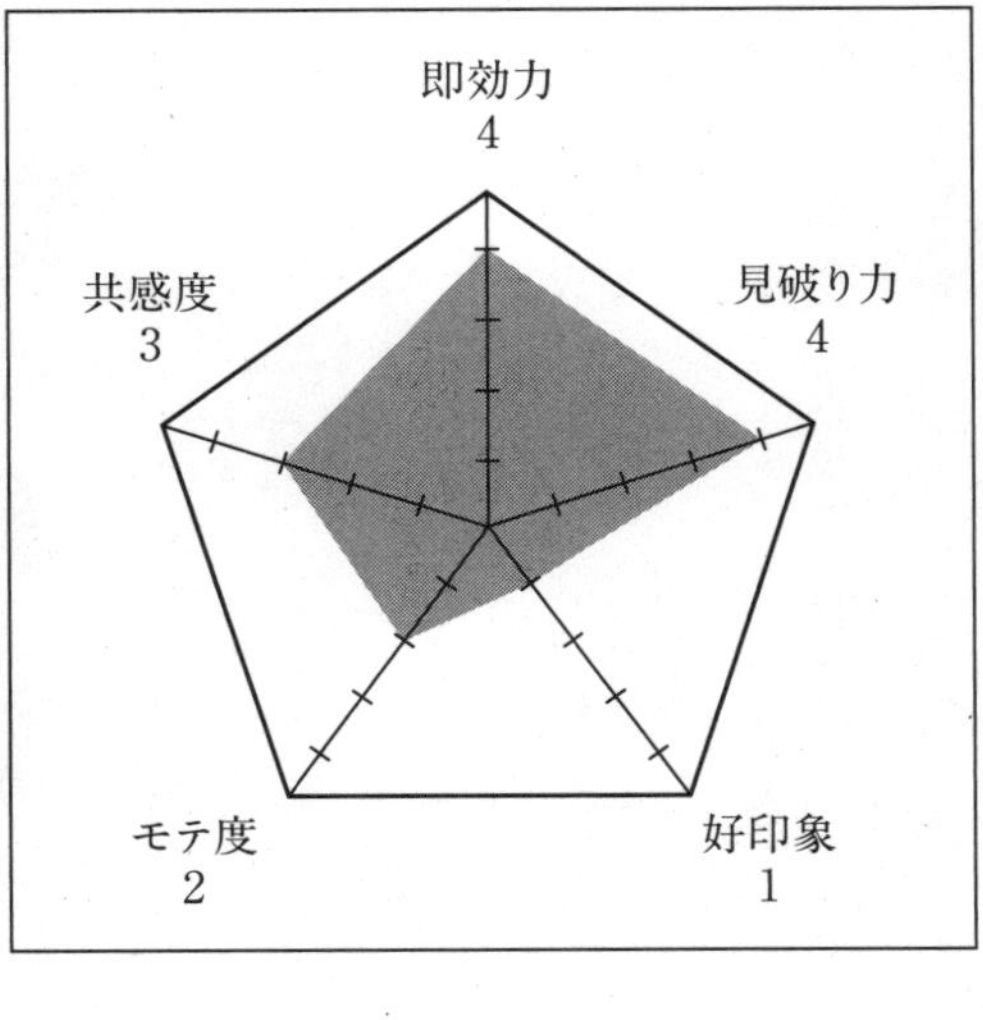

悪魔の格言

逆の場合は自分も立つか場所を変えて仕切りなおせ

秘密の心理学

話を途中で打ち切れば相手をリードできる

TRICKキーワード　ゼイガルニク効果

ドラマや漫画などで物語が非常に盛り上がって、さあどうなる、となった次の瞬間に「つづく」のテロップが入る。こんなパターンをよく経験されるのではあるまいか。話がいいところで中断されると、続きが気になって仕方ないものだ。そして次の回を見逃すまいと、いつも頭の片隅に気にかけることになる。

実はこの心理には正式な名称があり、定義づけたロシアの心理学者の名をとって『ゼイガルニク効果』と呼ばれている。

これができればあなたは…

賢い奴

時間と効率重視。優柔不断はお断り

ゼイガルニクによれば、人間は終了したものは忘れやすく、途中のものはよく憶えているという心理的法則をもつ。それを利用して、あえて一番大事なところで話を中断することで、相手を物語に依存させるのが『ゼイガルニク効果』だ。これは非常に効果的な心理作用をもつため、ドラマや漫画の常套《じょうとう》手段であったが、最近ではクイズ番組で答えが出る寸前にCMを挟んだり、あるいはCM自体が「続きはWEBで」と視聴者を誘導するなど、使用方法は多岐にわたっている。

物語ばかりでなく、通常の会話の中でもゼイガルニク効果は使える。

たとえばある人と話していて、相手がはっきりと質問に答えてくれない場合。賛成か反対か、どちらともとれるような言い方をするので、できればちゃんと意見を言ってほしい。

そんなときは、こちらが「ということは？」と呼び水を与えれば、相手は自分がはっきりと回答しなければ話が中断してしまうという不安に陥り、「つまり、賛成（反対）ということです」とはっきり口にせざるを得なくなるのである。

悪魔の格言

誘導尋問が伝わらなかったら、話が理解できない奴だと思え

悪魔の実践度チャート

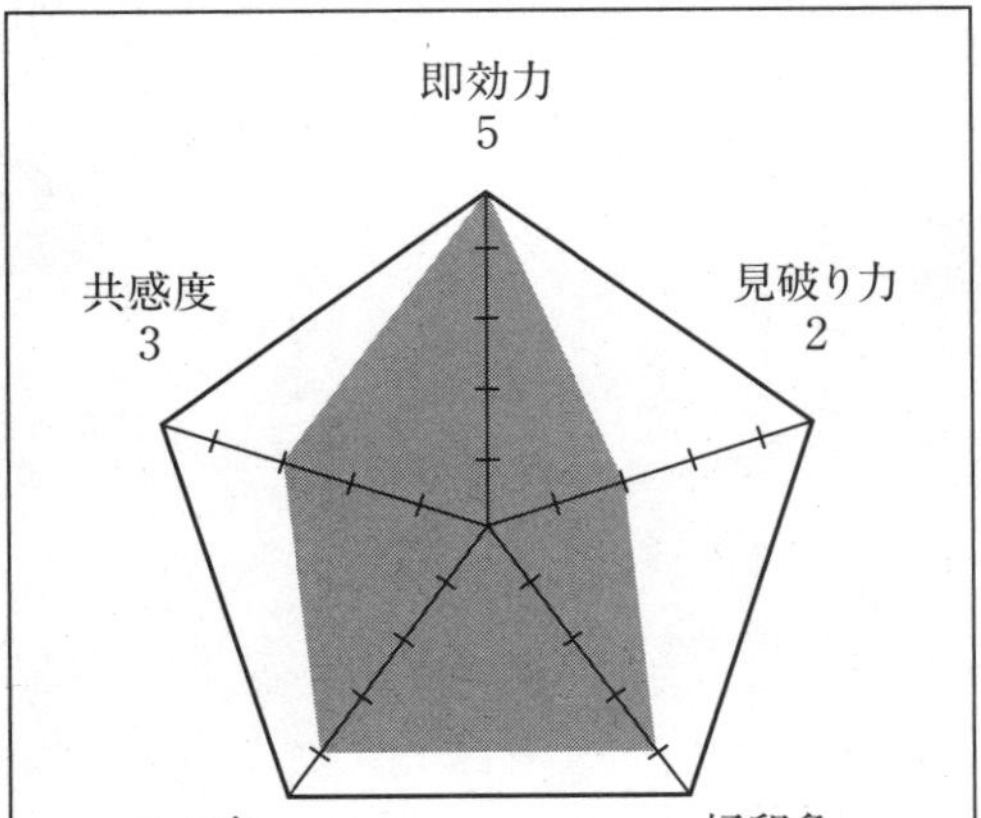

秘密の心理学

右上を見るだけで熟考中に見せられる

TRICKキーワード　目線は右上

目の前の人がぼーっと何か考え事をしているとき、どんなことに思いをはせているのか知りたくなることがあるだろう。さすがに超能力者でもなければ相手の心の中をのぞくことはできないが、ある程度の傾向なら目の動きでうかがい知ることができる。

眼球の動きによって相手が何を考えているかわかるというのが、『アイ・アクセシング・キュー』と呼ばれる理論である。この理論によると、上方は視覚的イメージ、水平は聴覚的イメージ、下方では内的対話や体感イメージを想起しているとされる。左右にも違いがあり、右は未来のことをイメージしており、左は過去を思い返していることになる。個人差はあるので確実とはいえないものの、その人の傾向さえつかめれば、かなりの確度で相手がどんなことを考えているのか想像がつく。

また、目の動きはそのまま脳の動きとも連動している。人間の脳が左右の半球でその機能が異なることはよく知られるが、左のほうを見ていれば直感や空間的な感覚を

これができればあなたは…

なんか気になる奴

目は口ほどにものを言う、寡黙で誠実な社会人

司る右脳を働かせている証拠で、逆に右に目が動くと論理的思考をフル回転させているとされる。ちなみに目と脳の左右が逆なのは、視神経が交叉しているためである。

もし相手がこの法則を知っていたら、感覚的に目の前の人物がこちらの提案に対して前向きに考えているか煩わしいと思っているかは目の動きで判断できる。これを逆手にとって、すぐにも却下したい提案を、とりあえず真剣に考えているように見せるには、下を向いて考え込まず右上を見て悩んでいるふりをすればいい。そうすれば、未来志向で論理的に吟味しているイメージを印象づけることができるはずだ。

悪魔の格言

ばかばかしい提案には左方向に目を伏せて不快感を示せ

悪魔の実践度チャート

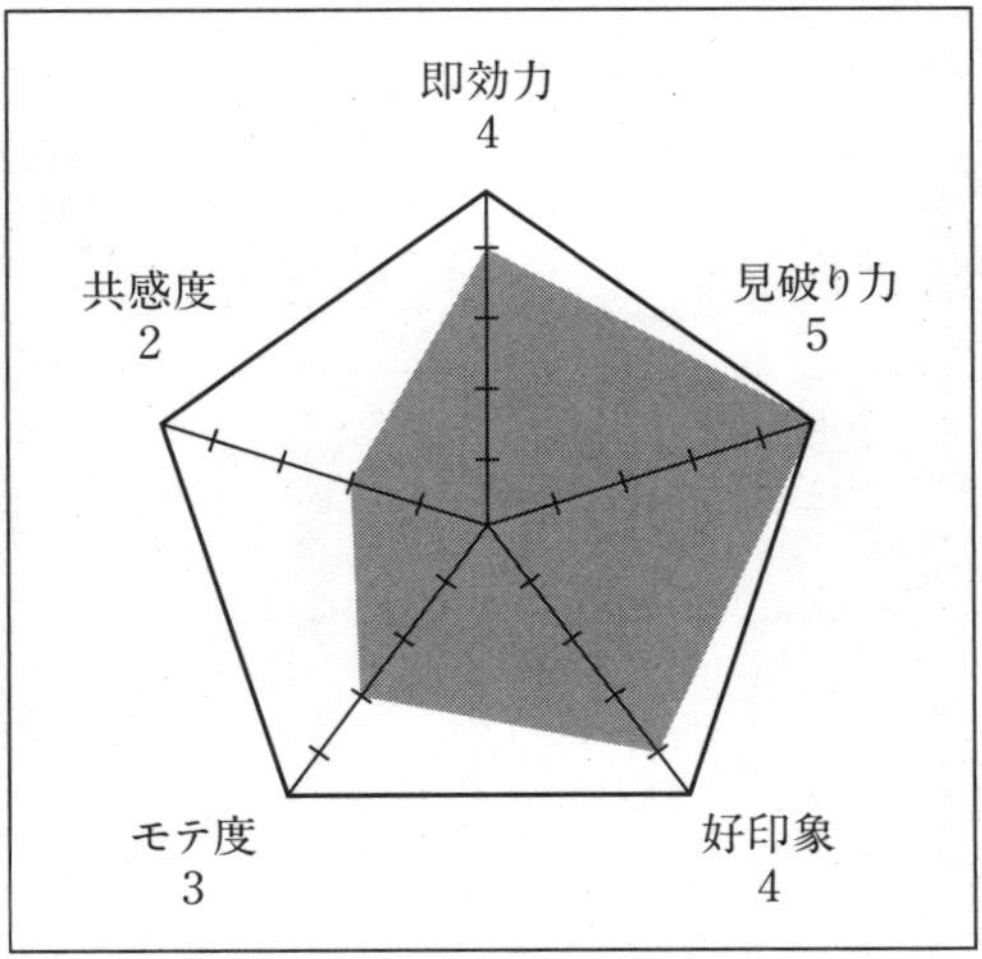

秘密の心理学

「私なら」を主語にすれば生意気な部下を手なずけられる

TRICKキーワード　アサーション

会社に入った新入社員に、どうにも素行の悪い若者がいる。彼は縁故採用で入社してきたために、周囲にかしこまった素振りを見せず、仕事もいい加減でミスも多い。当然、同僚からは嫌われているが、上司には媚を売るので誰も面と向かって叱ることができない。

そんな相手に、上司から「ちょっと社会常識を教えてやってくれ」と頼まれたとき、どんな言い方をすればいいだろうか。当然だが、上司も叱れない相手に苦言を呈したところで、反発心が生じて何も聞こうとはしないだろう。ましてや「君はどうしてそんな話し方をするんだ?」などと問い詰めれば、攻撃されたと感じて余計に心を閉ざしてしまうに違いない。丁寧に言おうが優しく言おうがそう簡単には素直になってはくれまい。

こういうときは、相手のことを我が身のように思っていることを伝える言い方がベストになる。つまり「あなたは」という主語を、「私は」という主語に置き換えればい

これができれば
あなたは…

デキる奴！

言葉づかいを切り替えて
相手を納得させる

いのである。

「私は言葉遣いには注意している。だって、逆に相手にそんな言い方されたら、ちょっと腹立つだろ？　ただ社会常識だからというだけじゃなく、やっぱり自分がされたら嫌なことは、自分ではしたくないんだな」

相手を非難するのではなく、あくまで自分の身に置き換えたうえで自分の意見を伝える。

こうした、相手を尊重したうえで自分の主張を行う方法を『アサーション』と呼ぶ。相手のよくない言動を指摘し、できれば考えなおしてもらいたいときには有効な手段なので、覚えておいて損はないだろう。

悪魔の格言

相手を更生させる必要がなければ攻撃的にやりこめろ

悪魔の実践度チャート

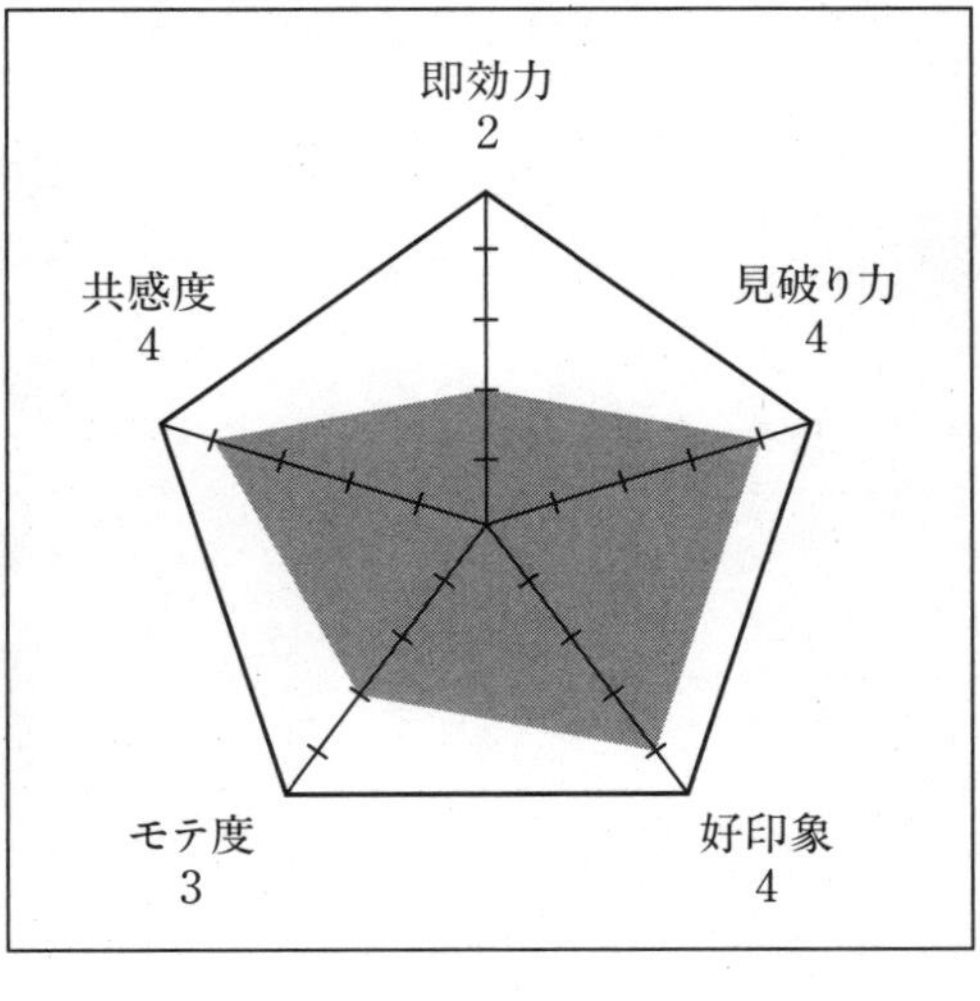

人の意見にケチをつければ自分の意見の株が上がる

TRICKキーワード　コントラストの原理

会議の場で周囲に埋没してしまっている自分を、何とか目立つようにしたい。みんなから一目置かれる存在になりたい。そんな願望をもっているあなた。もちろん、誰もがうなるような意見が言えれば話は早いが、残念ながらそんな立派な意見も提案ももち合わせていない。

しかし、そういう場合に便利なトリックがひとつある。それは、誰かが発言した意見に対し、どんなものでも否定してしまうというものである。

とはいっても何も真っ向から否定する必要はない。誰もがうなずくような正論を発言した者がいれば「おおむね賛成できるのですが、ただ一点……」とアラを探して部分否定してしまえばいい。それだけで、あえて誰も指摘しなかったような欠点をその場で提示した人間として、おのずと注目されるだろう。

心理学ではこれを『コントラストの原理』と呼んでいる。これは、はじめに目にしたものと次に目にしたものが違っていたとき、

これができればあなたは…

他人とは常に違う道を行く、独立独歩の冒険家

人間は実際以上に差異があるように感じてしまう傾向を指す。

たとえば1000円のものと1200円の品物を見て、後者をちょっと高く感じてしまうのは『コントラストの原理』のためだ。セールスマンはこれを応用して、車のような高い買い物をした顧客に、カーナビなどのオプションをすすめてくる。数百万円の買い物をしたあとでは、数十万円の品物がずっと安く感じられてしまうのだ。

会議の場で誰かの意見を否定することは、つまりは後出しジャンケンである。そんなに難しいことではないので、一度試してみてはどうだろう?

悪魔の格言

合コンには必ず自分よりブスな友人を連れて行け

悪魔の実践度チャート

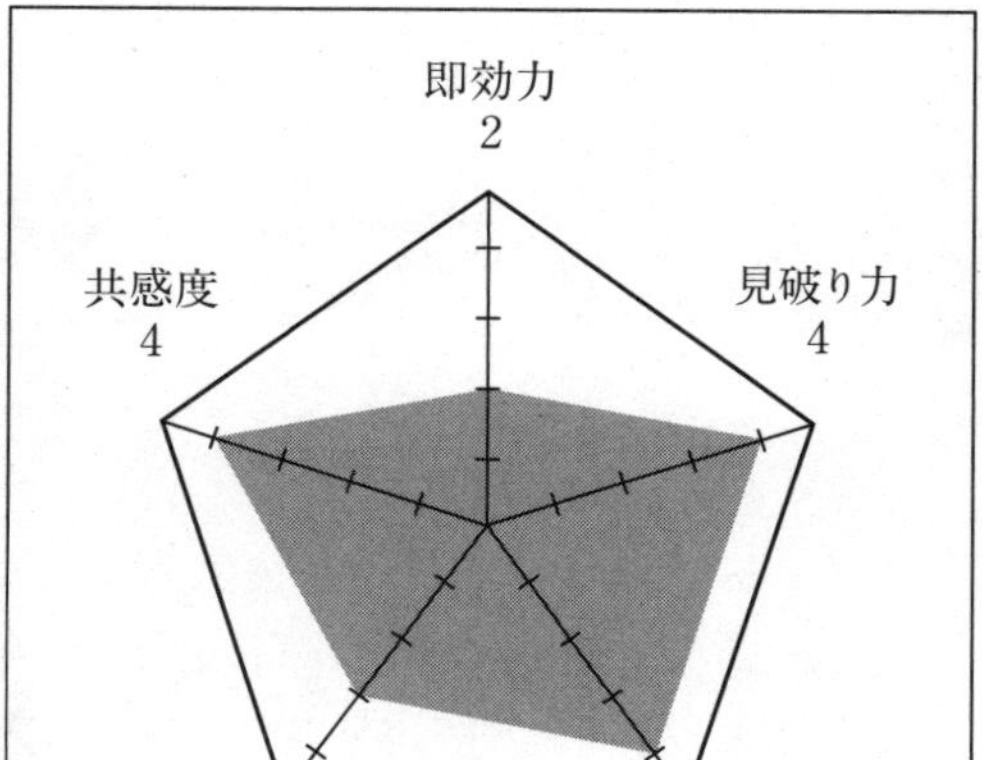

一度会ったら疎遠にすると営業がうまく運ぶ

TRICKキーワード
極力会わない

自分に興味のない相手を振り向かせるには、何度も会って情熱や真剣さを伝えることが効果的なテクニックのひとつである。と、それはそのとおりだが、こんな経験はないだろうか。

それまであまり話したことはないが、ちょっといいなと思っていた相手がいて、その人に会う機会ができた。胸を高鳴らせながら話してみたが、どうもイメージとは少し違う。相手は自分に興味を示し、その後も何度かデートすることになったのだが、会うたびに当初の印象が裏切られていき、最後はこちらからお誘いを断ることに。原因はいくつか考えられるが、これは相手が自分に寄せる好意に甘えて、自ら好かれようとする努力を怠ったのが大きいだろう。理想と現実のギャップというものは往々にしてあるもので、それを埋める努力は常に行わなければならないものだ。だが、そんな努力をしなくとも相手の好意を当初のまま、いやそれ以上に膨らませるトリックがあれば、使ってみたくなるのではないか。

これができれば
あなたは…

賢い奴

自分の感情をコントロールできる策略上手

悪魔の格言

別れたい相手とは毎日会って幻滅させろ

その方法はいたって簡単。第一印象だけは張り切ってよく見せ、その後は極力会わないようにするのだ。根拠となるのは、オハイオ州立大学で行われた調査実験。遠距離恋愛中のカップルは相手のことを理想化する度合いが20％高く、遠距離恋愛が終わって頻繁にデートするようになると別れる確率が30％高くなるということがわかったのだ。これはビジネスの営業にも応用できる。一度会ってお互いスムーズに話が進んだ相手には、そこからしばらく会いに行くのをやめるのだ。そうすることで、相手は知らない間にあなたの印象をさらに上げてくれ、次の交渉がうまくいく。

悪魔の実践度チャート

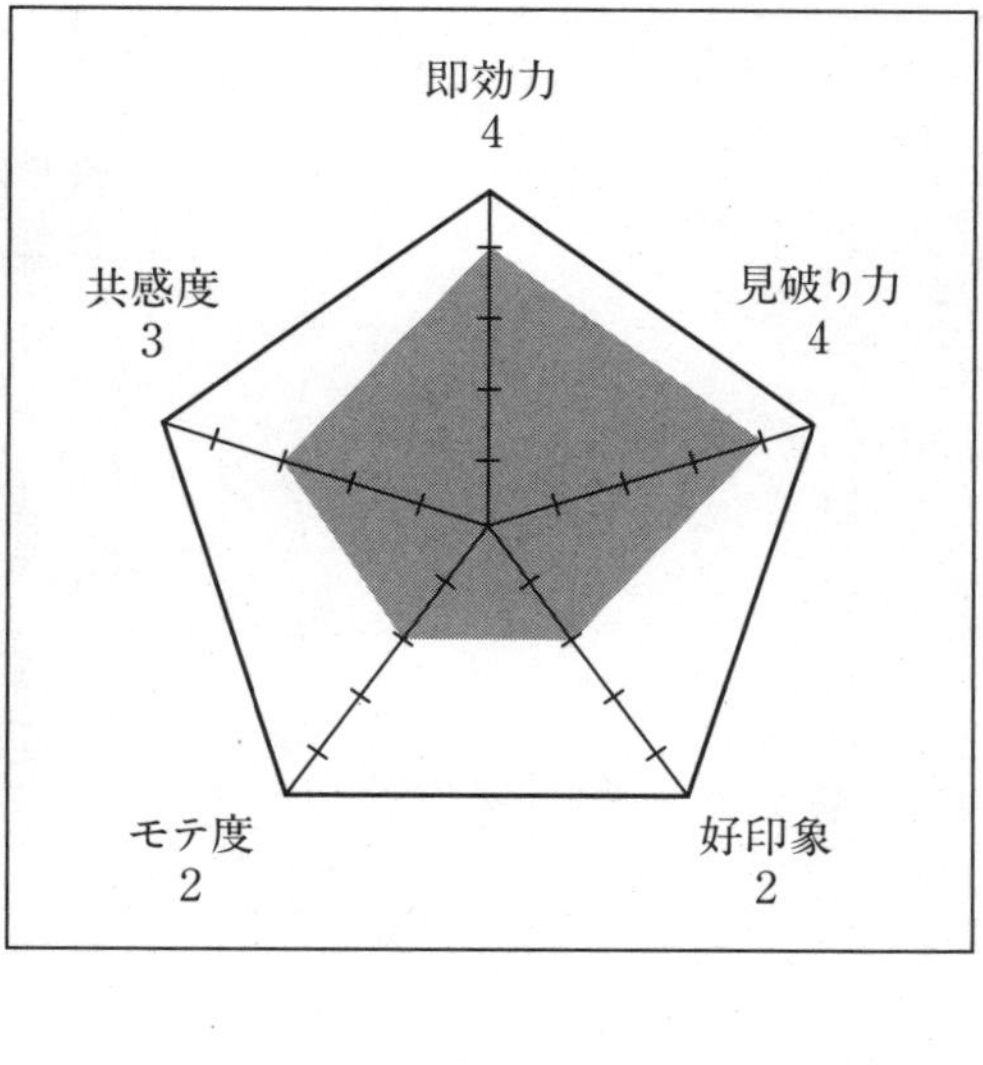

秘密の心理学

商品は「おすすめ」しないほうが購入に結びつく

TRICKキーワード

暗示的説得法

人は、他人から勝手に物事を決めつけられると反発するものである。

たとえば、新人の営業マンなどが陥りやすい間違いに、結論をせかすという行動がある。「こんなに機能的で、しかも他社の製品より安いのですから、買わないと損ですよ」などと商談相手にいきなり切り出したら、一方的な結論を押しつけられているようで、多くの場合、相手はいい気持ちはしないものである。

一般的には、他人の意見に説得されて自分の意見を変えるよりも、他人から情報を得て自分の判断で意見を変えた場合のほうが説得効果は高いといわれている。つまり、先ほど例に挙げた新人営業マンは、「相手に判断を委ねる」テクニックが足りなかったのである。

ビジネスに応用されている説得法に『暗示的説得』というものがある。この『暗示的説得』とは、理由は説明するが、あえて結論はいわずに相手に判断させる説得方法のことで、他人に相談せずに物事を自分で

これができれば
あなたは…

賢い奴

明示と暗示を使い分けて
あらゆる人を説得

決める人、自分の判断に自信をもっている人、論理的に思考する人、懐疑的な人などを説得する際に効果的といわれる。

『暗示的説得法』は相手に押しつけがましさを感じさせることはないが、「結局、何が言いたいの？」と、結論があいまいになる。

しかし、結論はあえて言わず、結論を導き出すのに必要な情報だけを相手に伝え、最後の結論を相手自身に出させることが重要なのである。

そうすると、相手は「自分の判断で決めたんだ」と思い込み、自分で出した結論によって、自分で自分を自己説得するようになり、考えや態度を変化させるのである。

悪魔の格言

ものを疑わないバカは明示的に説得、疑り深いバカは暗示的に説得しろ

悪魔の実践度チャート

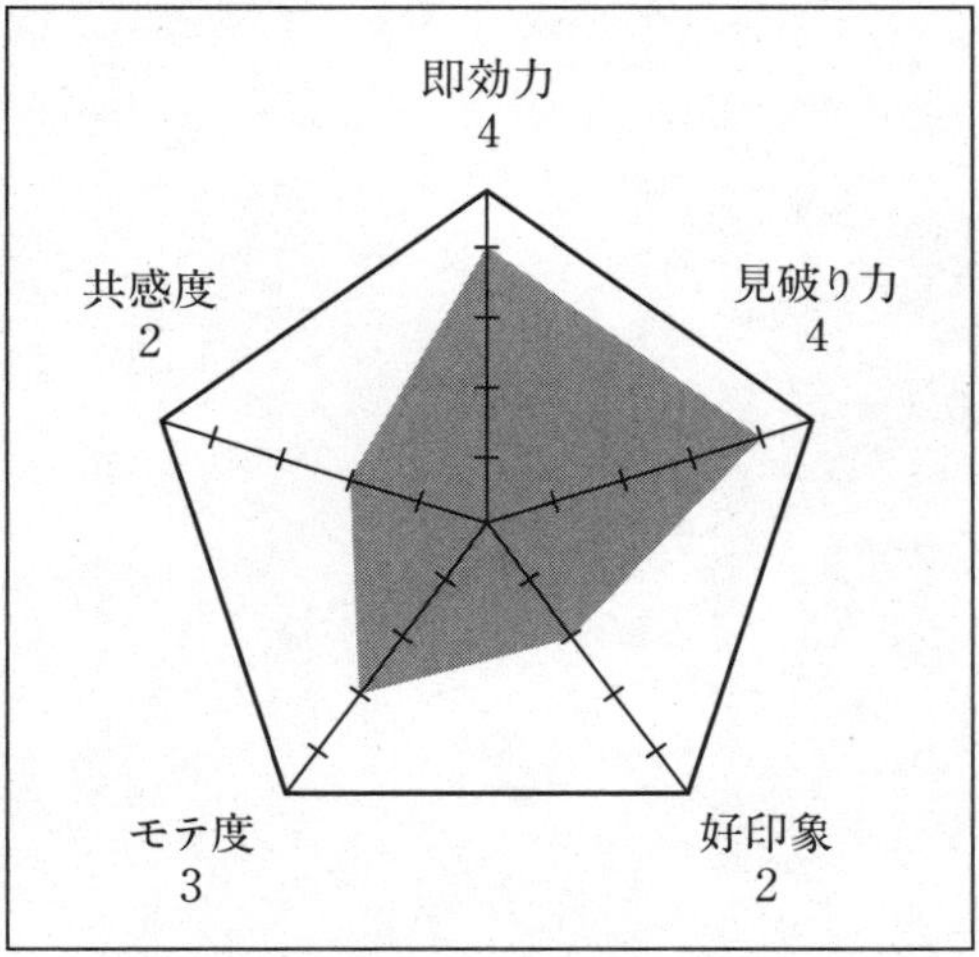

あなたの本性がわかる
心理テスト⑦

自分に有利に事は運べているか!? 隠れた実力を発見する!

問題1

段ボールに入った何かがガサガサと音をたてていて、生き物が中にいるようです。さて、その生き物とは!?

C ヤギ	A 犬
D サル	B ウサギ

「後輩への寛容度」診断

段ボールに入った悲しい動物は、ミスをしたときの後輩や部下を表している。このテストでは、あなたの後輩や部下への寛容度が一発解明！

C

寛容度 20%

一度気に障ることをされると、いつまでも根にもつタイプ。何度も思い出してはネチネチと後輩や部下に説教するほど執念深い。あまりしつこいと孤立するハメになるので注意しておこう。

A

寛容度 80%

後輩や部下への怒りについても、熱しやすく冷めやすい。カーッとなっても、それを引きずったりはしない。寛容度は高いが、自分のいないところで陰口をたたかれることを何より嫌うタイプ。

D

寛容度 120%

たとえ部下のミスで自分が損をしても仏のようにニコニコしている寛容度の高い上司。落ち込んでいる相手を励ましたりはするものの、怒るなどということは滅多にしない優しいタイプ。

B

寛容度 70%

公平かつ冷静な判断で、どちらが悪いのかをハッキリさせたら、それでスッキリ。部下にミスがあっても、本人が謝罪・反省すれば、機嫌はコロリと元通りに。白黒つけることにのみ興味があるタイプ。

問題2

ホテルのビュッフェで、あなたがお目当てにしていた料理がいち早くなくなり、食べ損ねてしまいました。どうする?

C その料理をゲットした人に分けてもらう	A ほかの料理を食べて、我慢
D お店の人に料理をリクエスト	B その料理が追加されるのを待つ

「裏切り者度」診断

料理は隠されたあなたの欲望を表している。その欲望を満たすためにどんな手段を取るかであなたのいざというときの裏切り者度がわかる。

C 裏切り者度 100% 他人のものとなっても欲望をあきらめないあなたは、手段を選ばずに欲しいものを手に入れようとする。そのために仲間を裏切ったり、黒い心を働かせたりすることも平気のへっちゃら。	**A 裏切り者度 20%** 料理をあっさりとあきらめるあなたは、欲望に目がくらんで人を裏切るなんてことは、よほどのことがなければしないはず。信頼できる反面、物事への執着が人とくらべて弱いことも考えもの。
D 裏切り者度ゼロの正直者 欲しいものを得るために、何の駆け引きもせず正攻法で攻めるタイプ。しかし、目的達成のために一番の近道を選んでいる点では欲深く、人の性をもっともよく理解しているといえるだろう。	**B 裏切り者度 60%** 次のチャンスを待つあなたの腹黒度はやや高め。プライドは守りつつ、周りに行動を起こさせようとする知能犯。ことに恋愛関係でこの性質を発揮すると、周囲の人間もまるごとまきこんで大変なことに。

問題3

オフィスの一角にいるあなた。隣からはあなたについての話題が聞こえてきます。言われて一番嬉しいと思うのは?

C「頼りがいがある人だよね」	A「優しい人だよね」
D「大好き!」	B「ノリがいい人だよね」

「自分の周りから排除したい人」診断

言われて嬉しい言葉は、あなたが重視している価値観を表している。それは、あなたが他人に求めていることでもあるのだ。

A 自分に優しくしてくれない人

誰に対しても優しくふるまうが、その根底にはあなた自身が優しく接してもらいたいという気持ちがメラメラ。人への好意は見返りを求めるべきものではないことに、そろそろ気づくべき。

B 場のノリに合わせられない人

ムードメーカーだが、場のノリに合わせられない人を排除することも。ときにはノリの悪い人に苦言することもあるだろう。人にはそれぞれ事情があるので、相手の状況を思いやる心も身につけよう。

C 頼りがいがなく役に立たない人

人の役に立つことが重要と考えているため、その価値観に合わない人をバッサリと排除しがち。その人が役に立つか立たないかは、あなたの勝手な判断にもとづくものだとまずは知るべき。

D 自分のことを愛してくれない人

「あなたが大好きだから」とか、「あなたのためを思って」などと、すべての行動の理由に愛情を押しつけたがる。あまりにも自己愛の強すぎるあなたの言動に対して、周囲の人がうんざりしているかも。

問題4

直感でお答えください。あなたは1種類の食べ物しか受け付けない体になってしまいました。その1種類を選ぶとしたら?

C おにぎり	A チョコレート
D ショックで何もいらない	B リンゴ

「ひとりで生きる力」診断

何かに頼りたい状態のときに、口に入れたいもの。それは、自分ひとりで生きていく力の強さを投影している。

C ひとりで生きていく力 99%

おにぎり＝お米が表しているのは、力強く大地に根づき、生きていく力。しっかり地に足つけて生活していこうと思っているタイプ。生命力、生活力、責任感をかねそなえたあなたは頼もしい限りである。

A ひとりで生きていく力 20%

チョコレートは、人に甘える状態を表す。「きっと誰かが大変なことをやってくれるだろう」と、他人任せで自分に甘いタイプ。人に頼ってばかりでは、周りの人もげんなりして距離をおかれることだろう。

D ひとりで生きていく力 90%

こういった状況では、その1種類さえ受け付けない状態も考えられるとの深読みをしたあなたはしっかり者。うかつな行動をとらず、ひとりでしっかりと生きていこう、という意思をもっている。

B ひとりで生きていく力 30%

果物＝リンゴが表すのは「愛情に飢えている」ということ。自分でできることであっても、わざわざ人にお願いして、その人の愛情を確かめてしまう。限度がすぎると愛想をつかされるので注意。

第八章

変身心理学

ダメな自分が生まれ変わる！

変身心理学

3秒の力強い握手で自分が上だと知らしめられる

TRICKキーワード　握手

ビジネスや初対面での顔合わせなど、生活の中で多々訪れるあいさつの場面。あいさつの言葉とともにお辞儀をそえるのが一般的だが、自分の印象を一気にのし上げたいのなら、自ら『握手』を求め、相手の手を3秒、強く握るのがよい。

スウェーデンの心理学者アストロムによると、握手をする際に力強く握る人は、人付き合いへの抵抗が低く、積極的な性格な人が多いのだとか。同時に、握られた相手に「この人とは仲よくなれそう」という好意的な印象を与えるという。

また、握手をすることによって、相手の人付き合いレベルも読み解くことができる。一般的に、手のひらが乾いている人は、社交的で人付き合いが得意なタイプ。しめっている人は、内交的で人付き合いが苦手なタイプだといわれている。つまり、気になる異性と握手をしてみて、相手の手がしめっていた場合には、緊張している証拠。じっくり時間をかけて相手の心を開いていくのが有効というわけだ。

これができればあなたは…

デキる奴！

とっさの判断でコミュニケーション力アップ！

悪魔の格言

心を開きたくない相手には、軽くタッチ程度の握手で警戒を示せ

悪魔の実践度チャート

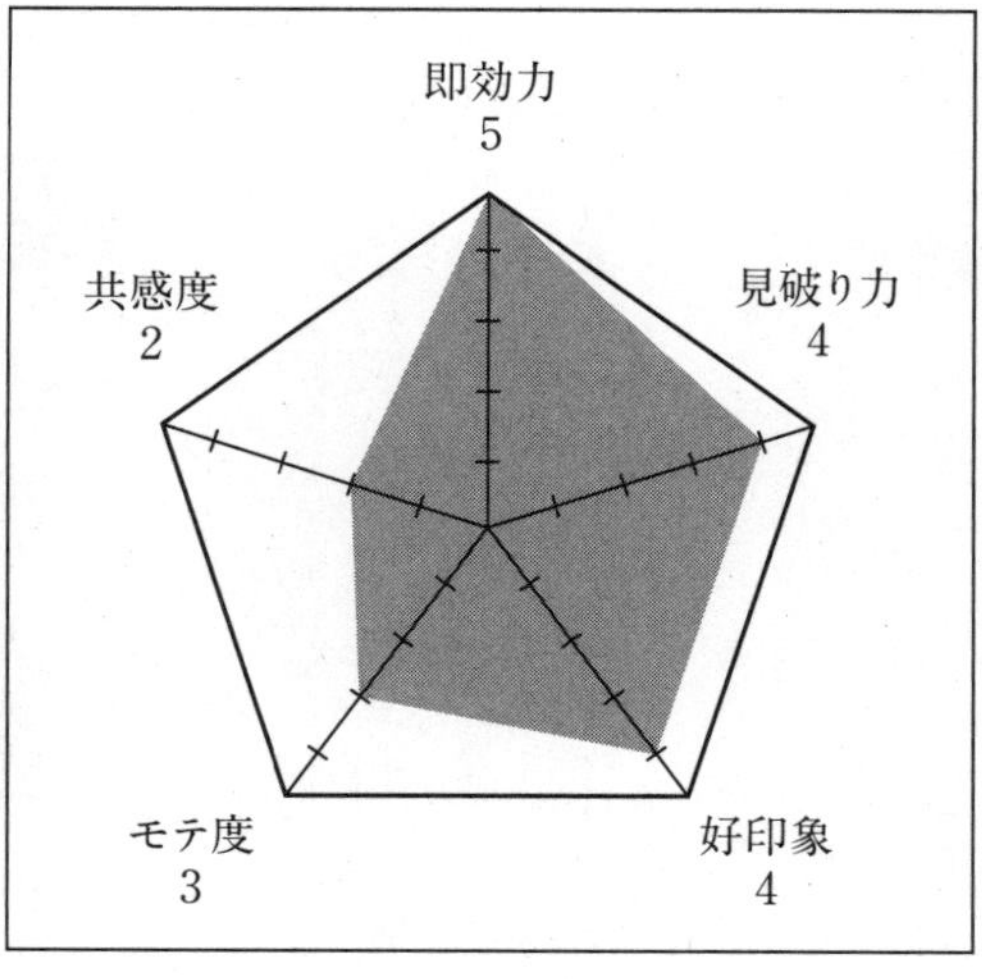

変身心理学

気にすることをやめれば嫌いな相手も好きになれる

TRICKキーワード　ポジティブシンキング

悪い人というわけではないがどうしても好きになれない。聖人君子でもない限り、誰しもそんな相手がいるだろう。そういう場合、その人自身というよりも、その人のもつ欠点が目につきすぎて嫌になっているケースが多い。ゆえに、相手の欠点がなくなれば「嫌い」という気持ちもなくなる。とはいえ、「過去と他人は変えられない」という言葉もあるように、相手の欠点を無理矢理直すのは難しい。

ではどうしたらいいのか。話は簡単。「あの人の○○という欠点が私は気にならない」と自分に暗示をかければいい。そうして相手の欠点について考えることを放棄し、怒りや苛立ちといったマイナスの感情にとらわれる前に、ポジティブな方向へ発想を転換させるのだ。

よくいわれるのが、相手の性格のよい面や自分との共通点を探してみるという方法。「あんな考え方や反応をするなんて、面白い人だな」というふうに、ただのモノめずらしい観察対象として面白がるのも手

これができればあなたは…

賢い奴

嫌な感情は自己暗示と発想の転換で制御可能

だ。また、嫌いな相手と仕事上のつながりがある場合は、その欠点を上手に生かす方法はないか考えてみる。欠点と長所は背中合わせなことが多いから、欠点を長所として活用するつもりで接したら、結果的にお互い満足のいくパフォーマンスができるだろう。これだけで、「嫌い」は「好き」に変えられるのだ。

コンプレックスや弱点など、自分の中の嫌な部分に本人が気がついていない、もしくは気がついていても抑えている場合、「投影」という防衛機制が働く。嫌いな相手の欠点は、実はあなたの中にもあるのかもしれない。

悪魔の格言

それでも嫌いな奴は「可哀想な人」と心中で思っておけ

悪魔の実践度チャート

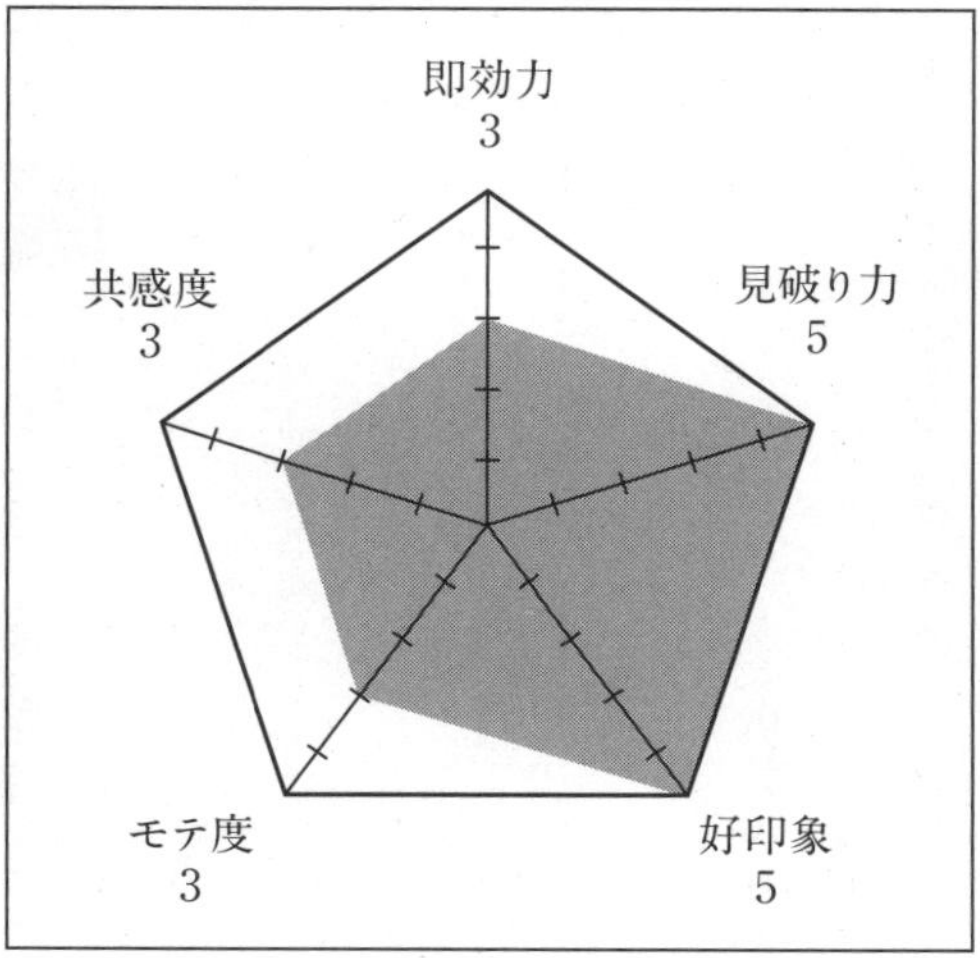

変身心理学

人の手の動きを観察すれば気の利く奴になれる

TRICKキーワード　自己親密性

人間は不安や精神的なショックなどを受けたとき、身近な人間との接触を求める傾向がある。そして、会社や営業先などそういった環境にない場合は、自分の体に触れることで安心感を得ようとする。これを心理学では『自己親密性』と呼んでいる。

実は、体の部位のどこを触るかによって、その人の現在の心理状態だけでなく性格まである程度読み取れてしまう。頬や頭を撫でるように触る人は、ミスをしたら優しく慰めてほしいタイプ。反対に頭を叩いたりする場合は叱咤激励を求めている。腕組みの場合、胸の前で腕を組む仕草は他者への警戒心が強い人物で、自分を抱き込むように組む仕草は緊張をやわらげようとしている。腰に手を当てる仕草は一見偉そうだが、心理学的には自己中心的で自己顕示欲が強いことの表れだ。

同僚や部下、恋人などが体の一部を触っていたら、その心理状況をくすぐる行動をとれば、気が利く奴になれるのは間違いない。

これができればあなたは…

デキる奴！

誰かが体の一部を触ったら、即行動！

悪魔の格言

体を触るクセがあったら、ポーカーフェイスは合なし

悪魔の実践度チャート

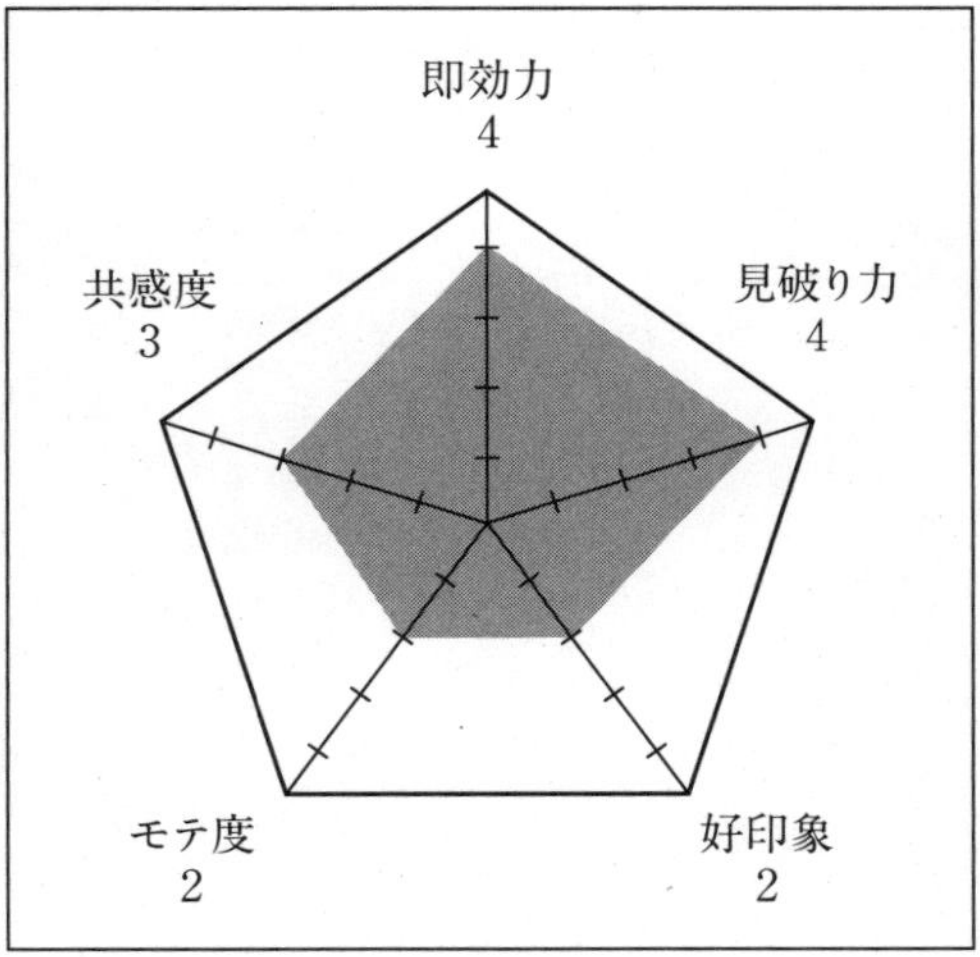

変身心理学

メモを取るだけでデキる新人に大変身

TRICKキーワード
インタビュー効果

新入社員は、積極的にメモを取るべきである。仕事上のミスを犯さないために必要なのは言うに及ばず、話のポイントとなる点をメモしようとすることで、必要な情報とそうでもない情報を頭の中で整理することができる。

だが、それだけではない。実は「話の最中にメモを取る」という行為自体が、相手に対して好印象を与える心理テクニックとなるのだ。

メモを取る行為は、「あなたの話をしっかり真剣に聞いていますよ」という無言のメッセージとなる。ただ相づちを打つだけだと、「自分の言っていることを本当に理解しているのだろうか」「聞いてるふりをしているだけなのでは」と不信感や不快感を抱かせてしまう可能性がある。しかし、話を聞きながらメモを取れば、相手は自分の話を熱心に聞いてくれると感じて、知らず知らずのうちに気をよくし、「一生懸命でカワイイ奴だ」などとあなたに好意をもってくれる。そうすればもう、懐に飛び込むのは簡

これができれば
あなたは…

メモ取り行為は「話を聞いています」アピール

単だ。実際、営業マンの研修では「お客様の言葉は必ずメモを取りながら聞くように」という指導をしていることが多い。

また、心理カウンセリングの現場においても、メモを取りながら話を進める手法は、より多くの情報を引き出す効果が高いとして推奨されている。人はインタビュー中にメモを取られると、自意識が高まったり注目を浴びていることをより強く感じたりして「より正確で多くの情報を与えたい」と感じるという。事件や事故の際、協力的な態度で積極的にテレビインタビューに応じている目撃者や関係者の心理状態がまさにそれだ。これを『インタビュー効果』という。

悪魔の格言

落書きOK！　上司の長話は、ペンを動かしてヒマつぶし

悪魔の実践度チャート

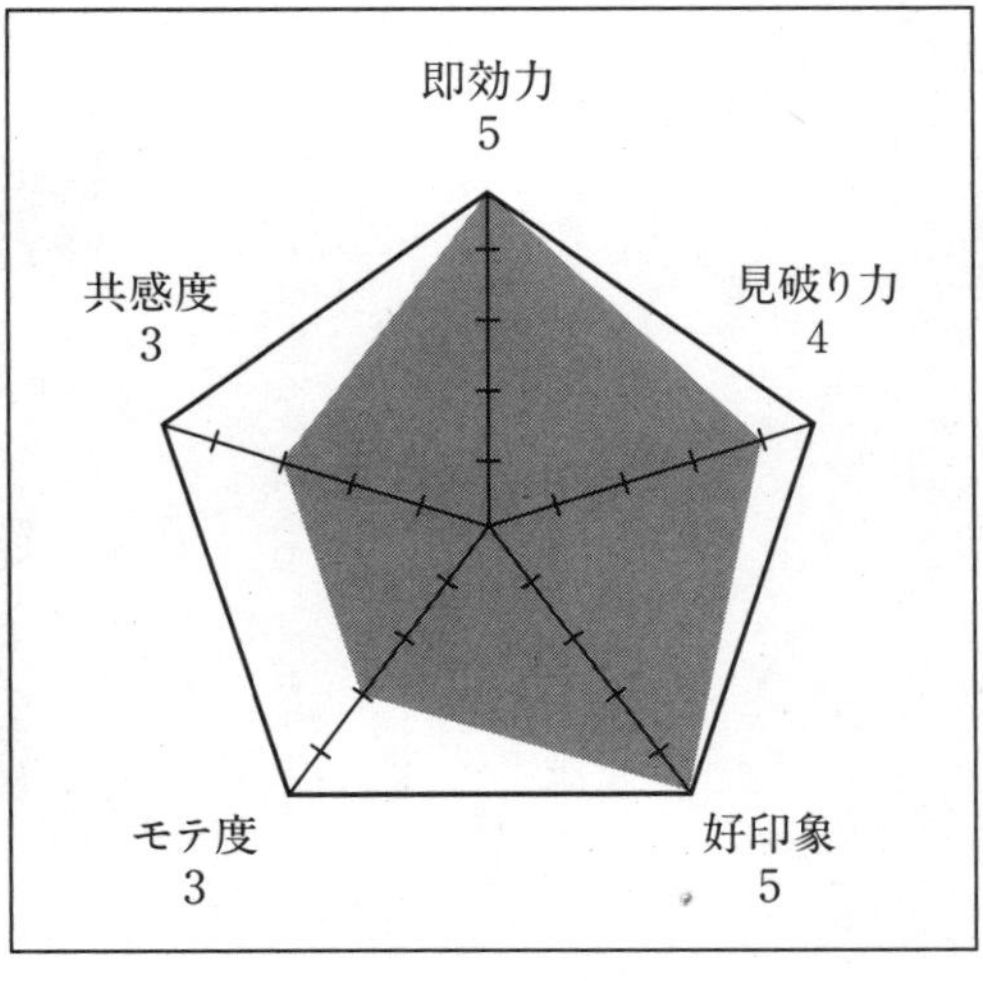

変身心理学

面倒な仕事を押しつければ頼れる先輩になれる

TRICKキーワード　自我関与

ある人とより親密になりたいとき、何かプレゼントをあげたり、面倒なことを代わりにしてあげたりで気を引こうとするのが一般的だろう。だが実は、そんなイメージとは真逆に、ちょっとだけ面倒なことを頼んだほうが親しくなれるのだとしたら首をかしげるだろうか。

このトリックを証明する心理実験がアメリカの大学で行われたことがある。その内容はまず、ランダムで集めた集団に、クイズを用いた実験を行い、60セント〜60ドルの賞金を与える。その後、集団の3分の1に対しては、クイズを出題した研究者が、研究資金が足りなくなってしまったという理由で賞金の返金をお願いしたのだ。もう3分の1には、別のスタッフが返金をお願いし、残りの3分の1にはそのまま帰ってもらった。その後、クイズを出題した研究者に対する好感度の調査を行った。普通に考えれば、まるまる賞金をもらった集団の好感度が高いはずである。ところが結果は、研究者が直接返金を頼んだ集団の好感度が

これができれば
あなたは…

賢い奴

頼れる人より頼みごとを
する人のほうが好かれる

もっとも高く、しかも返金額が高いほど好感度も上昇する傾向となった。より損をしたほうが満足度が高いというのは、純粋な経済理論からは考えられない実験結果である。

これは、相手のことを考えている時間や密度を意味する『自我関与』や、自分の行動と感情が食い違っている混乱を、行動で解決しようとする『認知的不協和』といった心理が関与していると考えられる。これを会社に置き換えると、自分ひとりで何でもこなす上司よりも、同僚や部下にどんどん仕事をお願いする上司のほうが周囲からの好感や信頼を集められるというわけだ。

悪魔の実践度チャート

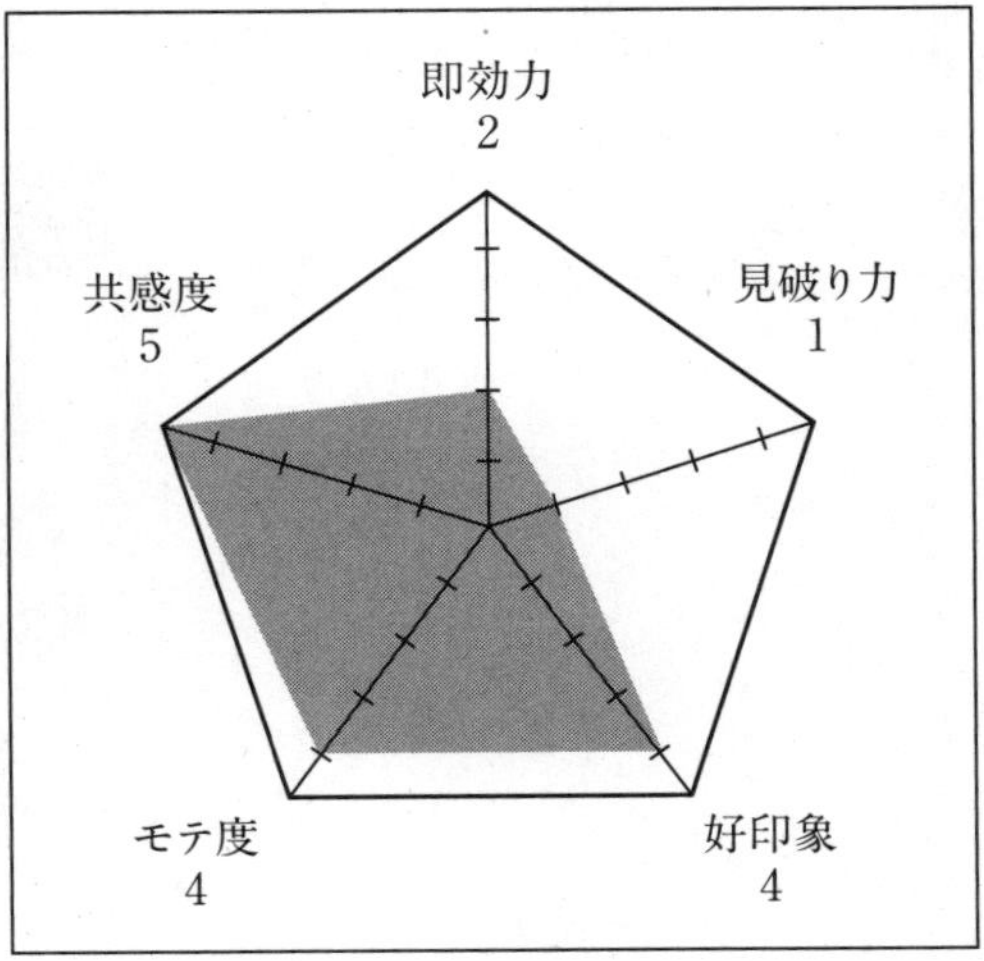

悪魔の格言

上手に頼みごとを使い分け、周囲の人間を飼い馴らせ

変身心理学

「一緒に悩むフリ」だけで信頼ゲット

TRICKキーワード　親切心

あらゆる人間関係において、親切心というのはたいへん重要な要素だ。あなたが誰かから相談を受けたら、めんどうだと思ってもできる限り親身になったほうがいい。人は自分に親切にしてくれた相手に好感をもつからだ。

だが、その相談内容が自分の手に余る場合など、現実的に力になれないこともある。そういうときはとりあえず〝一緒に考えて悩んであげるフリ〟をしよう。具体的な解決策が得られなくても、自分の悩みを共有してくれる相手がいるという安心感を与えることで、親切心をアピールできる。逆にここで「それは自分の手には負えないよ」と冷たく突き放してしまうと、相手は拒絶されたと感じてしまうだろう。

とはいえ、要求が高すぎたりタイミングが悪すぎたりしたら、はっきり断っても問題ない。ただしその場合は相手に恨まれないよう、要求に応えられない理由をしっかり説明し、グチを聞くなどのフォローを忘れないようにしよう。

これができればあなたは…

「協力者」スタンスが親切心アピールのカギ

悪魔の格言

長いグチを聞きたくなければ、とりあえず悩みを聞いてるフリ！

悪魔の実践度チャート

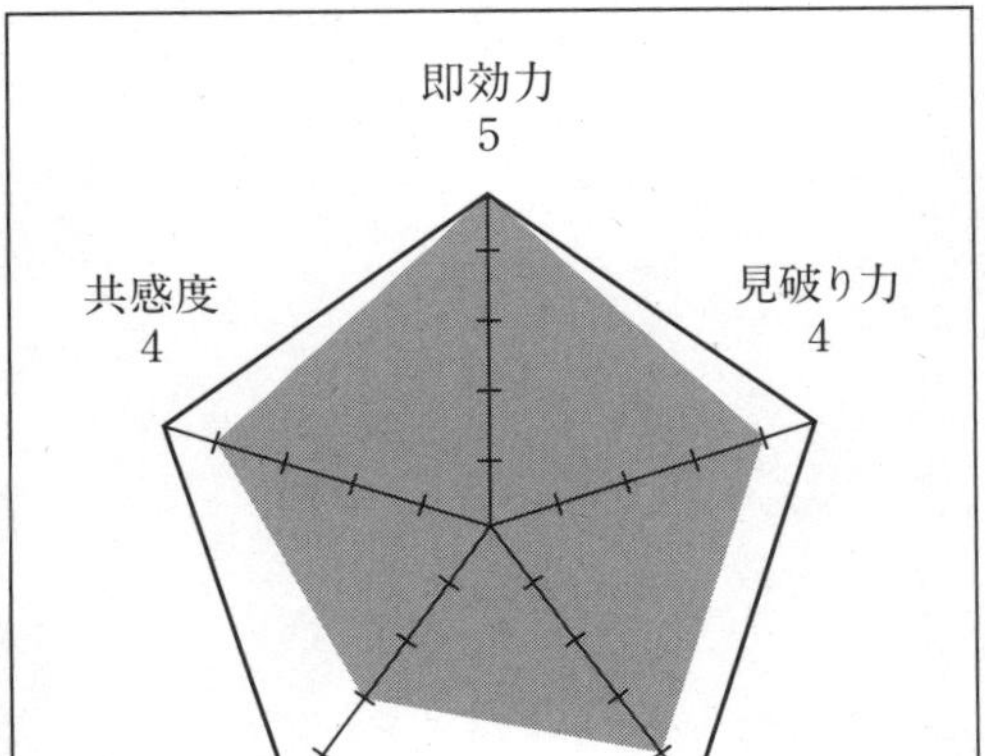

行きつけの店を多くもつとしゃべり上手になれる

TRICKキーワード ランチョン・テクニック

人間は食事で気分が満たされているときに相手の要求を受け入れやすい傾向があるという。この心理を利用したのが、『ランチョン・テクニック』と呼ばれる、飲食をしながら相手と交渉する手法だ。これはアメリカの心理学者のグレゴリー・ラズランが名づけたもので、おいしい食事や楽しい時間が話の内容にポジティブに結びつくというもの。ある心理学者が行った実験によれば、相手を説得するときに食事をとりながら説得する場合と、何も食事を与えないで説得する場合とを比べた結果、何も食べずに説得した被験者よりも、軽く食事をしながら説得した被験者のほうが自分の説得する内容を受け入れた人が多かったという。ビジネスマンが商談をまとめたい相手を小料理屋などで接待するのも、政治家たちが大事な話を料亭で行うのも、この『ランチョン・テクニック』の有効性が十分に認識されていることの現れといえる。

『ランチョン・テクニック』が有効な理由には諸説あるが、まずは料理や雰囲気を楽し

これができればあなたは…

デキる奴！

食事の場を利用した接待は交渉や頼みごとに有効

みたいという思いから食事中は対立を避けようとする心理が働くということが挙げられる。また、食事に伴う快楽や充実感を共有すると、そのときの話題や話し相手に対して好感をもちやすくなるともいわれている。そのほか、口の中にものが入っているときは納得できない意見を耳にしても反論しにくく「まあいいか」と思ってしまうからという説や、口を動かしている間は注意力が散漫になり冷静な判断ができなくなるからという説もある。誰かにお願いや依頼をしたければ、まずは食事に誘うこと。それがあなたのおごりなら、交渉事の成功率はさらにアップするだろう。

悪魔の実践度チャート

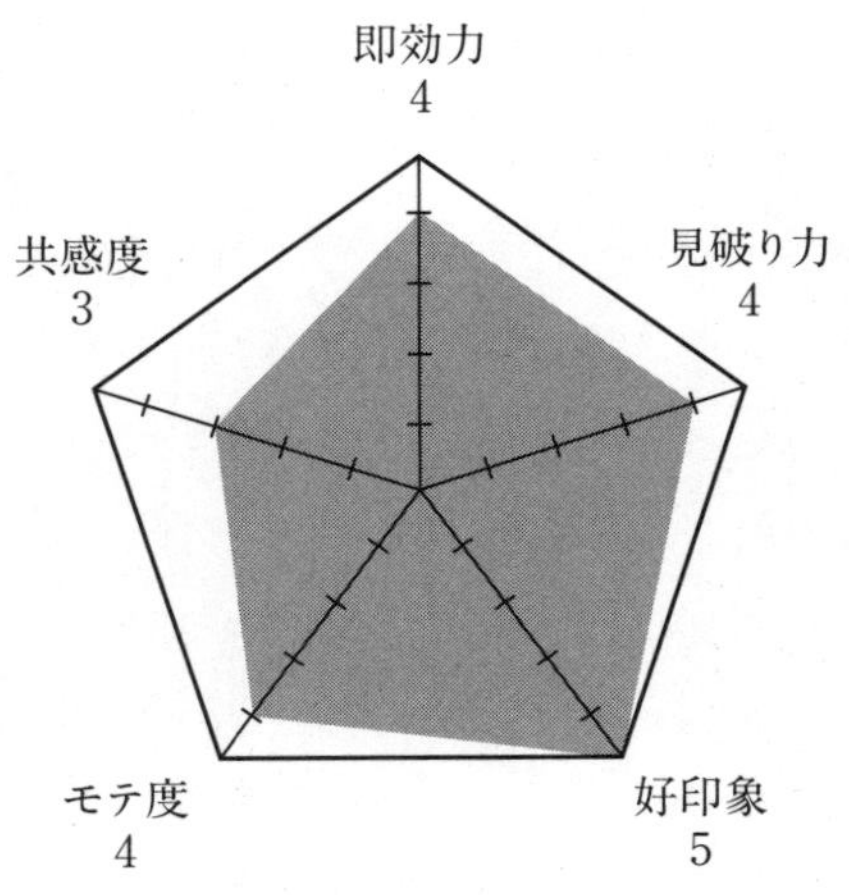

悪魔の格言

食事で得られる快楽や充実感を利用して相手を説き伏せろ

部長の謙遜を否定できれば昇格間違いなし

TRICKキーワード　再否定

褒め言葉は円滑な人間関係を築くために欠かせないもの。人間は基本的にナルシストであり、コンプレックスの塊で自分のことが嫌いだと公言している人も、心の奥底では「自分は他人より価値がある」と思っているものだ。そのため、人は褒められると自尊心がくすぐられ、少なからずいい気持ちになるのである。

　また、褒めるという行為はビジネスの場においても有効で、自分に対する好感度をアップさせ、相手の気持ちややる気を高める効果がある。実際、対人スキルが高いといわれる人はたいてい「褒め上手」だ。

　とはいえ、実は人を褒めるというのは意外に難しい。何でもかんでも褒めると「あいつはおべっかばかり使う」などと軽薄に見られてしまうし、褒めるポイントがずれていると逆に相手を怒らせることもある。また、日本人は謙虚さを美徳としているため、褒められて「ありがとう」とそのまま受け取ったりうまい返しができる人は少なく、たいていの人は「そんなことないですよ」

これができればあなたは…

さわやかホレ対象

褒め言葉が多い人は円滑な人間関係を生み出せる

と褒め言葉を否定してしまう。だが、それはあくまでもポーズであり、否定した本人は言葉とは裏腹に、本音の部分では必ず喜んでいるはずだ。だから、否定されたらすぐに『再否定』しよう。『再否定』とは、相手の謙遜や否定をさらに否定するテクニックのこと。たとえば「○○さんは上司からの信頼が厚いんですね」と褒めた相手が「そんなことないですよ」と否定してきたら、間髪入れずに「そういう謙虚なところも、信頼される一因なんでしょうね」と返す。そうすることで、2倍にも3倍にも相手を喜ばせることができ、うまく扱うことができるはずだ。

悪魔の格言

人は皆ナルシスト。謙遜を再否定して自尊心をくすぐれ

悪魔の実践度チャート

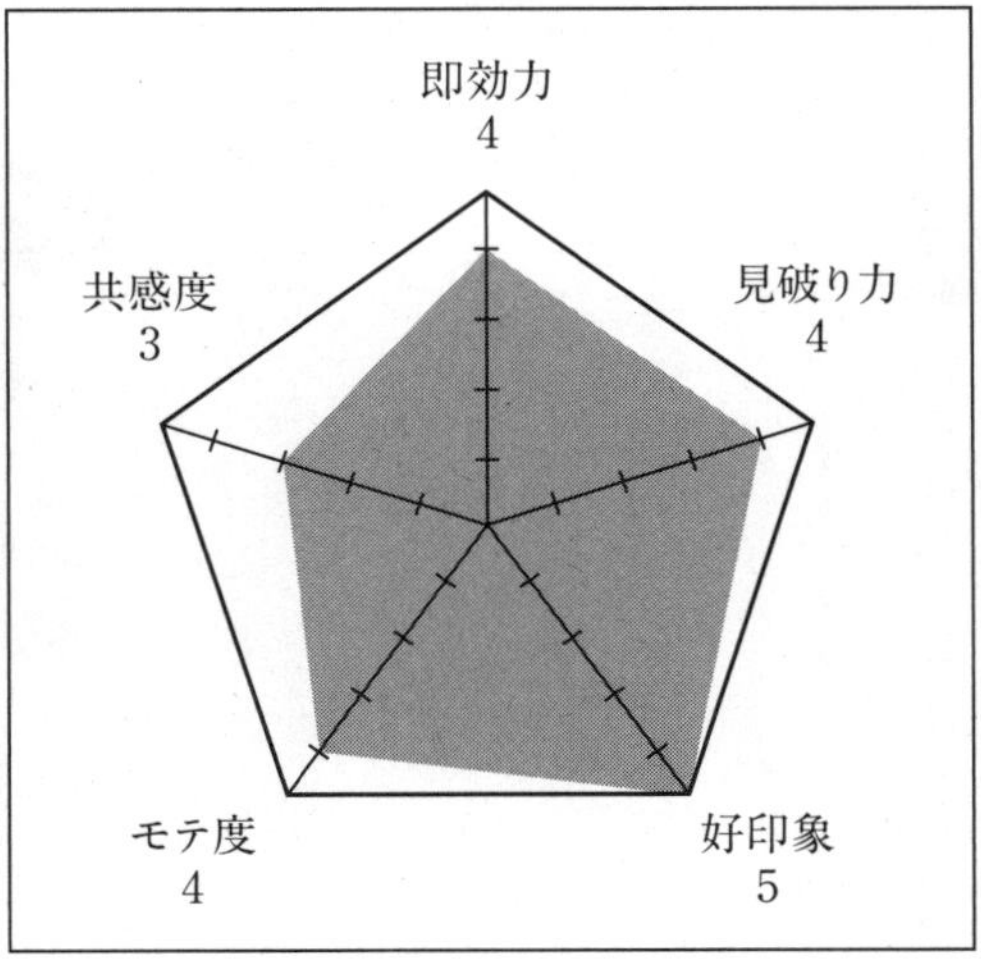

変身心理学

ウソでも元気にしていると本当に元気になる

TRICKキーワード　セルフコントロール

「病は気から」と昔からいわれているように、人間の体と心には密接な関係がある。それを裏づけた実験として世界的に有名なのが、ニューヨークのコーネル大学のウォルフらによって行われた「トムの実験」である。トムは9歳のとき、煮えたぎったクリームチャウダーを飲んだせいで食道にひどい損傷を受け、口から物を食べられなくなってしまった。その後、お腹に穴を開けて管を差し込み、そこから食物を直接胃に流し込めるようにする手術をコーネル大学で受けたトムは、以降自分の胃の動きを自分の目で観察できるようになる。その結果、トムが怒りを感じたときは血液の供給が増加して胃酸の分泌が高まり、逆に恐怖を感じたときには胃酸の分泌と筋の運動が衰えたという。

　こうした特殊な実験例を引くまでもなく、体と心が連動していることを実感する機会は多い。悲しい気持ちのとき、ひとりで泣いていたらよりいっそう悲しみは深くなり、体が重く感じるのもその一例だ。

これができれば
あなたは…

落ち込んだ気持ちは「フリ」で自分を変えられる

そういったマイナスの感情にとらわれたときに気持ちを浮上させる最善の方法は、「快活そうに振る舞う」こと。

野球やバレーボールなどのスポーツにおいて、ピンチに陥った選手たちが大きな声をかけ合っている姿をよく見かけるだろう。そうして大声で自分たちを鼓舞しているうちに自然に体が動くようになり、勢いが出てくるのである。

このことからわかるように、落ち込んだときや苦しいときに気持ちを浮上させたければ、まずはあえて快活そうな「フリ」をしよう。それにより、あなたは実際に明るさを取り戻すことができるはずだ。

悪魔の格言

人を欺くにはまず自分から。フリはいつしか本当となる

悪魔の実践度チャート

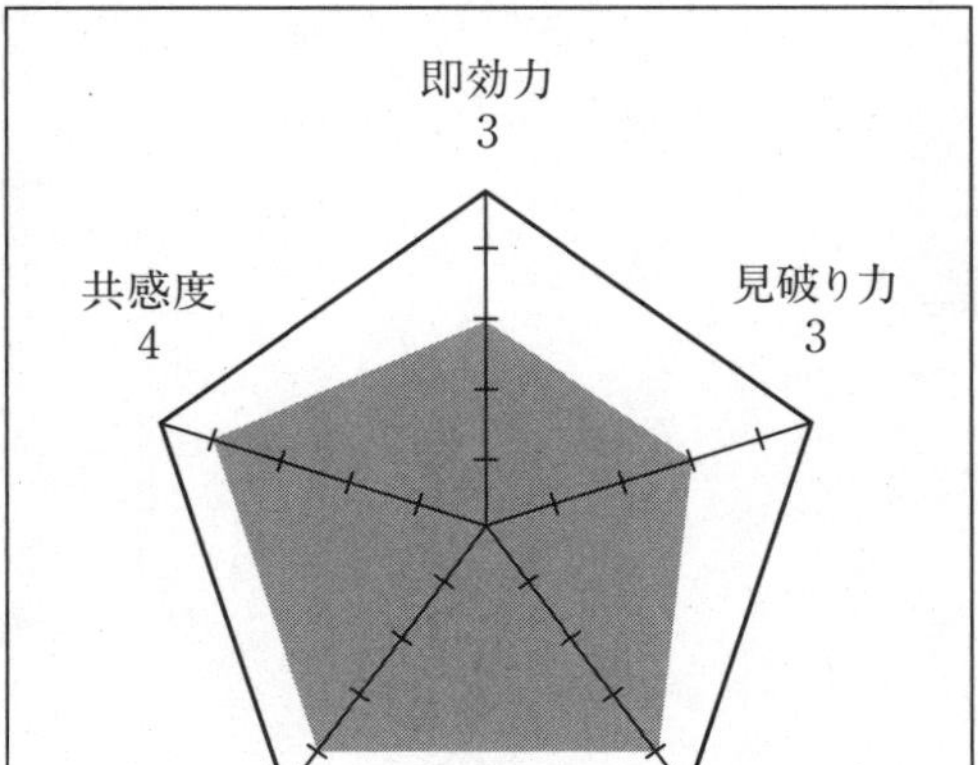

変身心理学

入室と退室を堂々とすれば「デキる奴」になれる

TRICKキーワード　初頭効果・新近効果

これができれば
あなたは…

さわやかホレ対象

第一印象と別れ際の一言が好印象の重要なカギ

人は物事を第一印象で判断するもの。人間相手の場合、初対面から3分で相手に与える印象はほぼ決まってしまうといわれている。そして最初によくない印象をもってしまうと、その後はその対象に関して自分の感じた第一印象が正しいことを証明するような情報ばかりを（無意識のうちに）拾い上げ、自分の直感が正しいと思い込もうとするという。

このような判断の歪みを『仮説検証バイアス』という。そして、これは対人関係に限った話ではない。

各企業が新たな商品やサービスを開発する際、内容そのものとともにロゴやカラーやデザインに気を配るのも、少しでも自社のイメージをアップさせたいからである。

このように、最初に得た情報が印象を強く規定することを『初頭効果』と呼ぶ。これに対して、最後に得た情報が強く規定することを『新近効果』という。たとえばある人物を指して「あの人はとても優しいが、優柔不断だ」と言うのと「あの人は優柔不断だが、とても優しい」と言うのでは、受けるイメージが異なってくる。最初に否定的な言葉があっても、その後に続く肯定的な内容のほうが記憶に残るため、全体的な印象はよくなるのである。会議の席上などで最後に出された意見がもっとも強く印象に残るとされているのは、この『新近効果』による。

つまり、人に好印象を与えたければ、最初と最後の両方とも肝心ということになる。初対面なら最初の3分間で好印象を与えられるような見た目や言動を、プラス別れ際に相手の記憶に残るような言葉を、というわけだ。

悪魔の格言

どんなに相手を否定しても、最後に褒めれば万事OK

悪魔の実践度チャート

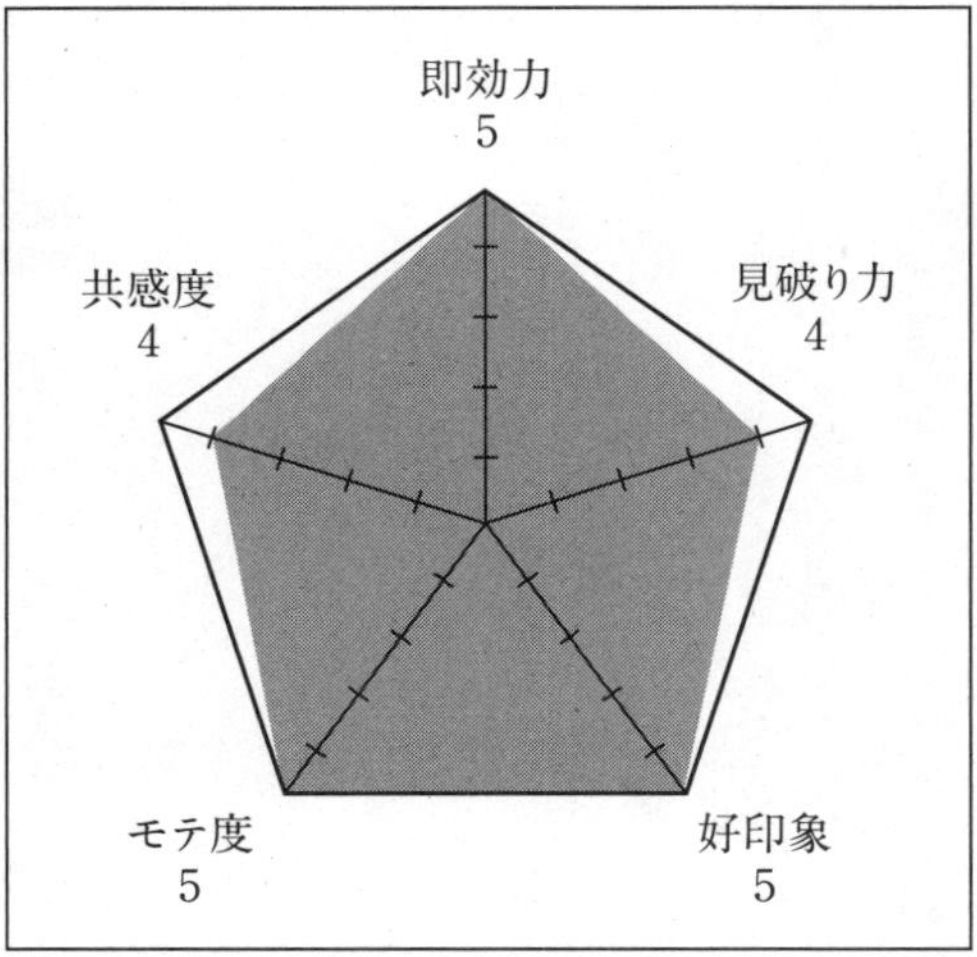

質問と相づちを挟めば会話が得意になる

TRICKキーワード　自己関連付け効果

ルックスがいい、スポーツ万能、社会的地位が高い、話題が豊富で面白い……。男性のモテポイントとしてよくこれらの点が挙げられるが、実はもっと大事な要素がある。それは「聞き上手」だ。

どんな人でも、最大の関心事は自分自身のこと。自分に関連する情報に対しては知りたいという気持ちが敏感に反応するし、身近に感じられるから印象に残りやすい。これを『自己関連付け効果』という。女性に好かれたければ、自慢話を延々としたり好意をガンガンアピールしたりするより、相手の話をひたすら聞いてあげるほうが、好感をもたれやすいのだ。

とはいえ、相手から話題を引き出そうとして「趣味は?」「好きな男性のタイプは?」などと矢継ぎ早に質問をするのは逆効果である。相手は探られているように感じ、警戒してしまうだろう。そういうときは、相手の近況など当たり障りのない話題を振るのがよい。

たとえば「最近どこかに出かけた?」と

これができれば
あなたは…

なんか気になる奴

人は自分の話を聞いてくれる人に強い関心をもつ

いう質問を投げかけてみる。それで「先週末、映画を観に出かけた」というような言葉が返ってきたらしめたもの。その映画の感想や好きな映画のジャンルなどに話を展開させれば、自然に相手の話を引き出すことができる。その際、さらに相手を話しやすくさせる効果として有効なのが「うなずき」や「相づち」だ。これらを適度に挟むことで、相手は「自分の話を理解してくれている」と安心して話を続けることができる。

「うん」「はい」といった単調なものだけではく、「へえ〜、そうなんだ」、「すごいなあ」などとバリエーションをつければ、会話のテンポが上がり、ますます盛り上がるだろう。

悪魔の格言

聞き上手になればお金を使わず異性のハートをわしづかみ

悪魔の実践度チャート

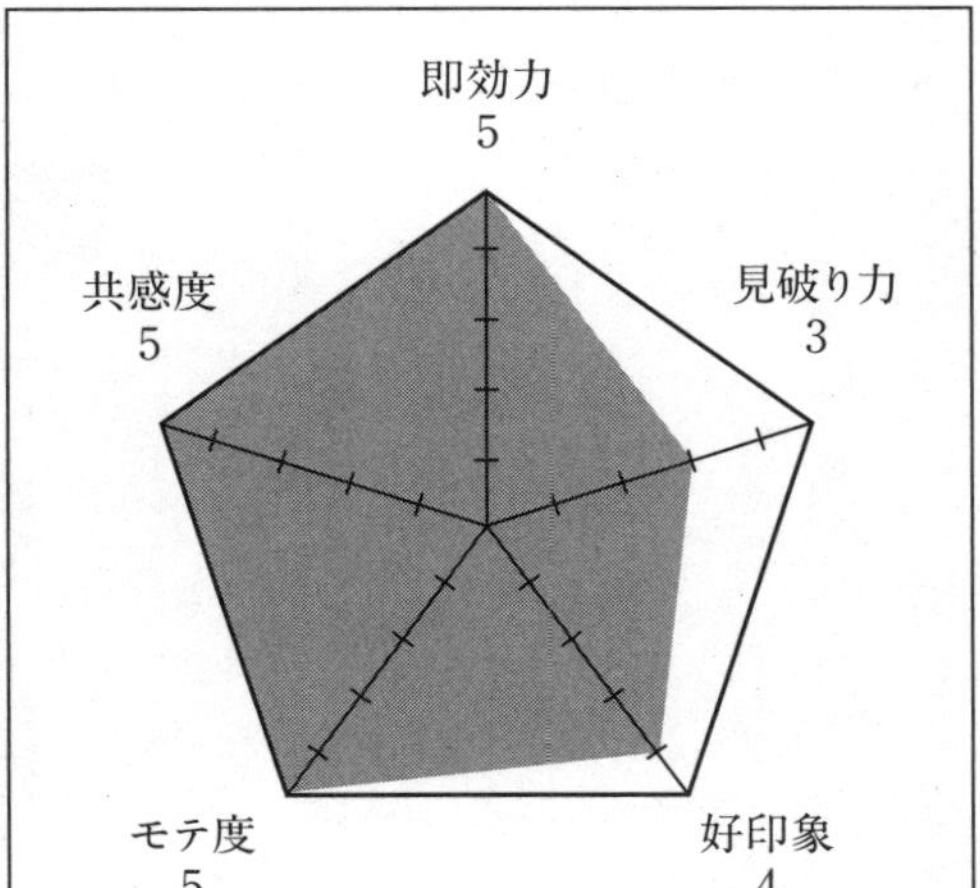

失敗を口にしなければ失敗知らずの人間になれる

TRICKキーワード ハウリング効果

「失敗は成功のもと」とよくいわれるが、実際問題一度失敗すると、そこから挽回するのはとても難しいものだ。一度の失敗でおじけづくことなく、むしろ失敗をバネや教訓とした者だけが成功者となる。大切なのは明確な目標をもち、その目標に向かって絶えず軌道修正していく努力や態度だ。

成功者に共通する点としてもうひとつ挙げられるのが、「個人的な失敗を口にしない」ということ。彼らが過去の失敗について触れるときは、たいてい「あの失敗があったから、今の成功がある」というように前向きなプラス評価で語る。失敗だけを口にすることは、マイナスにしかつながらないからである。

反省することは大切だが、反省しても仕方のないことをいつまでもウジウジと悩み続けるのはまったくのムダである。『ハウリング効果』によって、再び同じ失敗を繰り返す可能性が高くなるだけだ。

ハウリングというのは、スピーカーが「キ〜ン」という音を出す現象のこと。「スピー

これができればあなたは…

失敗をプラスに評価することが次の成功への近道

カーの音がマイクに入る」→「増幅された音がスピーカーから出る」のループによって発せられるもので、たいへん耳障りなものである。

これと同様に、失敗したことをいつまでも悩んでいると、いざ同じ事態に直面したとき、「もしかしたらまた失敗するのではないか」という意識が増幅されやすくなるのだ。反省は人を萎縮させてしまう。いつまでも過去の失敗を悔やむぐらいなら、「反省なんかしない」と大胆に割り切ってしまおう。そして、やる気や何かを発想するエネルギーが赴くままに行動する。それが成功へのカギとなるのだ。

悪魔の格言

反省だけならサルでもできる。過去の失敗にこだわるな

悪魔の実践度チャート

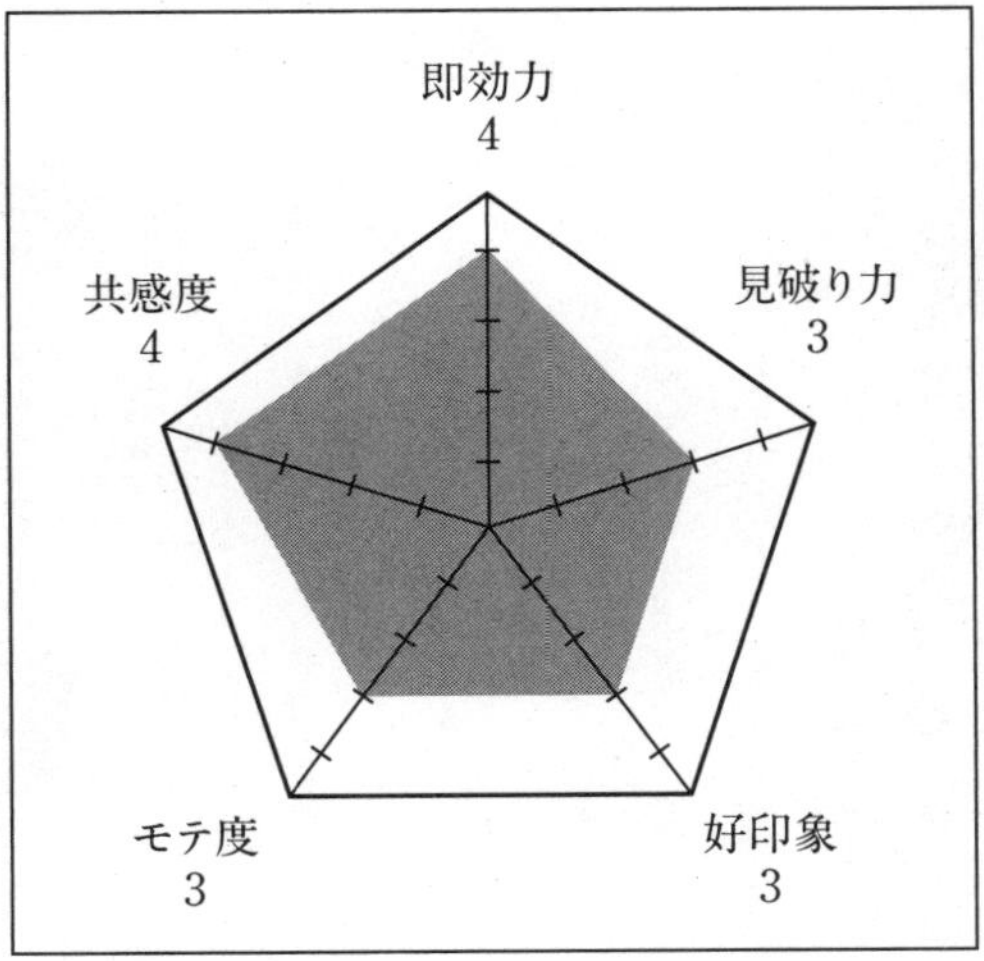

服装を少し乱すだけでまた会いたいと思われる

TRICKキーワード　認知的不協和

かつて日本では、後ろ姿のきれいな人は「バックシャン」と呼ばれていた。現在でも、キュッと締まった足首、張りのあるヒップライン、くびれたウエスト、ピンと伸びた背中といった、きれいな後ろ姿の女性を町で見かけると、「美人なのではないか」と期待して顔を確認しに行ってしまう男性は多いだろう。裏返せば、後ろ姿がきれいな人は一目惚れされやすいといえる。恋愛勝者になりたければ、後ろ姿にもご注意を。

また、「適度な着崩し」も一目惚れ確率アップのポイント。コンサバすぎる服装や雑誌から飛び出したような流行最先端の服装は既視感があるためあまり印象に残らない。一方、どこか適度な着崩しには「あれ、何か違うな」という違和感が残る。そして相手の心の中では、この違和感を「こんなに気になるのは、きっとこの人が好きだからだ」と認識することで解消しようとする心理作用が働く。これを『認知的不協和』という。つまり、違和感は恋のはじまりのきっかけとなりやすいのである。

これができればあなたは…

なんか気になる奴

美しい後ろ姿と適度な着崩しが恋を呼び込む

悪魔の格言

後ろ姿に恋をして、正面姿で恋が終わることもある

悪魔の実践度チャート

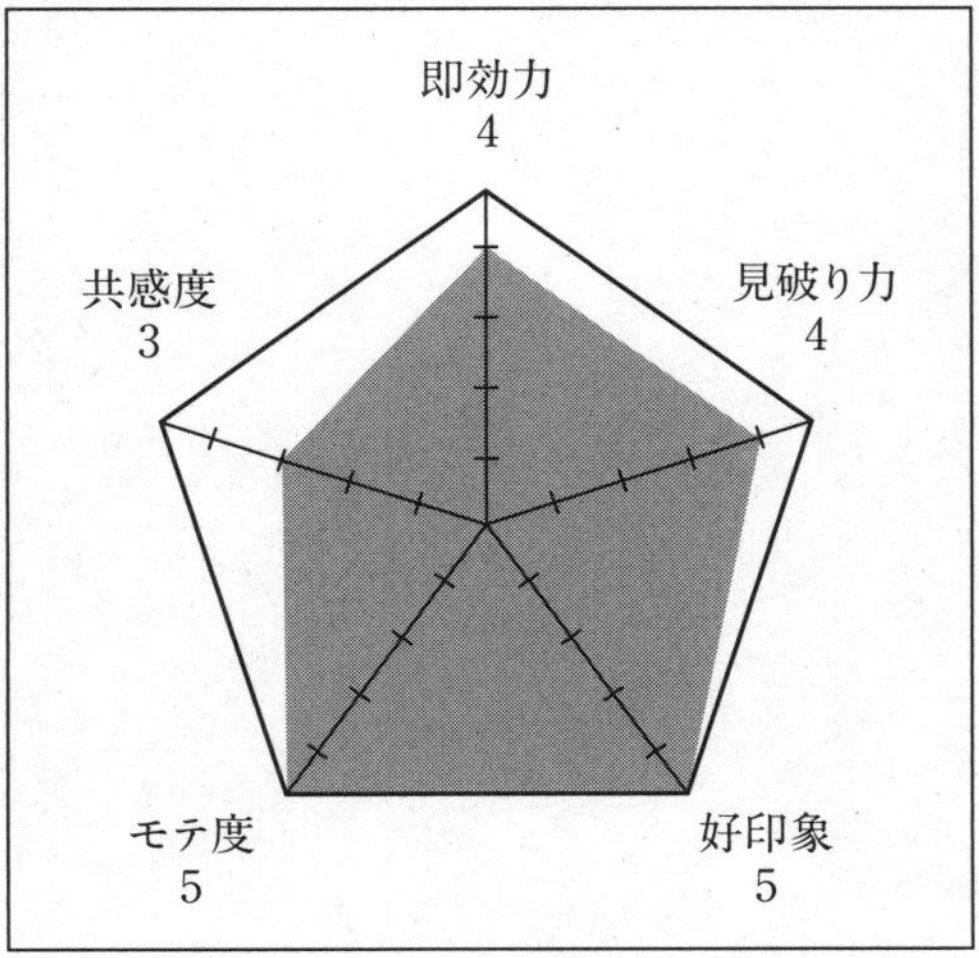

あなたの本性がわかる
心理テスト⑧

自分を変身させる努力はしているか!?
自分の本当の性格がわかる!

問題1

万引きの容疑をかけられたあなたは、お店の店先で店員さんに引きとめられてしまいました。どうする?

C 泣きわめく	A あきらめずに容疑を否認
D 罪をかぶる	B 店員さんにキレる

「友達に抱かれる第一印象」診断

容疑がかかったとき＝自分が何かに染まりそうになった瞬間の様子は、あなたの第一印象を投影。あなたはあなたの友達に、どんな第一印象をもたれているのだろうか。

C 第一印象では気弱な人

Ｂと同じく、自分の感情をセーブするのが苦手なタイプ。はじめて会う人がいる場面ではどうしても心細くなってしまい、それが行動にもにじみ出てしまうため頼りない印象を持たれてしまいがちだ。

A 第一印象から好感度の高い人

あきらめずに容疑を否認するのは当たり前の行動。ただ、非日常的な場面でそれをしっかりとやり切るのは簡単なことではない。それができるあなたは、しっかりした印象を人に与えられるだろう。

D 第一印象に後から苦しむ人

自分を押し殺してまで頑張るあなたの第一印象は、ズバリ標準的。その標準的な第一印象を後々までキープするのが大変で、耐えきることができず、人間関係を途中放棄してしまう可能性も。

B だんだんと挽回していく人

自分の感情をセーブするのが苦手で、非日常的な場面で心を冷静に保つのが下手。挨拶や自己紹介をするときは緊張してしまい、普段の自分を出し切れないが、時間がたてば本来の自分を見せられる。

問題2

朝、出かけようとしたら、家族に「ねえ、ちょっと!」と呼びとめられました。その理由は何だった?

C パンツが見えてしまっていた	A 家にイタズラ電話がかかってきた
D 靴が汚れていた	B 洋服にタグがつきっぱなしだった

「誰にも触れられたくない点」診断

友達をはじめとする周囲の人に、決して触れられたくないこと、もっともバカにされたくないことを探るのがこのクエスチョン。あなたの心に眠るコンプレックスを暴いていこう。

C 性的欲求について

Cを選んだあなたは、性的欲求のとても強い人。いつも衝動を抑えることに必死で、時に友達との会話中に上の空になってしまうことも。自分の中に渦まいている性的欲求を抑える努力を欠かさない。

A 社会的地位について

姿の見えない誰かによる辱めを想像したあなたは、社会的地位が低いことを嫌うタイプ。人に尊敬されたいという思いを人一倍強くもっており、他人に見下されるのを極端に嫌う。

D 性的テクについて

靴は性的テクニックを象徴する。これを汚れていると感じた人は、テクニックの不足を気にしているきらいがある様子。まずは相手に心を開き、お互いに満足できる関係をつくることからはじめて。

B 経済状況について

洋服が象徴するのは経済状況。あなたは人におごられることが大嫌いで、余裕のある生活を送っていると思われたい人。給料日前でも弱みを見せたくないので、つい見栄を張って無理をしてしまう。

問題3

ペットショップに行ったあなたの目に飛び込んできたのは、ある生き物の愛おしい姿でした。その生き物とは？

C イグアナ	A カメ
D フェレット ※イタチの一種	B 犬

「必要とする本当の友達」診断

家に連れて帰りたくなるほど愛おしく映る動物は、あなたが日常的に欲している資質を備えているもの。それはすなわち、あなたが友達に求めていることそのものです。

C 会話が心底楽しい友達

今の自分の友達のことを本音では「つまらない」、「飽きてきた」などと思っている人。一緒にいると刺激をもらえたり、会話をするたびに新しい発見があったりするような友達を欲している。

A 刺激の少ない友達

毎日忙しいあなたは、無理に誘ってきたり、無理に面白い話をしてきたりする相手が苦手。友達にもマイペースであることを求め、ガツガツしていないゆったりとした関係性を望んでいる。

D 深く語り合わない友達

「深く語る」、「悩みを打ち明ける」なんて一切したくないあなたは、ウェットな人間関係に拒否感を抱く。楽しむだけ楽しんだら、スパッと別れて、翌日もまた元気に楽しむ、サバサバした関係が好み。

B 自分に服従する友達

世の中の「探り合い」込みの人間関係に疲れているのがあなた。友達との間では素直な感情をぶつけ合いたい、自分の言うことを全部受け入れてほしい……と口には出さずとも思っているはず。

問題4

偉大な研究者が、あなたに魔法の薬をプレゼントしてくれました。次のうち、あなたがひとつ選ぶとしたら、どれにする？

C　時をとめられる薬	A　どこへでも行ける薬
D　透明人間になる薬	B　タイムスリップできる薬

「トラウマをもつ対象」診断

選択肢にあるのは、今の時点では非現実的な薬ばかり。あなたが現実でなくしたいと思うほど、嫌な対象が、選んだ薬の効果からわかる。

C 人間にトラウマあり

時をとめて行いたいのは、人助けでしょうか。それとも……？　人目に触れずに行うことといえば、悪事のほうが多いもの。そんなあなたがトラウマをもつ対象は、時間や過去ではなくズバリ人間。

A 場所にトラウマあり

Aを選んだあなたには、ある場所にトラウマがある傾向。そんなあなたの敵は自分の力への不信感。今は過去とは違う。今の自分の力を信じて、その場所やその過去を封印するべき。

D ライバルにトラウマあり

自分の存在を否定し、透明人間になりたいあなた。トラウマをもつ相手はもちろん人間、しかもライバル。自分の存在を消してまで、相手を苦しめたいと思ってしまうほどのライバルがいるのでは？

B 過去にトラウマあり

捨て去りたい過去がトラウマ。その過去とつながった現実から目を背けるために、未来のことを考えるクセ、妄想癖があるかも。現実逃避をするのはたまにはいいことだが、常にとなると大問題。

第九章

「危ない」を回避する！

長生き心理学

長生きしたければ人付き合いをよくしろ

TRICKキーワード　人付き合いと寿命

人間にとって最大のストレスは、人間関係にほかならない。そして「人付き合いのうまい人ほど死亡率が下がる」という、ある意味納得できる説を発表したのが、ラ・シエラ大学のレスリー・マーティンだ。アメリカでは、ある子どもが、成人し老人になって死ぬまでを70年以上の歳月をかけて追跡調査されたことがあり、彼はそのデータを使ってこの説を導いた。

彼によると、子どもの頃から人当たりのよさ、気立てのよさで高得点をとった人ほ

好感度アップ!

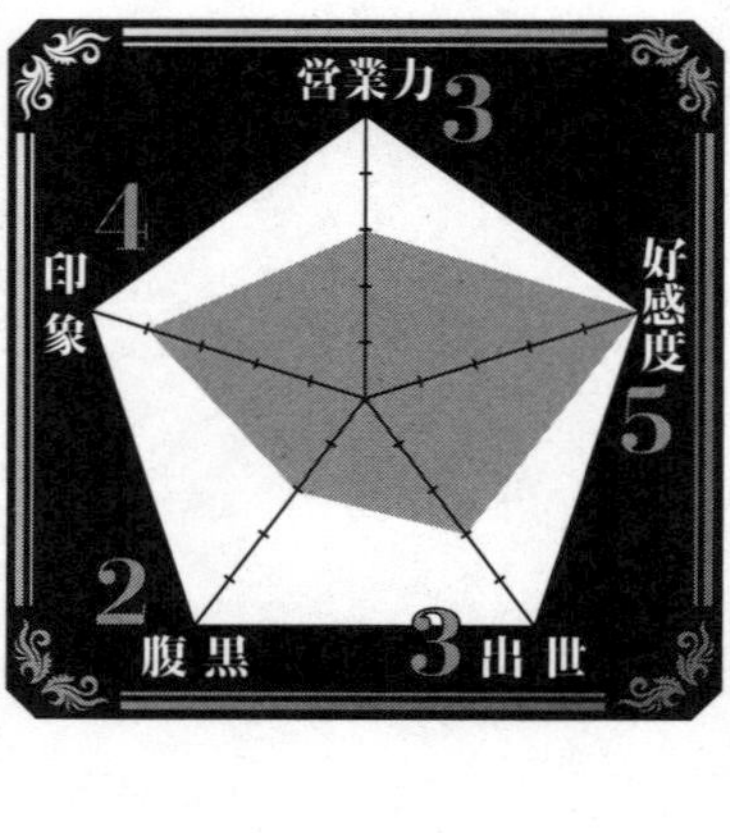

ど長寿だったそうだ。つまり、人付き合いのうまい人は長生きできるということなのである。

誰とでも仲よくなって敵をつくらない人ほど、あまりストレスを感じず、一方、人付き合いの苦手な人はそのことでストレスを感じてしまうのは明白である。

人付き合いが苦手だからといって、この先の人生を一匹狼として送る必要はない。ほどほどの距離でそれなりに仲よくやっていけばいいのだ。

人間関係が苦手な人は、ある程度は演技で気立てのよさを演出するのも手である。たとえ不機嫌であっても、いつもニコニコしていれば、周囲の人は「あの人は気立てがいい人だな」と勝手に思い込んでくれる。また、人とおしゃべりする機会を増やせば、それだけで人とうまく付き合えるようになる。理屈などはこの際どうでもよく、カナヅチの人が下手くそでもプールで泳いでいれば、それなりに泳げるようになるのと一緒である。難しいことは考えず、ただニコニコしてストレスを溜めないように過ごすのが、長生きの秘訣である。

悪魔の格言

人付き合いがうまいだけでストレスフリーの長寿人生

長生き心理学

誕生日前後は自殺に気をつけろ

TRICKキーワード

バースデーブルー

誕生日が近づくと年甲斐もなくワクワクする……しかし誰からも祝ってもらえず、誕生日当日をひとり酒で過ごして「俺もいい歳になったなぁ……」と落ち込んでしまった経験はないだろうか。

アメリカの心理学者、デビッド・リスターによると、自殺者の中でも誕生日前後の28日以内に自殺する人が異様に多いのだという。なぜか自分の誕生日前後の28日以内には「もう死んじゃおうかな」という気弱な心理に陥りやすく、衝動的に自殺してしま

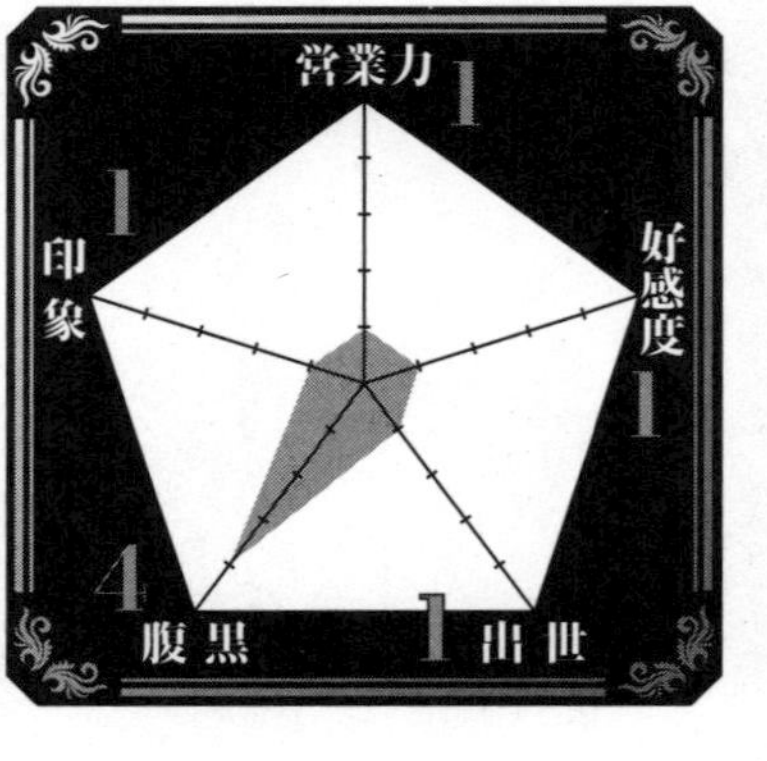

悪魔の格言

誕生日には余計なことをせず、淡々と過ごすべし

うのだという。これを彼は「バースデーブルー」と名づけている。

このバースデーブルーを乗り越えたからといって、まだ安心は禁物。ウィーン大学の心理学研究所では「生まれた月の1ヶ月後が危ない」という報告をしているのだ。自分の誕生日が来ると、どうも人間は気が抜けるのか、冷静な判断力を失ったり、注意力が散漫になるようだ。

つまり、誕生日だから浮かれたり沈んだりをせずに、淡々と過ごすほうが心と体にいいのだ。

誕生日から受ける悪影響
誕生日を祝われなくても……
誰にも祝われない俺は、つまらない人生を送っている……
うつっぽくなる
加齢による落ち込み不安
衝動的な自殺を引き起こす
誕生日を祝ってもらっても……
ウキウキ
ワクワク
おめでとう!
ステキな年になるといいね!
気が抜けたり注意力散漫
いつもなら回避できる事故に遭ったりする
仕事や趣味に没頭して誕生日を忘れるのも手

ケンカはするな ケンカっぱやい人は早死にする

TRICKキーワード
闘争心と長寿

ライバルと切磋琢磨し、お互いを成長させていく……ドラマに出てきそうな理想の社員像だが、これも程度の問題であって、激しい闘争心をもつことも良し悪しである。ライバルに負けたとしても全力を尽くしたことで清々しい気持ちになれればいいが、相手をぶち殺したくなるようなら、そんな闘争心は捨てたほうがいい。

デューク大学のレッドフォード・ウィリアムズが、1900人の中年男性を25年間にわたって追跡調査したところ、誰でも張

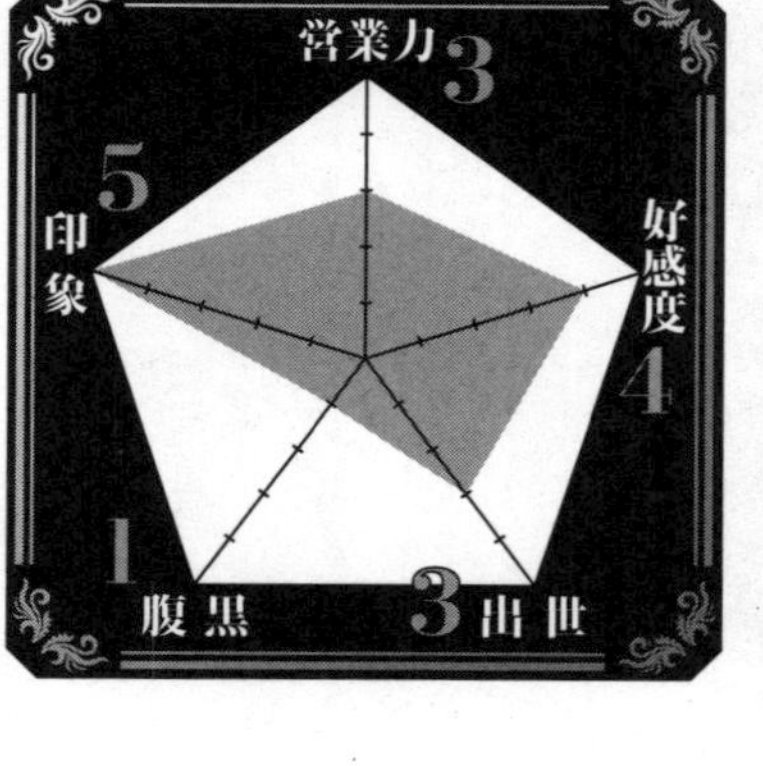

り合おうとするケンカっぱやい人は、心臓病にかかる確率も死亡率も、そうでない人の5倍も高かったという。ライバルとの勝負の結末は、サラリと受け入れるのがいい。負ければ少しは悔しい思いをするかもしれないが、相手を恨むのは筋違いである。

どうしても本気の勝負で勝ち負けにこだわるのなら、勝負そのものをやめてしまえばいいのだ。勝敗にこだわりすぎて、負けてイライラすること自体、あなたにとってマイナスだからである。

もし相手に勝負を吹っかけられたら「すぐムキになるから勝負しないことにしている」とかわせばいい。負けてイライラすることを考えたら、よっぽど賢明である。

どうしても勝負が避けられないときは、ムキになって全勝を狙うのではなく、「ときどき勝って、ときどき負ける」という大人の対応が必要だ。うまく負けることも人間関係には重要なことである。

快感と不快感がはっきりする勝負というものは、人間関係をこじれさせる原因ともなる。ほどほどに競争して、お互いに楽しみながら成長するほうがベターである。

悪魔の格言

闘争心が強いと寿命が縮む。勝負であってもほどほどが一番

長生き心理学

ギャンブルには負けておけ 勝って依存するとやめられなくなる

TRICKキーワード　ギャンブル依存症

「ギャンブル依存症」が社会問題化してきてしばらく経つ。これは、通算では負けているにもかかわらず、勝ったときの快感が忘れられずに現実感覚をなくし、客観性が麻痺して「また勝てる」と思い込んでしまうために起こる。

人間というのは、一度勝つと調子に乗る生き物である。昔の人はうまく言ったものである。「勝って兜の緒を締めよ」という言葉は、なるほどギャンブルのためにあるようにすら感じる。

イメージ操作

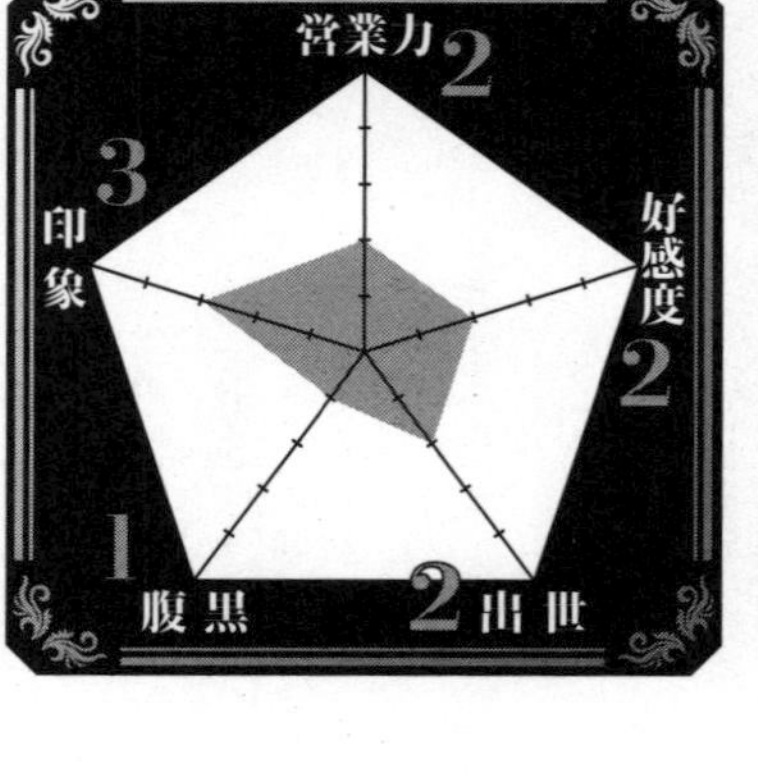

悪魔の格言

大負けして「自分には向いていない」と見切りをつければ、依存症にはなりにくい

ノース・ダコタ大学のジェフリー・ウェザレイが大学生にスロットをやらせ、勝てば現金がもらえるという実験をした。そのスロットは人為的に操作されていて、「大勝ち」するグループと「勝てない」グループに分けられたのだが、大勝ちグループではいったん勝ったことに味をしめ、「俺なら勝てる」と誤った期待をもつようになり、スロットをやめられなくなってしまうことが判明した。

時として、勝負には負けておいたほうが、自分にとってプラスになることがある。

ギャンブルもそのひとつだ。手痛い目に何度かあって、自分には向いていないと明確な理由が得られれば、依存症に陥りにくいのだ。

「あのときの興奮よ、もう一度！」と過去の栄光に縛られていると、いくら大負けしても懲りずにギャンブルを続けてしまうものだ。ギャンブルに過度な期待はせず、「どうせ儲からないだろう」と斜に構えた方が得策だろう。「俺ってギャンブルの才能があるんじゃないの？」となるのは依存症に陥りやすい典型的なパターン。

長生き心理学

不安情報は見すぎるな 心の中もお先真っ暗でアウト

TRICKキーワード　不安スパイラル

心配性や不安性の人は、「不安」という色眼鏡を通して世界を見ている。つまり、そんな人にとって世界は危険で溢れ返っているように見えるのだ。

イリノイ大学のカレン・ガスパーによると、すべての物事が危険に見えてきてしまうらしい。彼女が113人の大学生に、アフリカの飢餓、エイズに感染する見込みなどを推定させると、不安な人ほど実際の数値よりも極端に高く推定したそうだ。

またこういった人は「これは本当に安全

イメージ操作

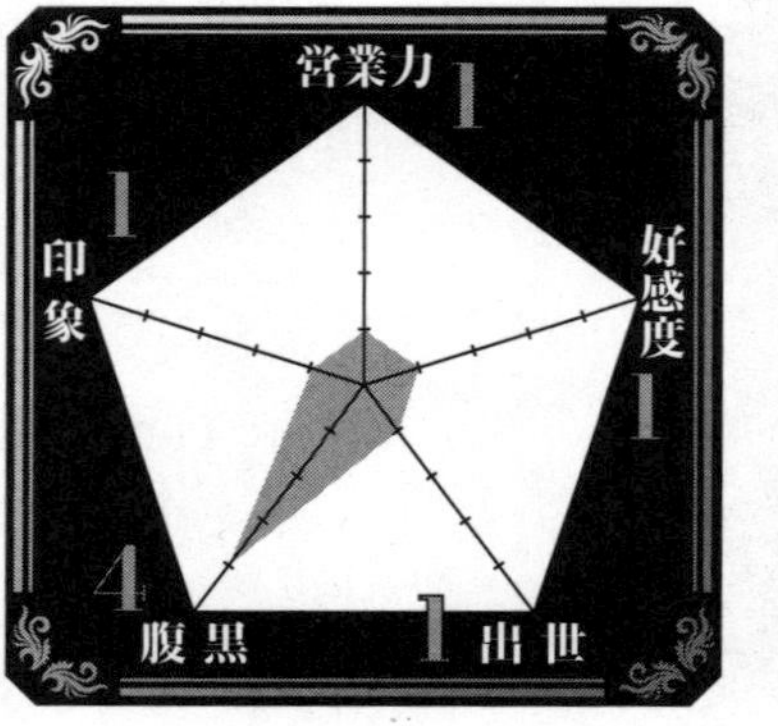

か」と気にしすぎるあまり、余計な情報を仕入れては真贋の判断がつかないまま情報を鵜呑みにして、さらなる不安を抱える、不安スパイラルに陥る傾向がある。

ここまでさまざまな事象に不安を感じていると、人生そのものがつまらなくなる。そこかしこに危険を感じる状態では、なにをするにも尻込みしてしまい、なんの行動もできなくなる。

「明日のことは明日案じよ」という言葉もあるように、ある程度は割り切る前向きさも大切なのだ。

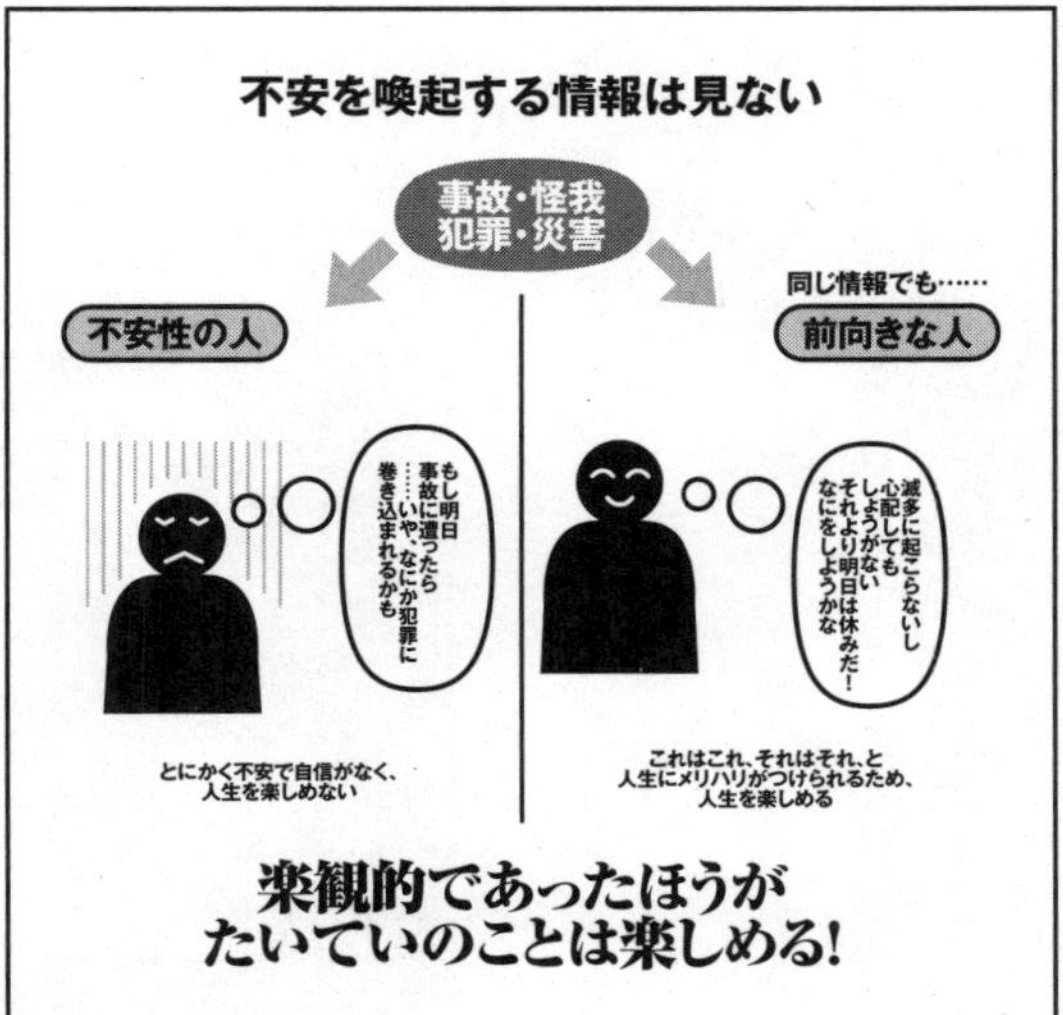
不安を喚起する情報は見ない
事故・怪我
犯罪・災害
不安性の人
同じ情報でも……
前向きな人
もし明日事故に遭ったら……いや、なにか犯罪に巻き込まれるかも
滅多に起こらないし心配してもしようがないそれより明日は休みだ！なにをしようかな
とにかく不安で自信がなく、人生を楽しめない
これはこれ、それはそれ、と人生にメリハリがつけられるため、人生を楽しめる
楽観的であったほうがたいていのことは楽しめる！

悪魔の格言

人生を楽しみたいなら心の中の不安を取り除こう。不安ばかりに目を向けてはいけない

長生き心理学

虐待されたことのある人に注意
自分の子どもも虐待する?

TRICKキーワード　バタードチャイルド症候群

近年、日本でも、親がわが子を虐待することによる凄惨な事件が多数起きている。内閣府の調査によれば、日本における「虐待に関する相談処理件数」は、1998年から増えはじめ、翌年には約2倍、翌々年には約3倍と、右肩上がりのグラフを描き、それ以降も増加している。アメリカでも、生みの親が子どもを虐待することを『バタードチャイルド症候群』と呼び、問題となっている。

これまでの分析により、親が子どもを虐

イメージ操作

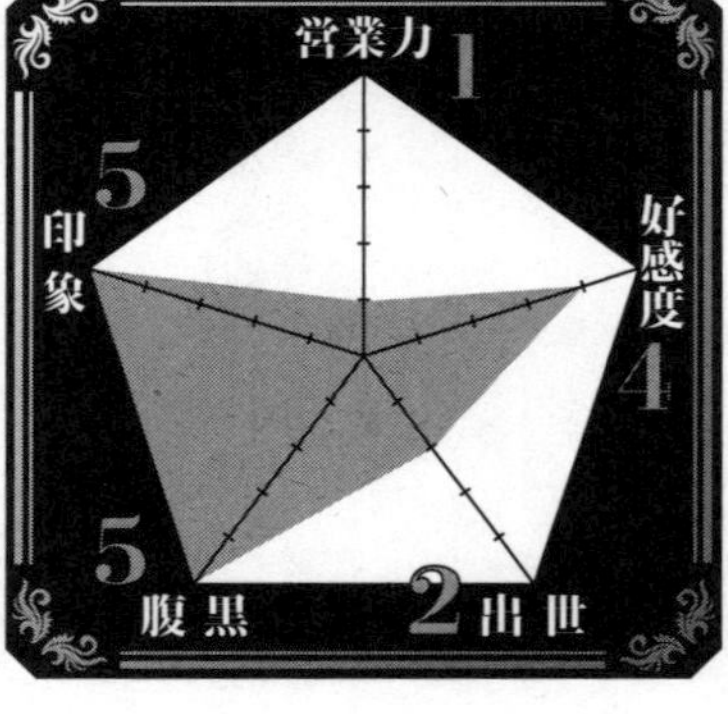

悪魔の格言

潜在感情に根づく虐待の芽。虐待の連鎖を断ち切って新たな人生を歩むべし

待する主な原因は、親の未熟な人格にあるとされている。また、子どもを虐待する親の50％は、幼児期に自身もその被害者だったといわれている。

つまり、子どもの頃に自分が親から虐待を受けていたつらい経験から、必要以上に「自分は子どもをきちんと育てよう」という思いを強くもつ。しかし、気持ちだけが先走り、子どもが言うことを聞かない、自分の理想にそぐわない行動をとるなどしたときに、焦りと怒りから「なぜ言うことを聞かないの」と暴力を振るってしまうのだ。

虐待には暴力を振るう以外にも、食事を与えない「栄養的虐待」、暗く狭い場所に長時間閉じ込めるなどの「感情的（心理的）虐待」などがある。どれも、虐待をしているとき、親にその自覚はないという。あとになって後悔の念にさいなまれるのだ。

もちろん、虐待された経験のある人が全員自分の子どもを虐待するとは限らない。いい人と巡り合い、温かい家庭を築いている人もたくさんいる。難しいことではあるが、虐待の連鎖を断ち切る勇気が、わが子のためには必要なのである。

よくおごる人は金持ちじゃない？見栄を張ることに命がけなだけかも

TRICKキーワード　自我の拡大

あなたの知り合いに、食事のたびに「おごるよ」と言う気風のよい人はいないだろうか。

同僚との飲み会や、恋人とのデートなどあらゆる場面で「ここは俺が払うよ」と言い放つ男がいた。おごることが快感になっていた男は、その快感を得るためだけに、おごる必要などない場面でも身銭を切り続けた。結果、消費者金融でお金を借りるほどの文無しになってしまったのだ。

彼が借金してまでも得たかったのは「自

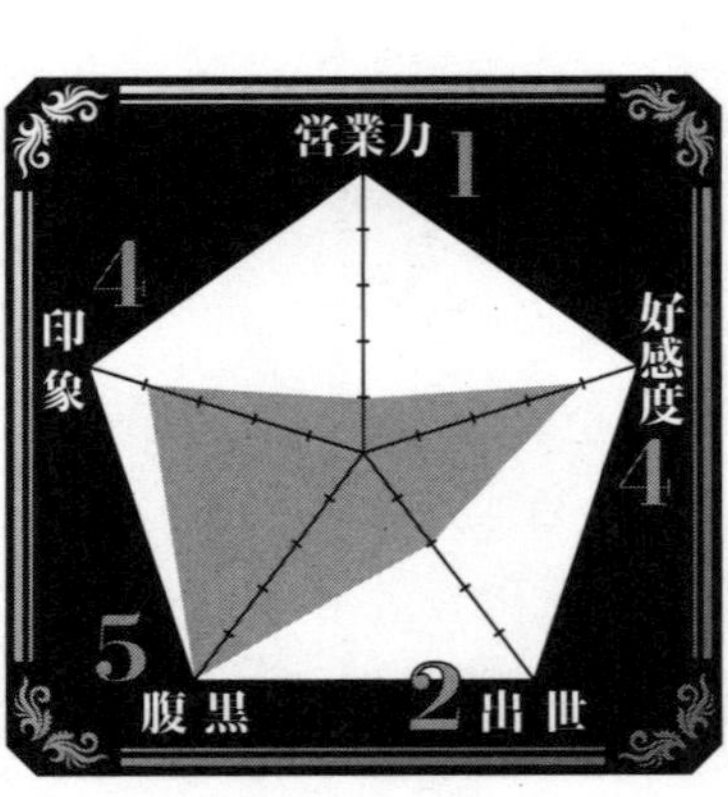

分が相手よりも優位に立ち、大物気分を味わう」という快感だった。これを『自我の拡大』という。

周りがどんどん昇進する中で、自分はなかなか上に上がれず、安月給のまま。仕事中も肩身が狭く、慢性的な欲求不満を抱える人は多い。これを解消するため、人におごるという行動に出ることで自尊感情を満たそうとするのだ。

おごるという行為は、他人に自分の気風のよさを見せつけられるうえに感謝もされるという、まさに大物気分が経験できる場。

その場の誰よりも優位に立つことができるのである。

また、おごり好きの人は、おごられることを嫌う。相手より優位に立つことで日頃の抑圧から解放されているのに、おごられてしまえば相手に優位に立たれて、いつもの自分に逆戻りしてしまうからだ。

だから、あなたの知り合いのおごり好きの人には「おごろうか？」という言葉は厳禁である。ただ、自由になる給料がたくさんあるわけではないので、おごりが続くようなら遠慮してあげよう。

悪魔の格言

おごり好きが金持ちだとは限らない。安月給の人ほど見栄を張りたがる！

長生き心理学

夢に「赤い服」が出てきたら女に注意

TRICKキーワード　色つきの夢

心理学では長らく、「色つきの夢は悪いことが起こる予兆、健康を損なう暗示である」とされてきたが、研究が進んだ現在、夢は色つきで見るのが一般的であるという説が主流になってきている。

色つきの夢を見たことがないという人でも、それは夢の中で色への関心が低かったり、印象に残る色が登場しなかっただけで、誰もが夢は色つきで見るとされている。ただし、色は基本的に1～2色で、細部にまで色づけされているわけではないという。

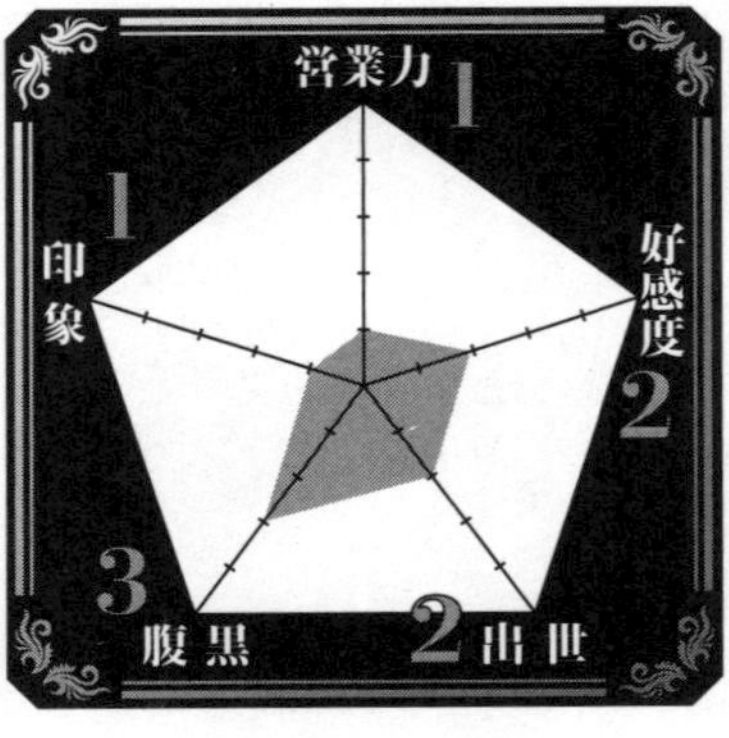

出てくる色のベスト3は、1位が緑、2位が赤、3位が黄色という調査結果もある。

夢というのは、現在の心理状態や感情の強弱がある程度関わっているといわれている。

一番の多数派である緑は、安定した心理状態を示す一方で、知識や経験の不足も暗示する。黄色がメインカラーの場合は、非常に楽しい生活環境にある、心から笑える時間を過ごせているといった、自分の中に活力が満ちていることを示している。

では赤はどうだろうか。赤は、なにか祝い事があったときに見る一方、なにかに情熱を傾けている状態や恋愛感情を示す。男性の夢の中で「赤い服」が出てきた場合は、性欲が強まっていることを暗示する。普段は欲求不満を感じなくても、深層心理ではかなり溜まっているといえよう。そんなときは、いつもより女には注意するといい。

このように、何気なく見ている夢も精神状態と密接に関わっているのがわかっただろう。無意識のうちに夢があなたに送っているメッセージをひもとくのも面白いのかもしれない。

悪魔の格言

誰しもが見る色つきの夢。「赤い服」には欲求不満が隠されている！

長生き心理学

心臓病になりたくなければ「〜しなきゃ」をやめなさい

TRICKキーワード　生き急ぐタイプ

命短し、と「あれもしなきゃ、これもしなきゃ」と短時間で可能な限り多くのことをしようとするビジネスマンは意外と多い。常に時間的な切迫感を抱いているタイプだ。一方、同じような仕事を与えても、無理をしないでのんびりとこなすタイプもいる。

前者のビジネスマンは結果までのスピードを重視し、後者は結果までのプロセスを重視する傾向があり、一概にどちらがいいとは言い切れないが、健康リスクを負って

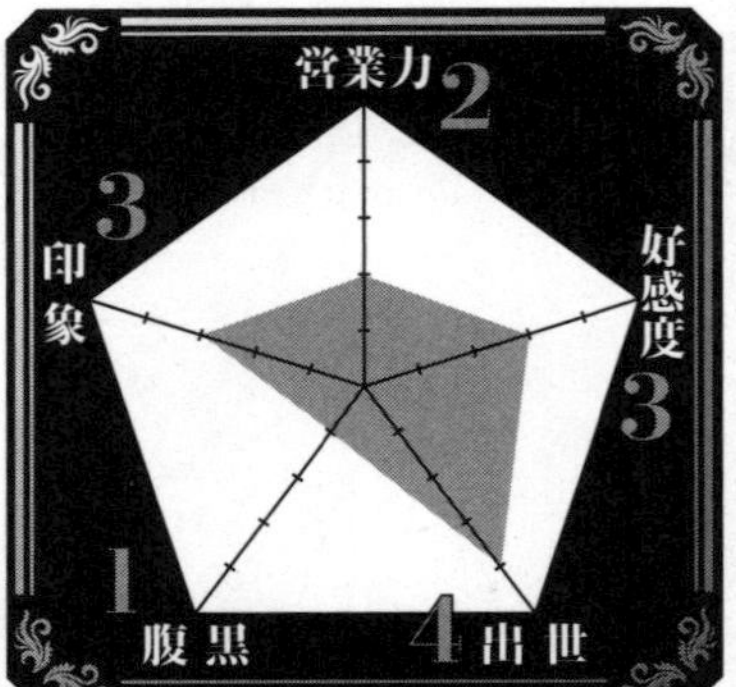

いるのは前者だ。

アメリカの医学者、フリードマンとローゼンマンが３５００人の健康な男性に対して行った調査によれば、10年後に心臓病にかかっていた人数は、前者の生き急ぐタイプが後者ののんびりタイプの実に3倍にものぼったという。

生き急ぐことが文字通り命を縮めるとわかったなら、まずは非現実的な計画を立てないことである。一つひとつの仕事に充てる時間に余裕をもち、資本である体に負担をかけないことがビジネスマンには必要なスキルなのである。

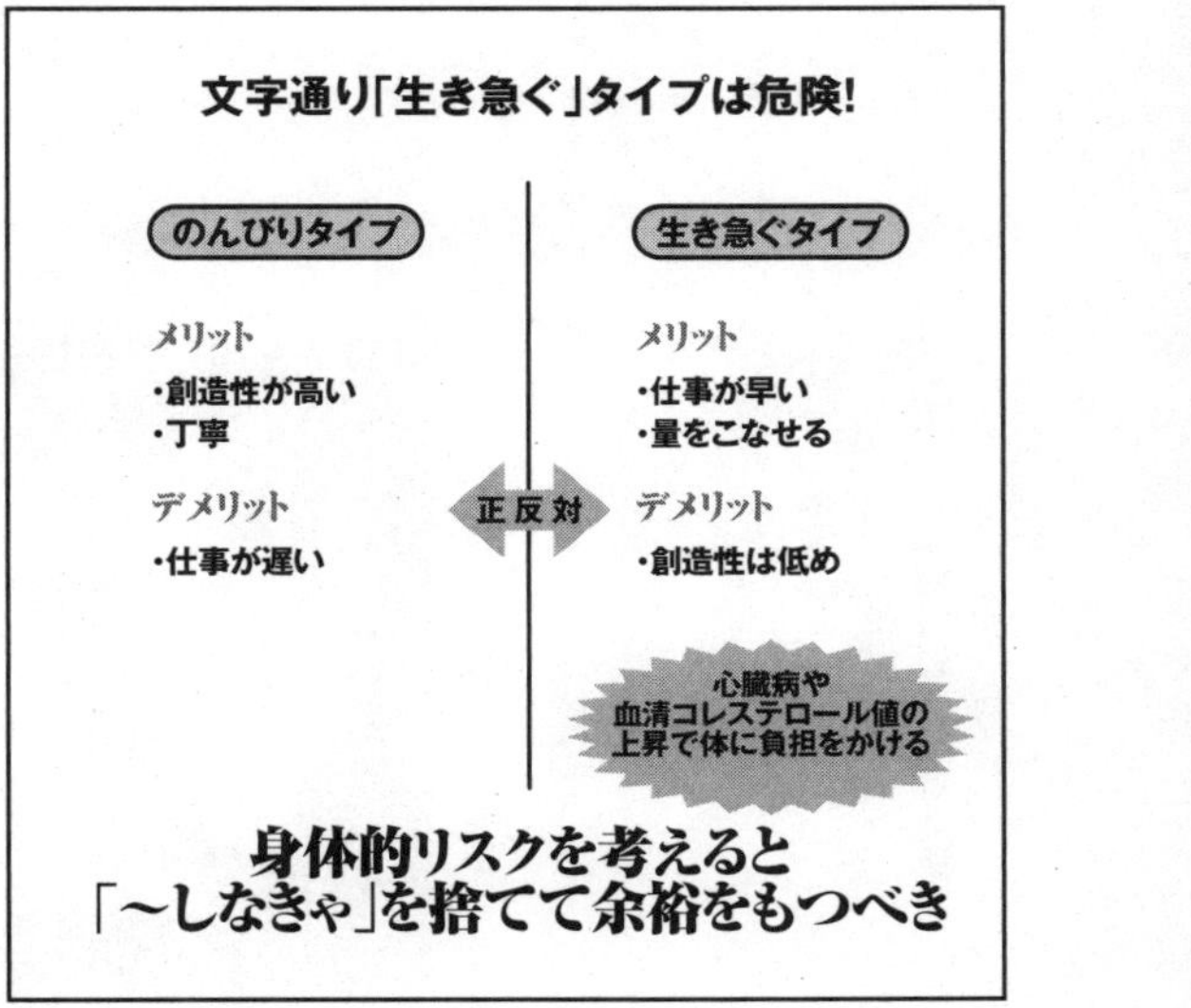
文字通り「生き急ぐ」タイプは危険！
のんびりタイプ
メリット
・創造性が高い
・丁寧
デメリット
・仕事が遅い
正反対
生き急ぐタイプ
メリット
・仕事が早い
・量をこなせる
デメリット
・創造性は低め
心臓病や
血清コレステロール値の
上昇で体に負担をかける
身体的リスクを考えると
「～しなきゃ」を捨てて余裕をもつべき

悪魔の格言

いかなる仕事にも余裕が必要。スピード重視だと体にかける負担も3倍に！

長生き心理学

危険を避けたいならキレるな 怒る人には危険が多い

TRICKキーワード　リスク認知度

怒りっぽい、ケンカっぱやい人は早死にするとはどういうことだろうか。

カーネギー大学のジェニファー・ラーナーが97人の大学生に「アメリカで交通事故死する人は年間5万人である。さて、この知識をもとに、ガンで亡くなる人、心臓発作で亡くなる人、溺死する人の数を推測せよ」と質問した。そして、現実より多く見積もった人を、リスク認知の高い人とし、逆に少なく見積もった人をリスク認知の低い人としたのである。その結果、怒りっぽ

腹黒テクニック

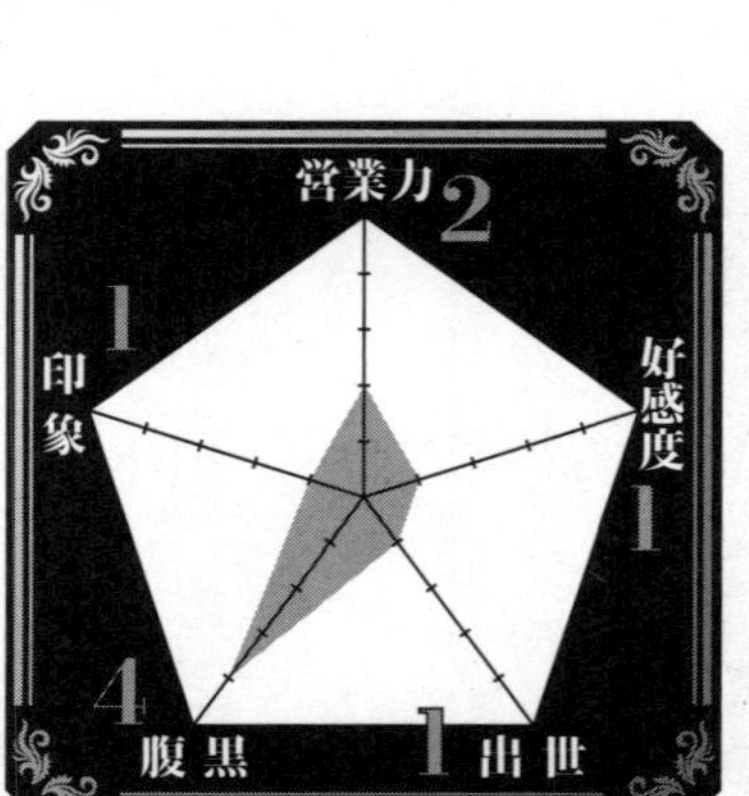

い人ほど、現実の危険を過小評価することがわかった。彼らは、ガンにかかる人なんてそうそういない、心臓発作で死ぬ人だって少ないに違いないと考えたのである。

怒りっぽい、ケンカっぱやい人は危険を過小評価する傾向にあり、痛い目を見てからやっと「こんなはずじゃなかった」と気づく可能性が高いのだ。だから無鉄砲にズンズン突き進んでいってしまう。

人間、怒っているときには、危険やリスクのことなどまったく念頭になくなる。そこではたと立ち止まり、冷静に考えることができる、石橋を叩いて渡るタイプの人には、その先に待っている危険やリスクを察知することができるが、ケンカっぱやい人は立ち止まる前に行動に移してしまう。それが、後々に生命を脅かすほどのリスクだとしても、ケンカっぱやい人は立ち止まることができないのだ。

大胆に突き進み、失敗を恐れず果敢に挑んでいくというと、ポジティブなニュアンスが出てきて、悪い性格でもなさそうに感じるが、怒っているよりニコニコしていたほうが人生長く楽しめるのだ。

悪魔の格言

怒りっぽい人は、無鉄砲になりやすいので注意!!

長生き心理学

医者がいないほうが病人はなぜか減る

TRICKキーワード　医者の意味

イリノイ州立大学医学部の准教授、ロバート・メンデルソンは「医者、病院、薬、医療機器という、現代医学を構成するこれらの9割がこの世から消えてなくなれば、現代人の体調はたちどころによくなるはずだ」と述べている。

さすがに9割は言いすぎだろうが、確かに医者というのは、本当に必要なのかと訝しむほど大量の薬を処方したり、効果の程がわからない点滴を打ってみたりと、とかく余計なことをしがちだ（そうしないと病

腹黒テクニック

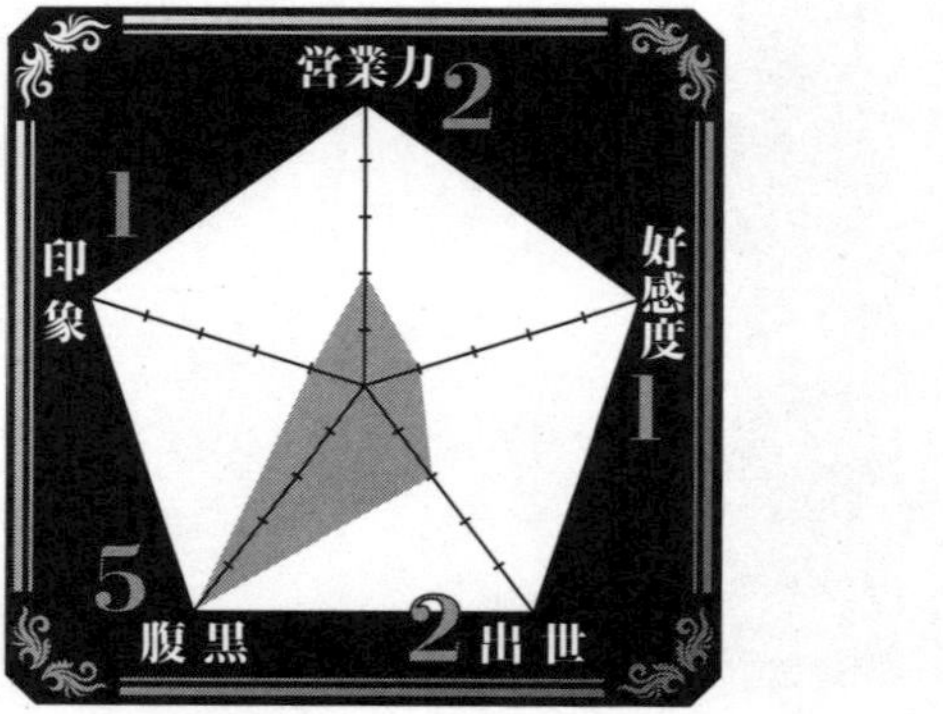

悪魔の格言

医者と上手に付き合ったほうが長生きする

院が儲からなくて、医者の生活が成り立たない、などの理由がある）。

また、メンデルソンは、医者が仕事を辞めると世界は平穏になるというデータも報告している。

1976年、南米コロンビアの首都ボゴタ（旧サンタフェ・デ・ボゴタ）で、医者が52日間のストライキに突入し、救急医療以外は一切の治療を中止したことがある。すると驚くべきことに、死亡率が35％も減少したのである。また同じ年、ロサンゼルスでも医者がストライキを決行し、このときも死亡率が18％も低下したというデータが残っている。

だが、ストライキが終わると、死亡率は元の水準に戻ったそうだ。つまり、医者が余計なことをしなければ、私たちは健康でいられるのである。

確かに、医者という職業は高度な専門的知識を身につけた立派な人々がなるものではあるが、一りひとりが人格者かというと、それはまた別の話である。医者は余計なことをする、くらいの気持ちでいたほうが健康でいられるのかもしれない。

長生き心理学

前向きな人ほどPTSDに気をつけろ

TRICKキーワード　PTSD

精神状態が社会問題化したのをきっかけに、「PTSD（心的外傷後ストレス障害）」がはじめて世間に認知された。

PTSDとは、危険時に放出される脳内物質が平時でも垂れ流される状態によって起こる、ホルモン異常や睡眠障害のことである。

PTSDは幼児虐待や性的暴行などの犯罪被害、交通事故や親しい人の突然の死などによって引き起こされることが知られている。

好感度アップ！

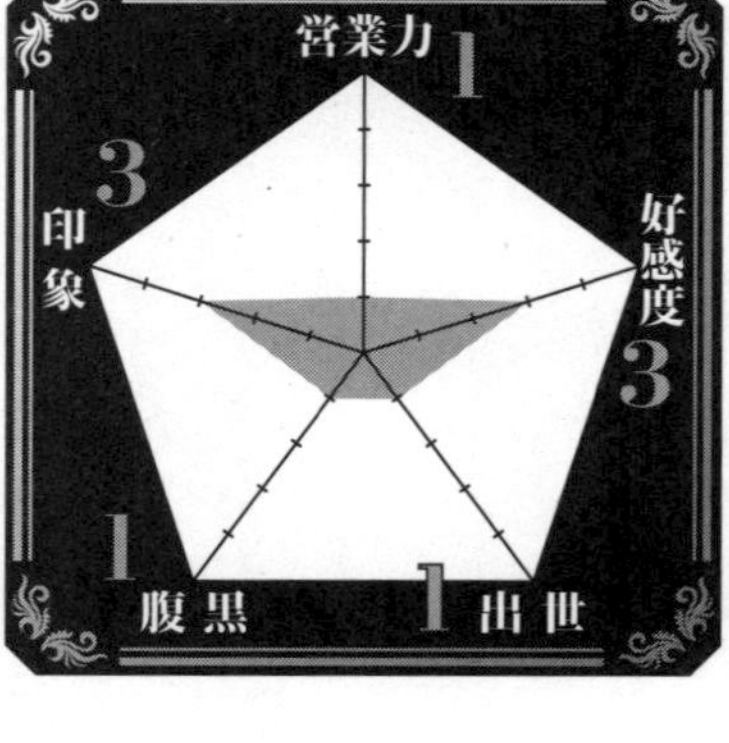

悪魔の格言

すべてを背負い込んでもいいことはない。時には人を頼るべし！

もちろん、これらの被害に遭ったりトラウマになるような経験をしたからといって、全員がPTSDになるわけではないが、実は明るく前向きで、自立心の強い人ほどなりやすい傾向があるという。誰にも相談できず、すべてをひとりで背負い込んで、ひとりで頑張ろうとすればするほどPTSDになるのだという。

傷ついたときこそ、人に頼ったり甘えたりするのは当たり前のことである。まずはそう心得ることがPTSDにならないための第一歩だ。

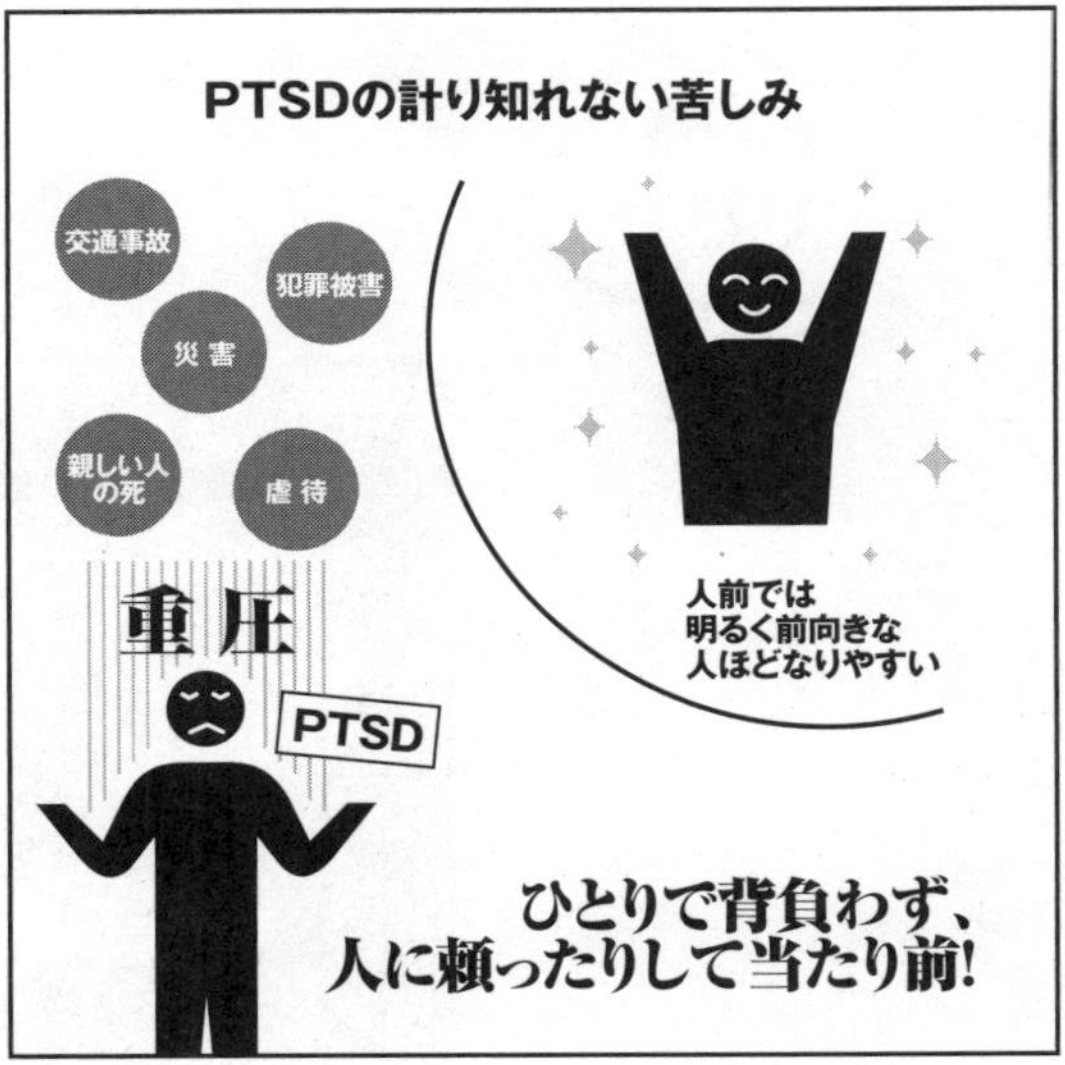

長生き心理学

「つくり笑い」はガンになる!? 強制される笑いはストレス

TRICKキーワード　つくり笑いの負荷

いつも陽気にニコニコと暮らしている人は、人間関係も良好でストレスフリー、笑うことは健康にもいいといいことずくめである。しかし、店員が客に見せるような愛想笑いやつくり笑いは、普通の笑いと違い、悪影響があるのだという。

ペンシルバニア州立大学の産業心理学者、アリシア・グランディは、キャビンアテンダントや社長秘書など、絶えず「笑顔を強制されている人たち」についての調査を行った。

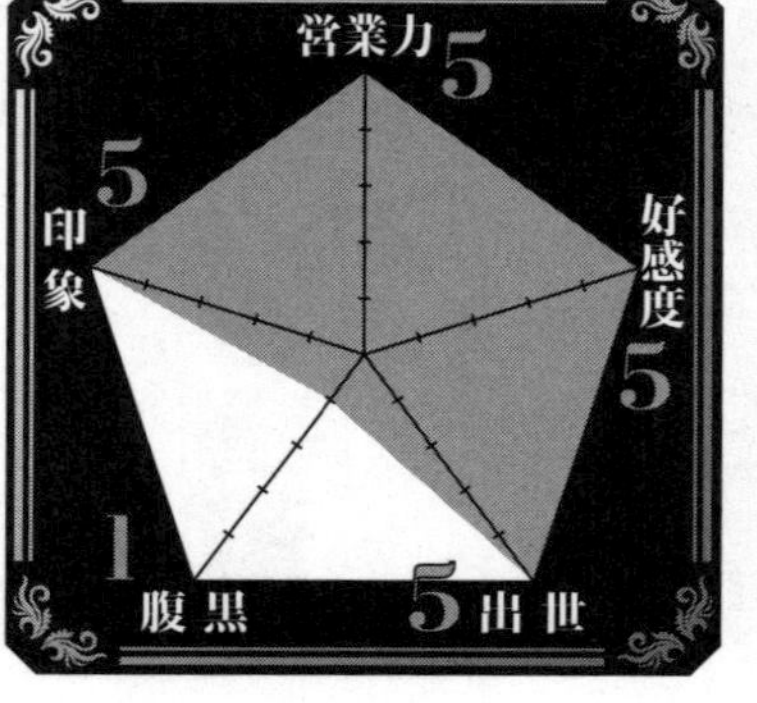

悪魔の格言

つくり笑いのストレスが病気の元にもなる

キャビンアテンダントや社長秘書は、笑うことが宿命づけられているような職種だ。そんな職業の人たちについて調べると、他の職業の人に比べて、心臓病、ガン、高血圧のリスクが、2倍以上も高かったのだという。

つまり、「つくり笑い」は結構なストレスになるということだ。

ちなみに、グランディはアメリカだけでなく、フランスでも同様の調査を行い、フランスではつくり笑いの悪影響は少なかった、ということを発表している。それはなぜか。フランスでは、笑顔でサービスするかどうかは個人の裁量に任されているので、アメリカのように、経営者から「もっと笑顔で！」と強制されることがなく、ストレスも生まれにくいのだという。

接客業に限らず、社会生活を営むときに笑顔というのは最強の武器になる。いっそつくり笑いなどやめてしまい、心から気持ちのいい笑顔を見せることが、ビジネスにも健康にも最良なのだ。無理して笑ったところで、相手にも「つくり笑顔だな」と気づかれてしまうだけなのである。

長生き心理学

犯罪を一番起こすのは「長続きしない人」

TRICKキーワード　犯罪の原因

画一的な教育で「他人と同じことがよい」という時代が終わり、今や多様な価値観の時代。個性を尊重する現代社会ならではの複雑になった人間関係に、ストレスを感じている人も多いだろう。その結果、現代人ならではの心の病が増えているのは周知の通り。

ドイツの精神医学者、シュナイダーは、そんな心の病を10類型に分けている。

意志薄弱者（飽きやすく持続性がない）、軽躁者（活動的だが興奮してトラブルを起

危険回避!!

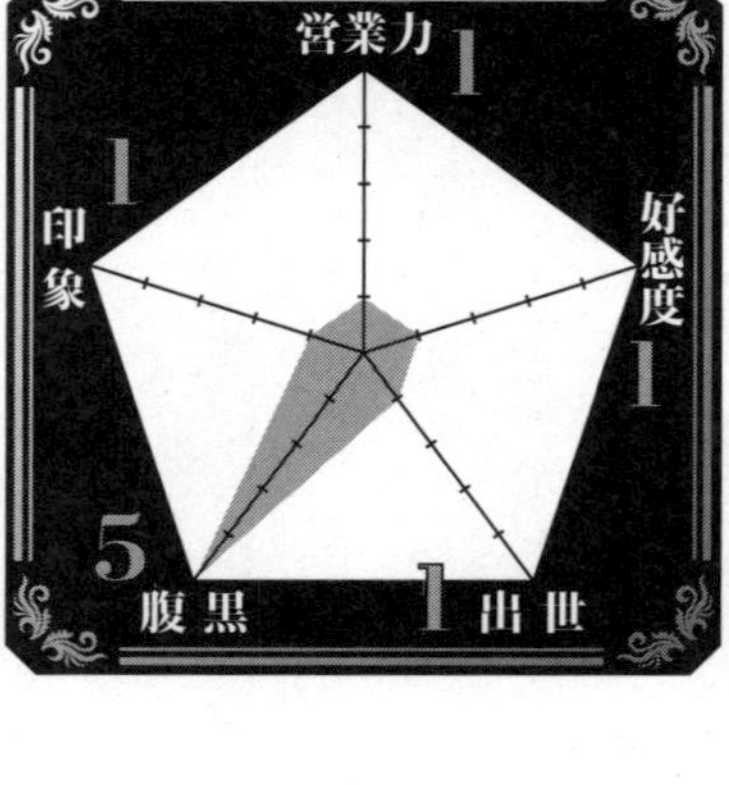

悪魔の格言

長続きしない人は社会性に欠けるという欠点があるので要注意

こしやすい）、爆発者（怒りやすく興奮すると暴力を振るう傾向がある）、自己顕示者（目立ちたがりでウソつき）、情緒欠如者（同情、良心などの感情に欠ける）、狂信者（固定概念が強く、人生をかけることも惜しまない）、気分易変者（不機嫌になりやすく、その解消に大酒を飲んだり犯罪を犯したりする）、自信欠如者（小心者だが自意識は強い）、抑うつ者（悲観的で不機嫌）、無力者（神経質で無気力、常に身体的な症状を訴える傾向がある）。

ここに挙げた類型はあくまで典型例であり、程度の差こそあれ、いくつかのタイプに当てはまる人も多い。ただ、この中でもっとも犯罪者に多いのは、軽躁者でも爆発者でも気分易変者でもなく、意志薄弱者だ。彼らの、学校を中退したり仕事が長続きしなかったりと、社会性に欠ける点が主な理由だと考えられている。ちなみに、詐欺師に多いのは自己顕示者、凶悪犯に多いのは情緒欠如者、万引き犯に多いのは気分易変者だといわれている。つまり、多くの犯罪のはじまりは、精神の偏りからくる精神病質が原因であるともいえるのだ。

長生き心理学

飛ぶ夢・食事の夢を見た人は欲求不満に注意

TRICKキーワード　夢の深層心理

夢がその人の精神状態と密接に関わっているというのは、「夢に「赤い服」が出てきたら女に注意」の項目で述べたが、ほかにも夢が象徴すものを紹介していこう。今回は、夢の中で「したこと」が深く関係する深層心理を見ていく。

●飛ぶ　現状に感じている不満や劣等感から解放され、自由になりたいという表れ。性的欲求の不満の場合も。

●殺す　知人を殺す夢は、相手との関係を

交渉力アップ

悪魔の格言

深層心理は、夢の中で「したこと」により、ある程度わかる

好転させたいという表れ。自殺は自己再生への願望で、見知らぬ人を殺すのも自殺と同じ意味。

●歌う　楽しく歌うのは、現状で感じているストレスの表れ。うまく歌えないのは、対人関係の悩みで、誰かが歌っているのは、恋愛への欲求の高まりを表す。

●落ちる　目標に対し、焦りを感じている表れ。高所から落ちるのはプライドの損傷、誰かが落ちる場合は、その人への愛情の強さを表す。

●食事をする　食べる夢は欲求不満を表す。

●排泄する　実際の尿意と無関係の場合、ストレス発散の表れ。誰かが排泄するのは、その人への羨望や嫉妬の高まりを表す。

飛ぶ夢や落ちる夢はよく見る人がいるが、実は腹に一物《いちもつ》を抱えている場合が多いようだ。

その他の行為も、何らかのストレスや欲求不満と密接に関わっているものが多いので、夢の示しているものを理解して、人や自分が見た夢の意味を考えてみよう。

長生き心理学

夢を見ないという人は危険思想の持ち主かも？

TRICKキーワード 夢を見る理由

人は必ず夢を見る。これまでの分析によれば、一晩に3～5回の夢を見ているという。「ほとんど夢を見ない」という人もいるだろうが、それは「実は見ているのに覚えていない」だけである。睡眠中には脳の記憶に関するシステムも休み状態のため、途中で起こされるか目が覚めるかしない限り、その記憶は消えてしまいがちなのだ。

しかし、長期にわたって夢を見た記憶がないと感じる人は、心に赤信号が灯っていると考えていい。

腹黒テクニック

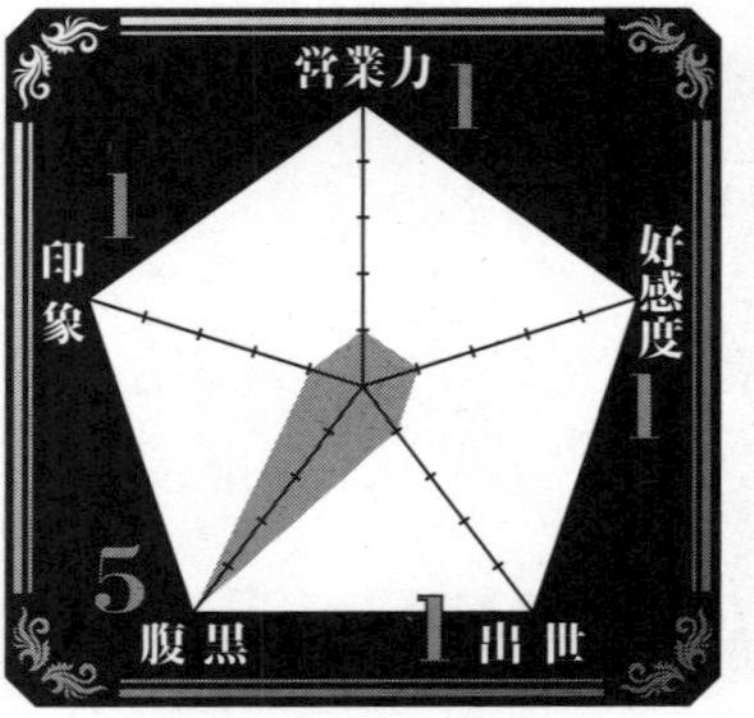

悪魔の格言

夢を見ないのは逆に過激な欲望や深刻な不安を抱えているからかも

心理学者のフロイトは、人間が夢を見る理由を「人間の心の奥底にある無意識の願望や不安が、眠っているときに夢の中に表れているのではないか」と分析した。つまり、目が覚めているとき、無意識は抑圧されているが、眠っている最中にはその抑圧が弱まり、願望や不安が顔を出すのだ。

願望や不安が表れる夢は、それがあまりにも過激であると、脳が自発的にその夢の記憶を残さないという検閲機能を発揮しているといわれている。

そもそもが消えてしまいがちな夢の記憶を、さらに消去しようとする検閲機能が働いているということは、その人はとんでもない夢を見続けているということなのだ。

つまり、あまりにも過激な願望や、深刻すぎる不安をいつまでも抱え続けている、というのが「夢を見た記憶がない」ということの正解ともいえよう。

「ここ最近、夢を見ないなぁ」と感じている人は、現実の自分を見つめ直す必要がある。夢を記憶しないということで深刻な悩みが心の奥底に眠っている可能性が高いからだ。

長生き心理学

聞き役に徹して相手の「怒り疲れ」を待て

TRICKキーワード　傾聴

クレーム処理は、クレームが持ち込まれてから30分で勝負が決まるという。この30分をうまく対応できれば、すべては丸く収まるのだ。

クレーム対処での禁句は、相手を刺激するような反論だ。「おっしゃることはわかるのですが……」とか「それはそうなんですけどね……」などとうっかり口にしようものなら、さらなる怒りを呼びかねない。

下手すると裁判沙汰にまで発展するクレーム処理は、勝負の30分で絶対に決着をつけ

イメージ操作

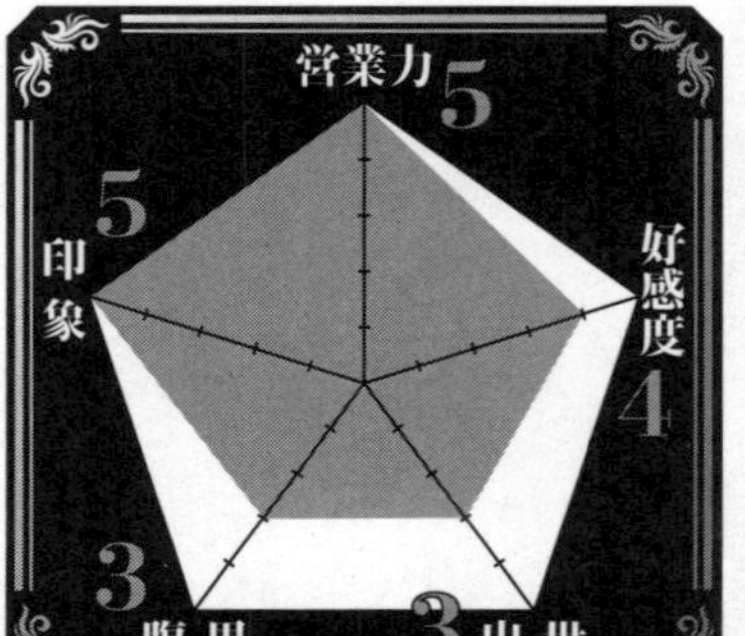

悪魔の格言

相手が頭に血がのぼっているうちはとにかく「おっしゃる通りです」で

なければならないのだ。

というのも、わざわざクレームを持ち込んでくる相手というのは、たいてい頭に血がのぼり、理性などキレイに吹き飛んでいるからだ。また、相手を否定したり反論するということは、クレームを持ち込んだ側からすると、「不誠実」という印象を与えてしまう。

クレームには、少なくとも30分は聞き役に徹するべきである。聞き流したり、だんまりを決め込んでもいけない。聞き役に徹するというのは、「おっしゃる通りです」、「お詫び申し上げます」などの謝罪を相づちのように述べることである。

謝罪の相づちを打たれることで、クレームをもち込んだ相手は、こちらの誠意を感じるようになる。そうなるとだんだん冷静になってきて、「怒り疲れ」のような状態になるのだ。こちらが聞き役に徹することで、相手に頭を冷やす時間を与えるというわけである。冷静になってもらえば、あとはお互い理性的に話し合いができる状態になり、話の折り合いもすぐつけることができるというわけだ。

長生き心理学

ライバル心の強い交渉相手には戦わずして勝て

TRICKキーワード　議論を避ける

交渉や議論が得意な人は、1回目の交渉の際に、本題とはあまり関係のない質問を最初にぶつけてくることがある。これは、交渉相手がどれくらいの力量をもっているのかを推し量るためなので、油断してはならない。

しかし、あえて議論から降りるという手段で、これを逆手にとることも可能だ。

たとえば「小耳に挟んだのですが、お宅の会社と付き合いのあるA社が大きいプロジェクトを立ち上げたそうですね。これ

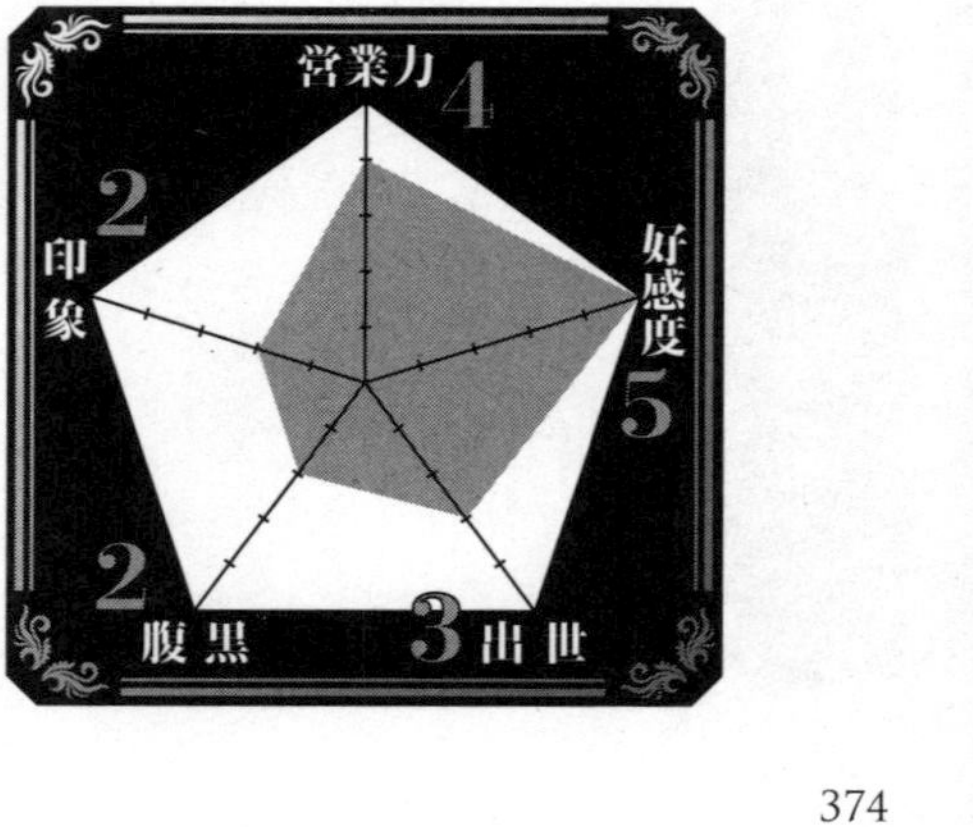

からどうなると思います?」という質問を受けたとしよう。ここであなたが馬鹿正直に相手の土俵に乗ってしまうと、相手の闘争心を煽るのがオチ。ではどうするのか。

「まだお答えしないほうがいいと思います。はじまったばかりで成果が出ているわけではないですから」と含みを持たせて答えればいいのだ。「答えない」という言葉で、本当はあまり知らなくても、十分な知識を備えているように偽装でき、「成果が出ているわけではない」という言葉ではぐらかしつつ、いい加減な判断はしないことを相手に悟らせることができる。自分が議論の中心になろうと質問をけしかけたライバル心の強い質問者に「こいつは手強い」とわかり、不安になるだろう。こうなれば、心理的にこちらが優位に立ち、勝ったも同然となるのである。

この、答えになっていない答えというのはかなり有効なうえに、相手に「こいつは一筋縄ではいかないな」と思わせることができるのだ。下手なことを話して墓穴を掘るよりは、最初から論じないポーズを貫いて、戦わずして勝つのが得策である。

悪魔の格言

面倒な交渉では、あえて論じないことで「こいつは手強い」と思わせよ

長生き心理学

口達者なライバルはイチャモンで打ち負かせ

TRICKキーワード　言いがかりの効果

頭の回転速度には個人差がある。ものすごく早く回転する人もいれば、回転は遅いが、時間をかけてじっくり突き詰めて考えて、正しい結論を得る人もいる。しかし、頭の回転が遅いと、時間が限られている会議などの席上では、弁の立つ人に議論の主導権を取られてしまう。

　弁の立つ人に丸め込まれないために使えるのが、相手の話にいちいちイチャモンをつけることだ。相手の主張にとにかく噛みつくのである。もちろん、チンピラレベル

交渉力アップ

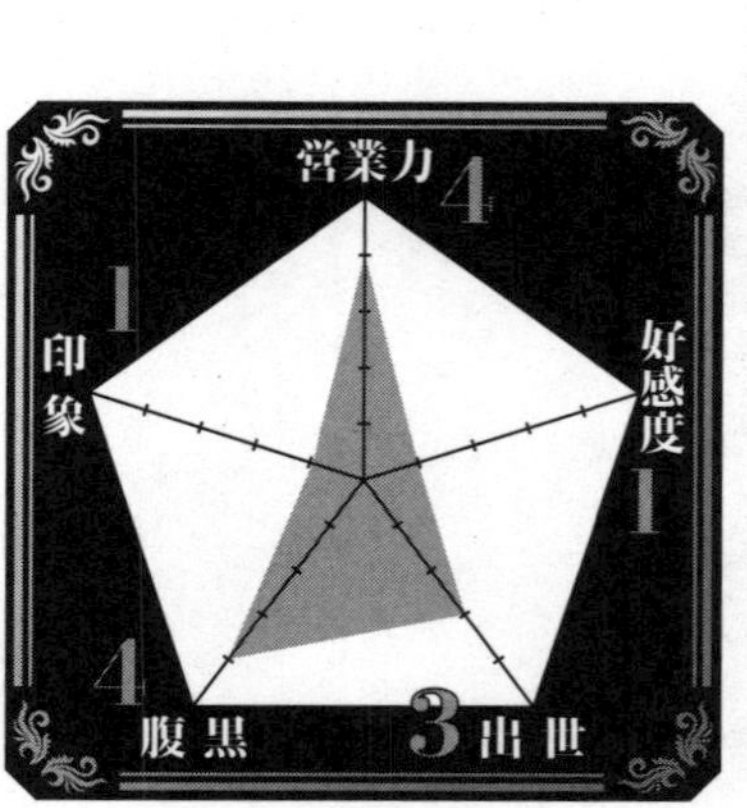

悪魔の格言

弁の立つ人の主張に「根拠は？」と噛みつき、相手が主張する気力を削げ

の噛みつき方では意味がない。それどころか、相手の言葉尻をとらえるようなイチャモンは、周りからの反感を買うだけだ。さらには「言いがかりをつけてるのか！」と逆に追い込まれてしまう可能性もある。

そこで相手の主張の根幹部分につけるイチャモンがいちばん効果的である。たとえば、会議で新しいイベントの計画案が出されたとしよう。すかさずあなたは「なんの根拠があってのことですか？　この時期に始めるべきだという客観的データの裏づけはあるんですか？」と問うのだ。

逆に、あなたの意見に対して異を唱える人がいたら、「反対する根拠はなんですか？」とすかさず問えばいい。それに対して答えがないのなら、「根拠のない反対はご遠慮願います」と相手をやり込めるのだ。相手が答えたら、「私はそう思わない」と前置きをして、自分の主張を述べればいい。

自分の主張したいことの根幹部分にイチャモンをつけられると、人は不安になり、どんなに自信のあった主張でも、自信をなくしてしまう。それに乗じて議論の主導権を握るのだ。

あなたの本性がわかる
心理テスト⑨

恵まれた人生を送ることができるか!?心の平穏度がわかる!

問題1

デパートで買い物をしていたら、高価そうな財布を拾いました。中には何が入っていたでしょうか?

C カードがぎっしり	A 小銭がいっぱい
D レシートのみ	B 札束がたくさん

「金銭欲」診断

財布の中のお金は、自分の中の本当の金銭欲求を表わすもの。あなたが欲深いかどうかがこのことからわかるのだ。

C 賢く儲けたい

努力しないでがっぽり儲けたい人が選ぶのがこちら。株や為替などに手を出す傾向がありますがうまくいくかはその人次第。とはいえ世の中そんなにうまい話ばかりではないので注意しよう。

A 欲はないほう

小銭が入っていると答えた人は、あまり欲がない素朴な性格をしていると言えるだろう。質素な生活を好むのもいいが、たまには欲を出してみて必死に努力してみるのもいいかも？

D 悲観主義

財布にレシートのみというのは少々ネガティブすぎる回答……。もう少し前向きになってみると何かいいことがあるかも。後ろ向きの考えではせっかくの幸運も逃げてしまうぞ！

B 成り上がり願望強し

札束がたくさんと答えたあなたは、当然ながら金銭欲が強く成り上がり願望を抱いているでしょう。あまりつんのめると失敗したときに痛い目を見るのでほどほどにしたほうが身のためでは？

問題2

知人と約束していて、駅のホームで待っているあなた。相手は電車のどのあたりに乗ってきますか?

C うしろのほう	A 先頭車両
D 乗ってなかった	B 中間

「他人への期待度」診断

知人が乗っている場所は、あなたの他人への期待度を暗示するもの。あなたが他人に何を期待しているのかが一目瞭然。

A リーダータイプを期待

自分の前に立って進んで行ってくれるリーダータイプの人が欲しいと考えているあなた。その期待が先頭車両のイメージと結びついている。とはいえ、他力本願にならないように心がけておきたい。

B 余裕のある人期待

中間車両は余裕の象徴。相手にはあまりそそっかしいことをしてほしくなく、いつでも余裕をもっていてほしいと願っている。包容力のある大人な人間を望んでいるということなのだ。

C 安定感を期待

後部車両に乗っていると予想した人は、相手に安定感を求めている証拠。落ち着きのある確かな意見の持ち主を望んでいるだろう。理性的で土台のしっかりした関係を好む傾向がある。

D 対人恐怖症？

待ち人が乗っていなかったというのは、実は会いたくないという恐怖の裏返し。人に期待するどころか関わるのも嫌だと思っている対人恐怖症かも？　少し前向きの考えを身につける努力が必要だろう。

問題3

近くの友人に呼ばれて家を訪れたが、
インターホンを押しても反応がない。
こんなとき、あなたならどうする？

C 裏口にまわってみる	A 強引に開けてみる
D あきらめて帰る	B 大声を出して呼んで開けてもらう

「とっさの対応」診断

呼びかけても出てこない友人への対応方法は、トラブルが発生してしまった際のあなたの対処法を示唆するもの。

C あっさり派

表から入るのをあきらめたあなたは、すぐに気持ちを切り替えて別の解決方法を探す賢明な人。ただし、あきらめやすい傾向もあって、小さな可能性の芽もつぶしがちなのでそこは正そう。

A 力わざ派

強引に開けるという方法を選ぶあなたは、トラブルが起きたときも強引に押し通そうとするはず。勢いで何とかなればいいが、解決できない場合は大事になってしまうので厳重注意。

D 負けをすぐに認める派

あきらめて帰ってしまうあなた、トラブルに関わるのが大嫌いなのでは？ すぐにあきらめて易きに流れるようでは友達もなくすかも？ 面倒ごとからすぐに逃げては前には進めないのである。

B 説得する派

相手を説得し、納得するまで話し合う人が選ぶのはこれ。根気のいる作業になることが多いが、一番有意義な対処方法かもしれない。簡単なことではないが、努力してみるのもいいだろう。

問題4

友人たちと一緒にマラソンの計画を立てているあなた。どんなコースを選びますか？

C　なだらかで単調なコース	A　景色が抜群のパノラマコース
D　景色も美しく、コースも魅力的	B　アップダウンが激しいトレイルコース

「人生の選択」診断

あなたが選ぶコースは人生に関わる選択をするときのチョイス傾向をあらわします。同時にあなたの労働傾向も示してくれるでしょう。

C シンプルイズベストタイプ

あなたはシンプルで単調な生活を求める人でしょう。山も谷もなく、ただ淡々と日々を過ごしていくことを望んでいるはず。拘束の少ないバイトやパートなどでまるで根無し草のように働くのがぴったり？

A 家族重視タイプ

無難に景色がいいコースを選ぶのは、家族を大事にする安定した生活を望むタイプの人。公務員やサラリーマンといった普通の仕事がおすすめ。ただし、ちょっと面白みには欠ける人生かも？

D わがままタイプ

何もかも欲しがるあなたは、家族も仕事もすべて充実させたいわがままタイプ。何でも完璧にできるわけではないので、少しの妥協は必要になってくる。何を必要とし、何を捨てるのかを一度よく考えてみては？

B ワーカホリックタイプ

ハードワークや困難な仕事を手がけ、自らやりがいを求めていくライフスタイルの持ち主。クオリティを徹底的に追求した仕事ができる作家やデザイナー、アーティストなどが向いているかも。

第十章

1しかないものを100に見せる！

錯覚心理学

錯覚心理学

仕事の達成率を低く伝えて上司からの評価を上げる

TRICKキーワード　アンカリング効果

これができればあなたは…

賢い奴

最初の数字に騙されず物事の本質を見極めよ！

人は意思決定をする際、内容よりも数字を優先させやすい。そして、最初に見た数字を、無意識的にその後の意思決定の基準にする傾向があるのだ。これは、心理学では『アンカリング効果』と呼ばれている。

この『アンカリング効果』を示すこんな研究結果がある。ある教授が、別々のクラスの学生に対して、それぞれ以下の2つの質問を投げかけた。

【Aクラスへの質問】

学食の値上げに反対する生徒は全校生徒の80%よりも多いか少ないか？　実際には何%だと思うか。

【Bクラスへの質問】

学食の値上げに反対する生徒は全校生徒の30%より多いか少ないか？　実際には何%だと思うか。

その結果、Aクラスの学生が答えた数字の平均値は90%、Bクラスの平均は25%だったという。Aクラスの人は、質問の「80%」という数字に、なんとなく多くの人が反対しているのだなと考え、それに近い数字を出していている。一方、Ｂクラスの人は質問の「30％」に誘導され、同じように低い数字を出している。つまり、それぞれのクラスの生徒は、知らず知らずのうちに設問中の数字を基準にし、思考がそれに誘導されたのだ。
たとえば、上司に大きな仕事を任され途中経過を報告する際、「大丈夫です、任せてください」というのも手だが、成功の見込みが見えているときには、「まだ自信は30％ぐらいですが、精いっぱい頑張ります」などと返そう。その後に予定通りきちんと成功させれば、上司は30％を１００％にさせたデキる奴として、あなたを高く評価するだろう。

悪魔の格言
人間を思考停止に追い込む数字の魔力を使いこなそう

悪魔の実践度チャート

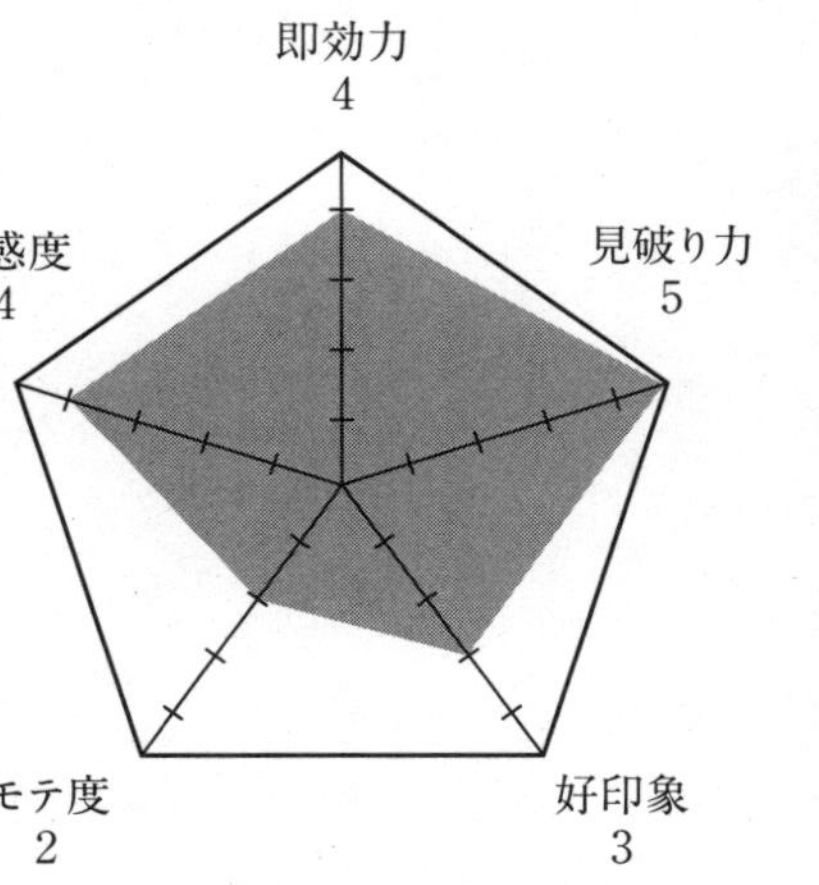

錯覚心理学

値段の端数を8にすればお得品だと思わせられる

TRICKキーワード　端数価格効果

「なんと2万円を切って1万9800円!」テレビの深夜番組で、司会者が大声を張り上げると、観客からは決まってワーッという歓声が上がる。通販番組だけでなく、コンビニやスーパーなど、世の中には価格の端数が「8」の商品があふれている。「8は末広がりで縁起がいい」という理由もあるが、実は、この末尾「8」には消費者に値頃感やお買い得感を与え、購買意欲を刺激する心理的効果があるのだ。

アメリカの研究者が行った面白い実験がある。通信販売でドレスの価格調査をしたところ、通常34ドルのドレスを39ドルに値上げして販売したほうが、注文数が3倍以上に増えたというのだ。

日本でいう端数「8」は、アメリカでは「9」。この実験でわかったことは、人は、価格の安さよりも「お得感」のほうにつられる傾向があるということだ。言い換えれば、端数「8」や「9」の商品は、ぼったくられている可能性が否めないということ。

また、この端数トリックは、端数にする

これができれば
あなたは…

賢い奴

消費者も気づいているのにやっぱり引っかかる⁉

だけで無意識のうちに消費者に企業・商店のいいイメージも植え付けているのだ。たとえば、本来１５００円の商品を１９８０円の値段をつけて売るとする。消費者はまさか値上げされているとは思わず、２０００円の商品が値引きされていると思い込む。つまり、企業側ができるだけ安く商品を提供する努力をしていると消費者は勘違いし、「安くてハッピー、しかもいい企業ね！」となるわけだ。たとえ戦略とうすうす気づいていても、消費者はなぜか「８」に引かれてしまう。それだけ人は「お得」に弱いということだ。

悪魔の格言

端数「8」の商品は割り引きではなく値上げされていると思え

悪魔の実践度チャート

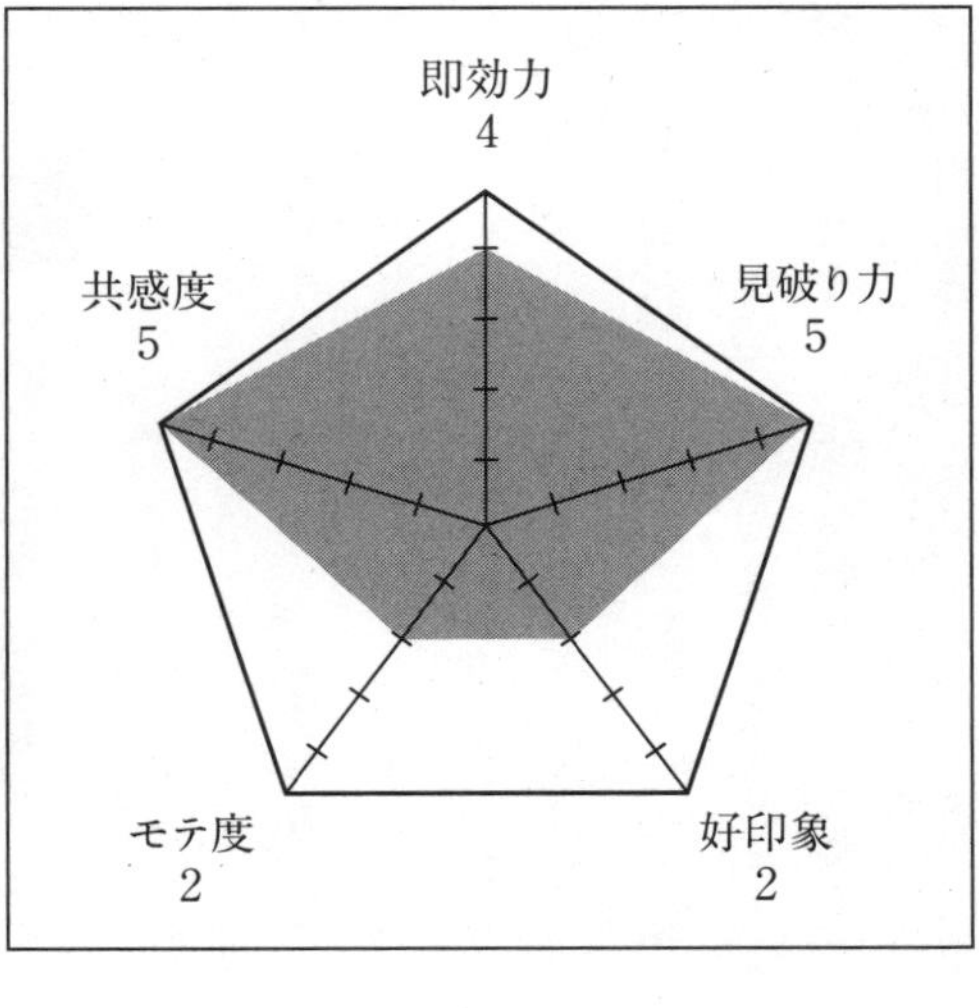

錯覚心理学 11

ビタミンC1gより1000mg！桁がデカいと量が多く見える

TRICKキーワード
単位変換

栄養ドリンクや健康食品などでよく見かける「○○1000mg配合！」の記述。学生時代に習った単位を思い出してみると「1000mg＝1gでは？」と感じることがあるが、実際「ビタミンC1g配合」と「タウリン、ビタミンC1000mg配合」と記載されているパッケージを見たとき、どちらの商品を手に取るだろうか。1桁と4桁の2つの数字を見たとき、人は、桁数が多いものほど「大きい数字」と認識する。「g」か「mg」かを意識する前に数字のほうに目がいくために、ほとんどの人が「1000mg」配合のほうに手を伸ばすはずだ。

また、桁数の多い細かい数字が使われる裏には、メーカー側のこんな心理作戦もある。「我が社は非常に細かい分量の成分を正確に調合、配合できる。だから我が社の製品は安全で安心して服用いただけるはず。買ってね」というわけだ。

桁の大きな数字を見たら、1を1000だとごまかされていると疑ってかかって間違いはないだろう。

これができれば
あなたは…

賢い奴

1万円と10000円
どっちが多く見えますか？

悪魔の格言

デカい数字が書かれた栄養ドリンクは要注意。実際は「大したことない」可能性大

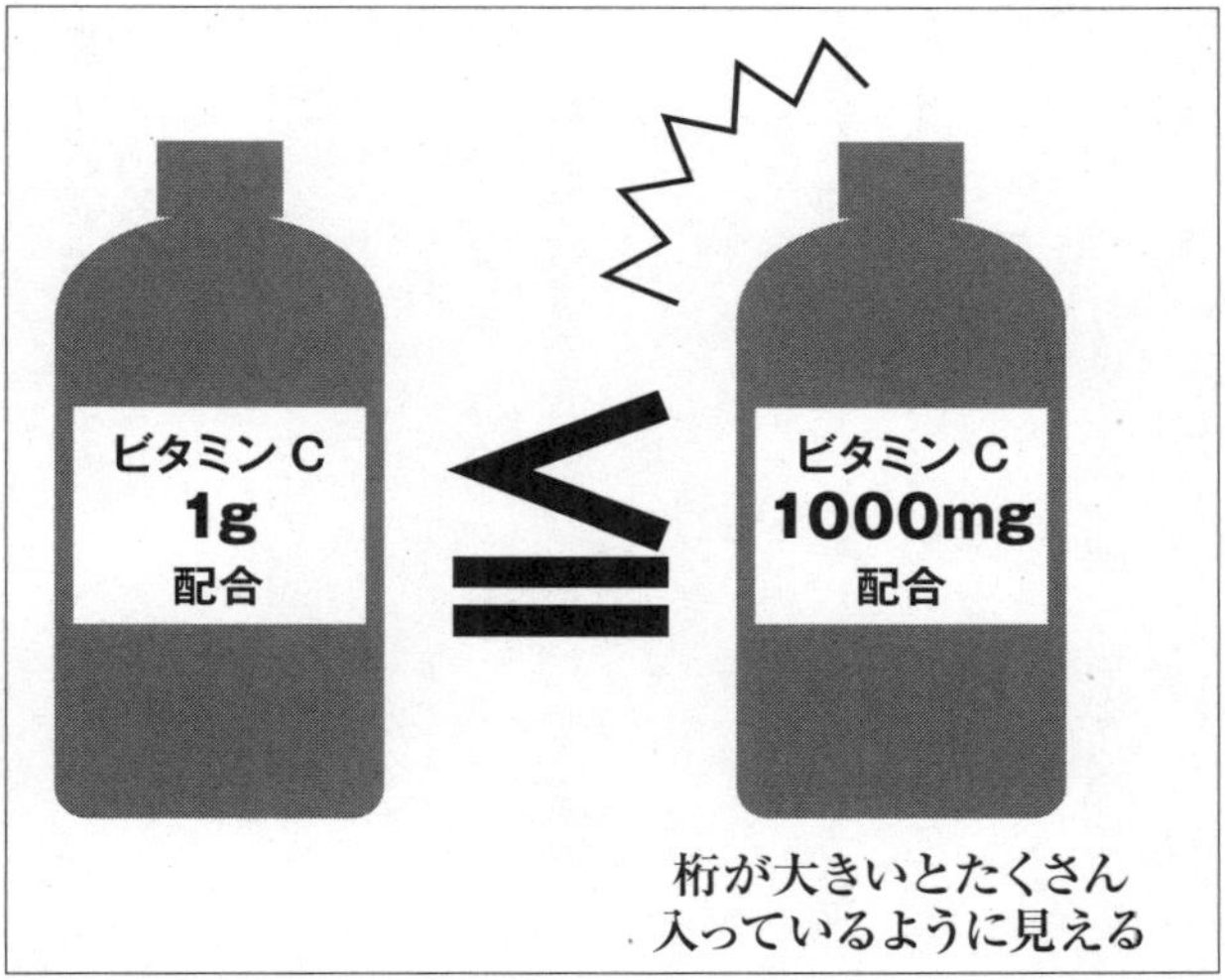

悪魔の実践度チャート

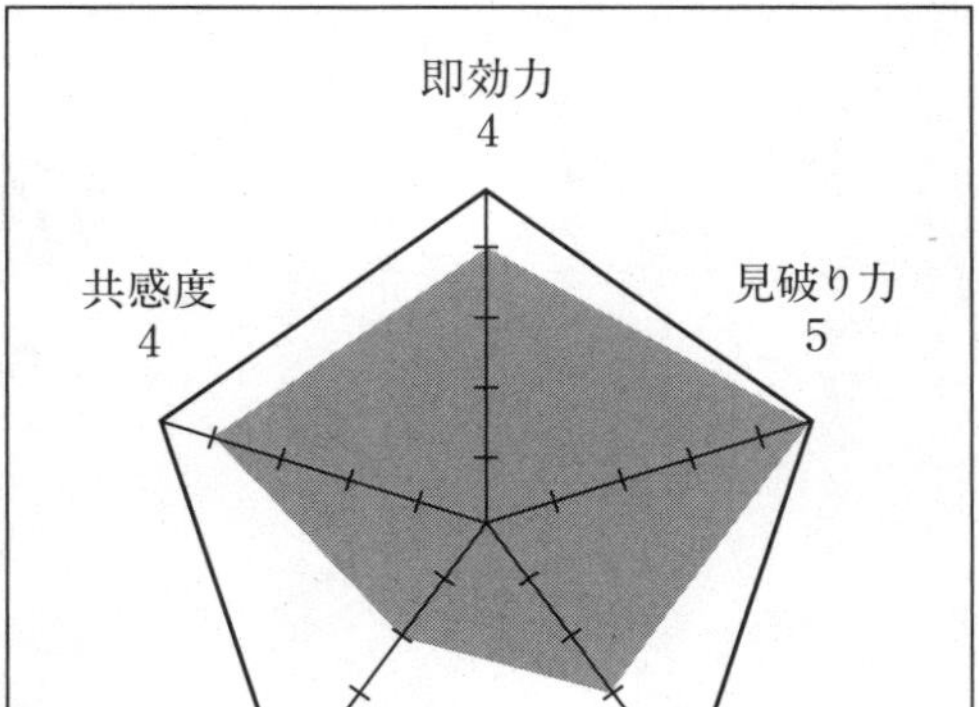

錯覚心理学

商品は何かでたとえると実物以上のよい物に見える

TRICKキーワード　比喩表現

これができれば
あなたは…

デキる奴！

「たとえ話」ができるかが
売れる商品への分かれ道

モノがあり余るこの世の中。自分の会社の商品と同じような商品を作っている会社はゴロゴロある。そんな中から「ウチの商品」を消費者や営業先に選ばせるには、それなりの営業スキルが必要だ。

でも実は、商品を説明する際に、ちょっとした比喩を使うだけで、自社製品に付加価値をつけ、「この世にたったひとつの物」にすることができる。

ある製紙メーカーの営業マンが営業先の相手からよく聞かれることがあったそうだ。

「量販店で売ってるのと同じでしょ？　どうしてあなたのところから買わなければならんの？」

相手の言うことも一理ある。確かに、今時どんな紙でもお店で買える。しかし、営業マンとしてそのまま引き下がるわけにはいかない。そんなとき、彼はこう答えたそうだ。

「だって、薬局で買える薬と、医師が処方する薬は違いますよね？　確かに紙もどこでも買えるでしょう。しかし弊社の紙は、きちんとおすすめさせていただきたい相手さんにしかお売りしていないものなのです」

こう答えると、営業先の相手は、ああそうか、市販の物よりも特別なのか、と思うと同時に、「プロ意識」をくすぐられる。そうなると、「じゃあ、もっと話を聞かせてくれよ」と俄然商品に興味を示すのだ。

別の例でいえば、「この商品はいわば、店頭には並ばない宝飾品と一緒で……」でもよい。このように、わかりやすく、かつ特別感をあおるような『比喩表現』を使うと、相手は無意識のうちに、提示された商品以上の価値をその商品に抱きはじめるものなのである。

悪魔の格言

営業マンには、つまり何？　たとえばどういうこと？　をぶつけて話を短縮させろ

悪魔の実践度チャート

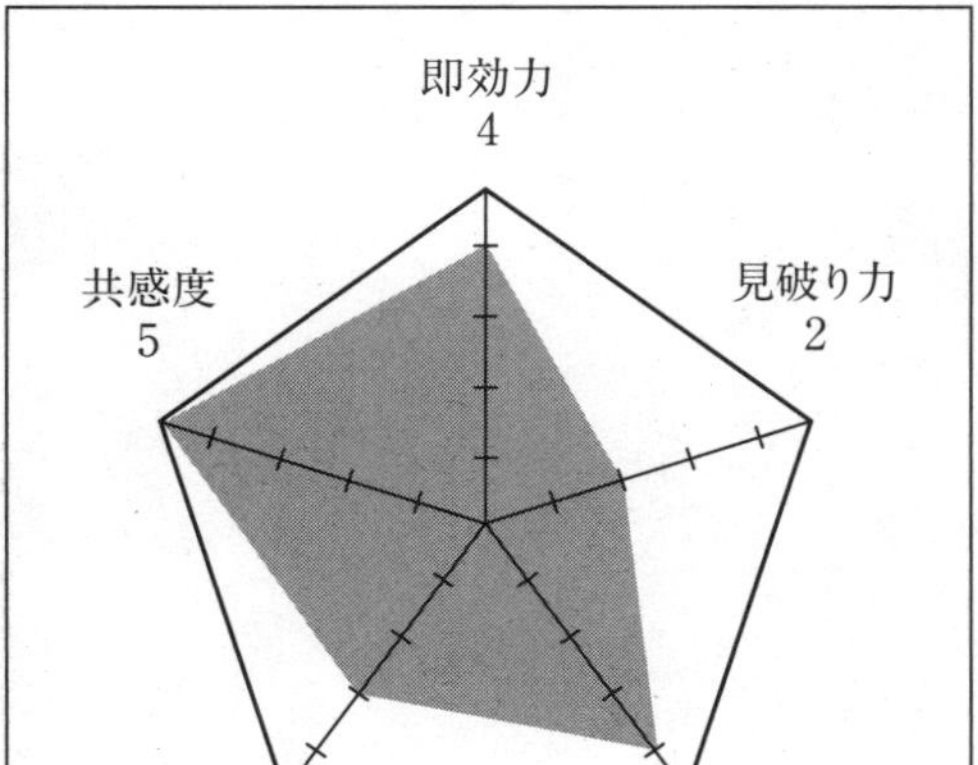

錯覚心理学

値下げ交渉は話をすり替えてお断り

TRICKキーワード　リフレーミング

営業先で、「この価格では上司を納得させられない。再検討してよ」と言われた営業マンは、どのように切り返すと契約に近づけるだろうか。

1「この商品は高品質な素材を使用しているため決して高い価格設定ではありません」

2「では、再検討いたします」

3「そうですよね。○○さんのおっしゃるとおり、上司の方がキーマンですね。ですから、ふたりで一緒に上司の方を説得しましょう」

これができればあなたは…

賢い奴

聞く相手によって言い回しを変えるのだ！

1は相手に反論してしまい、印象が悪くなり険悪な雰囲気になりかねない。2は「再検討する」ことで相手の要求を飲み込み、完全に相手にペースを譲ってしまっているパターン。そして3は、今までの枠組みを取り払い、違う枠組みで見ることで論点をうまくずらすことに成功しているといえる。相手に同意しつつ、営業マンの誘いにノッたほうがよさそうな印象を与えている。このように今の枠組みを取り払って、違う枠組みで物事を新しく定義することを『リフレーミング』という。

政治家の演説でもこの手法が多用されている。企業優先の経済政策について、市民に訴える場合と党内で主張する場合の言い回しは異なる。

たとえば、市民の前では「給与を上げても会社がやっていけるようにしていきたいのです」と演説するとする。しかし、党内では「企業の活力を伸ばして、経済成長させるべきだ」というのだ。

同じ物事が見方によってプラスにもマイナスにも感じられる。相手に同調しながら、こちらの都合に合わせて枠組みを変えるといいだろう。

悪魔の格言

同じ内容も見方を変えて論点をずらせ!!

悪魔の実践度チャート

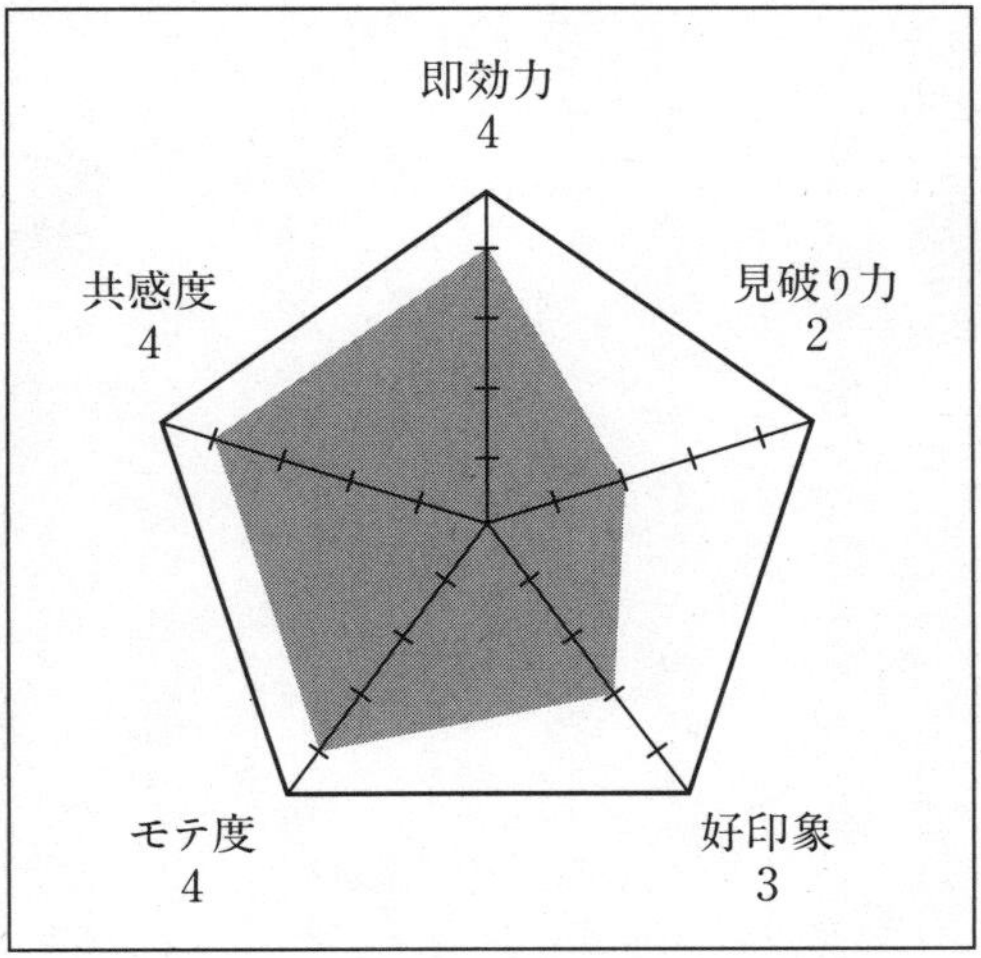

錯覚心理学

偉い人の言葉を使えば簡単に上司を出し抜ける

TRICKキーワード　権威付け

自信のある新商品のプレゼンテーションのとき、取り引き先の部長が首を縦に振らない。そんなときは「東大の○○教授の研究結果からこのような商品のニーズがあると思われます」と言ってみよう。部長も急に耳を傾けはじめる。

人は「権威」や「専門家」の意見を素直に信じてしまう傾向がある。東大教授などの専門家や、芸能人・タレントなどの有名人、社会的地位がある人たちの言葉を信用してしまうのだ。情報の発信者がその手の専門家であれば情報の信用度もアップ。「専門家の○○さんが」と付け加えるだけで、あなたの発言が専門家の発言であるかのように受け取ってしまうのだ。たとえば、テレビの防犯特集の特番で解説者として登場するのが元警視庁の○○さんや元空き巣犯の○○さんなど専門家たちだ。元刑事の言葉は説得力があるかもしれないが、元犯罪者の言葉でも妙に視聴者は納得してしまう。持ち出す人物は、相手が尊敬している人物ほど聞き手の関心は高まるだろう。

これができればあなたは…

普段から説得力のある偉い人の言葉を集めよう

悪魔の格言

お偉いさんを丸め込むには、さらに上をいくお偉いさんの名前をメモっておくべし！

悪魔の実践度チャート

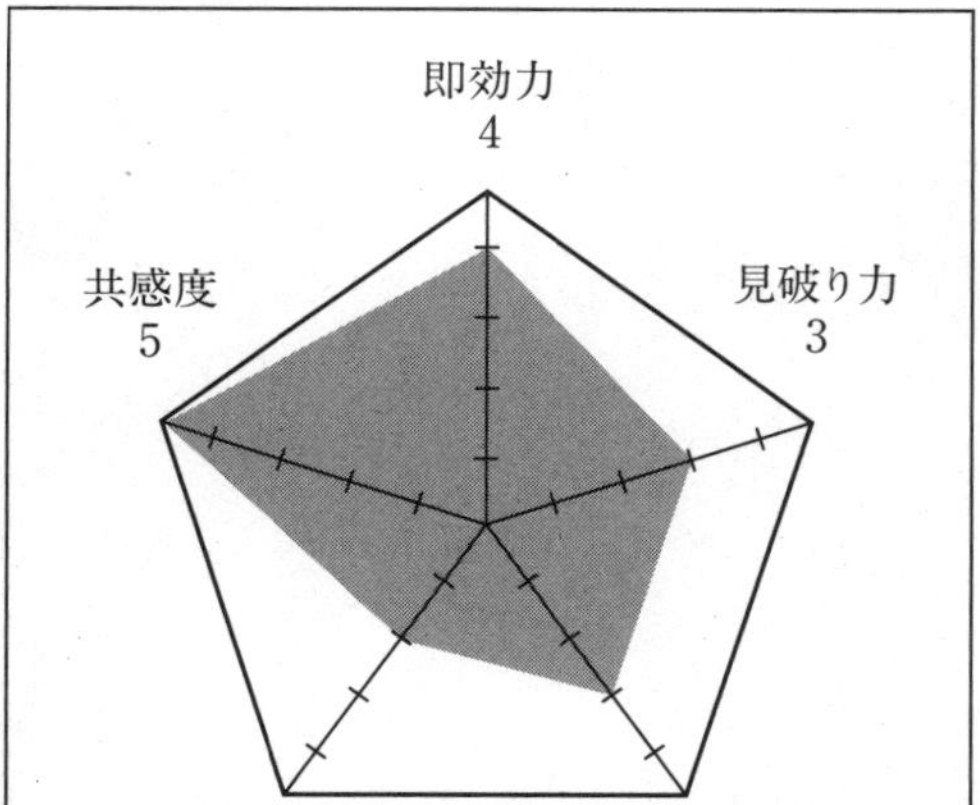

相手から見て右側に陣取ればすごい奴だと思われる

TRICKキーワード　**視的文法**

ビジネス会議や食事会、合コンなどの席順を選択する際、上下左右を意識している人はどれくらいいるだろうか。人間がものを見る場合、ある法則が存在する。人は、自分から見て左側より右側に見えるもののほうが、また下より上に見えるもののほうが「優位」に感じるというものだ。左の図だと、頭上に星マークがある人物のほうがない人物よりエラく見られているのである。これは『視的文法』と呼ばれ、利用した配置はさまざまなシーンで見られる。

代表的な例として、舞台の花道が挙げられる。歌舞伎座や国立劇場などの花道は、すべてが左から右へと引いてある。物語の山場に合わせて左から右へ移っていくことで人々に注目させ、緊張感、興奮感をあおっている。テレビの中でも顕著で、お笑いコンビではボケが左でツッコミが右の場合が多いのも同様だ。

このように、視線で心理的アドバンテージを握ることで、社会でライバルよりよい人生を送ることが可能なのだ。

これができれば
あなたは…

デキる奴！

右側を気にする奴には要注意！　その上を行け!!

悪魔の格言

常に相手の右側を取れ！　心理的優位はアナタのもの!!

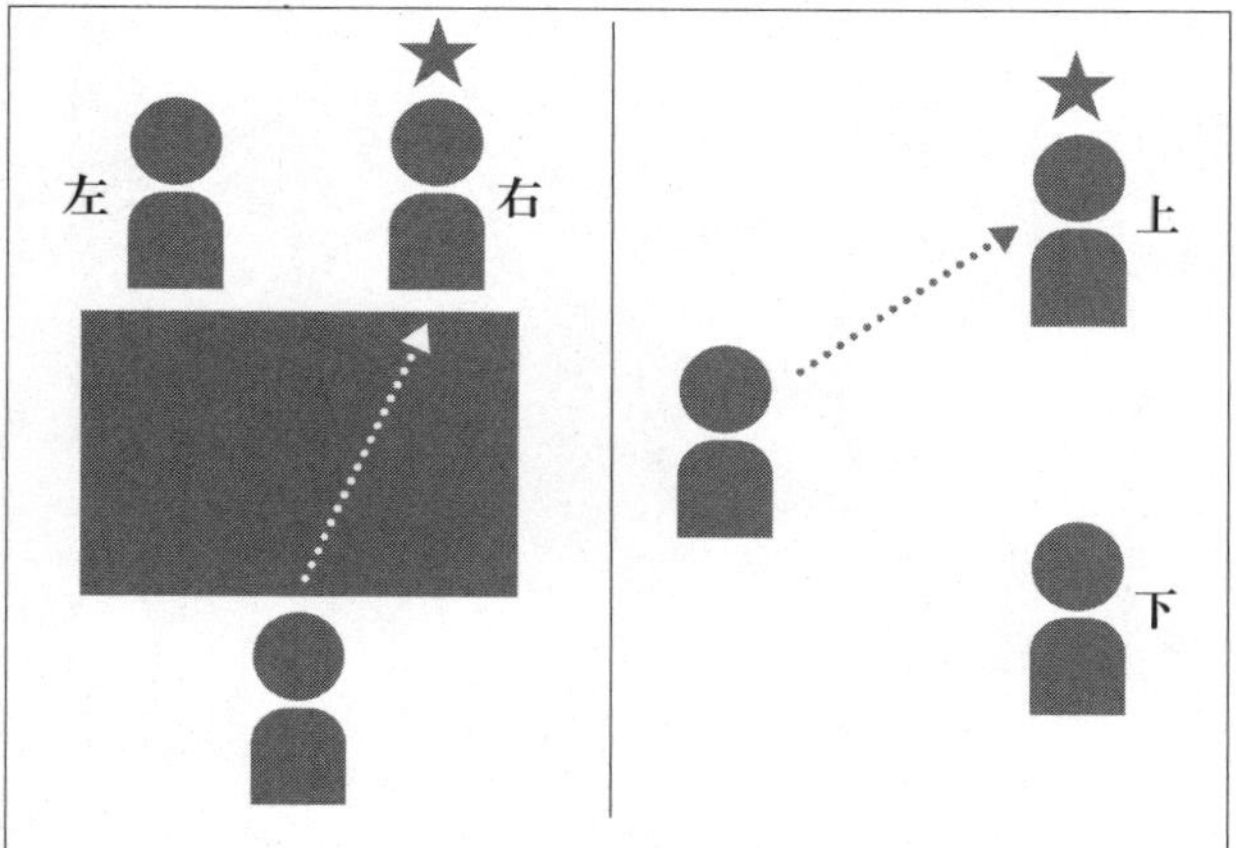

人は向かって右側、
目線が自分より上の人に好感をもつ

悪魔の実践度チャート

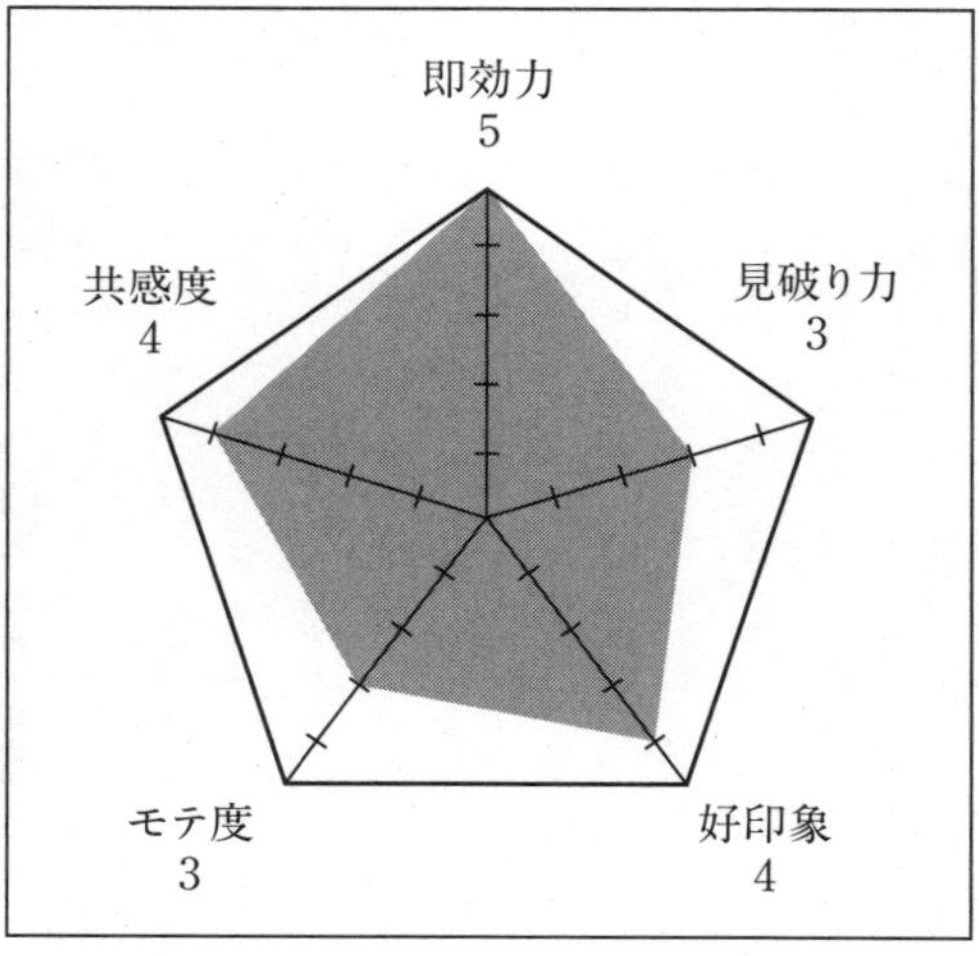

錯覚心理学

大きなウソは小さなウソを重ねればバレない

TRICKキーワード
ウソ

仕事や恋愛で、細かいことを気にしすぎるあまり、大きなことを見逃してしまうことはないだろうか。小さなことは目につきやすく、よく見える場所にあるので発見しやすいが、大きな物事は視野を広げなくてはならず発見しにくい。それで物事の本質を見失ってしまっては「木を見て森を見ず」状態だ。

たとえば、ライブなどはほとんどの場合、撮影機材が持ち込み禁止になっているが、見える場所にデジタルカメラを持っていれば、それを取られることはあっても別の携帯カメラが見つかる可能性は低くなる。

この場合、「撮影機材の持ち込み」という大きなウソを通すために、意図的に「デジタルカメラを目のつくところに持っていく」という小さなウソを見せている。この小さなウソで、相手の目をくらませることに成功したのだ。

人は見えるものしか意識することができない。その見えるものの印象を強くすることによって、本来なら見える大きなものも

これができればあなたは…

賢い奴

人にウソをつくときは知恵を使うのも大切

隠すことができるというわけだ。

会議などで、一つひとつの具体的なアイデアを議論しているうちに、だんだん収拾がつかなくなって何を話しているのかわからなくなったという経験は誰にでもあるだろう。「木を見て森を見ず」という言葉もあるように、目の前のものを見つつ全体を把握するのはなかなか難しいことなのである。

目先のテーマに目を奪われて、すべてが正しい方向に流れていくだろうという思い込みは容易に人の目を欺くもの。小さなウソはすぐにバレるが、目先のことに注目させるか、させないかで、大きなウソが通る可能性大。

悪魔の格言

注目と思い込みで大きなウソは素通りする!!

悪魔の実践度チャート

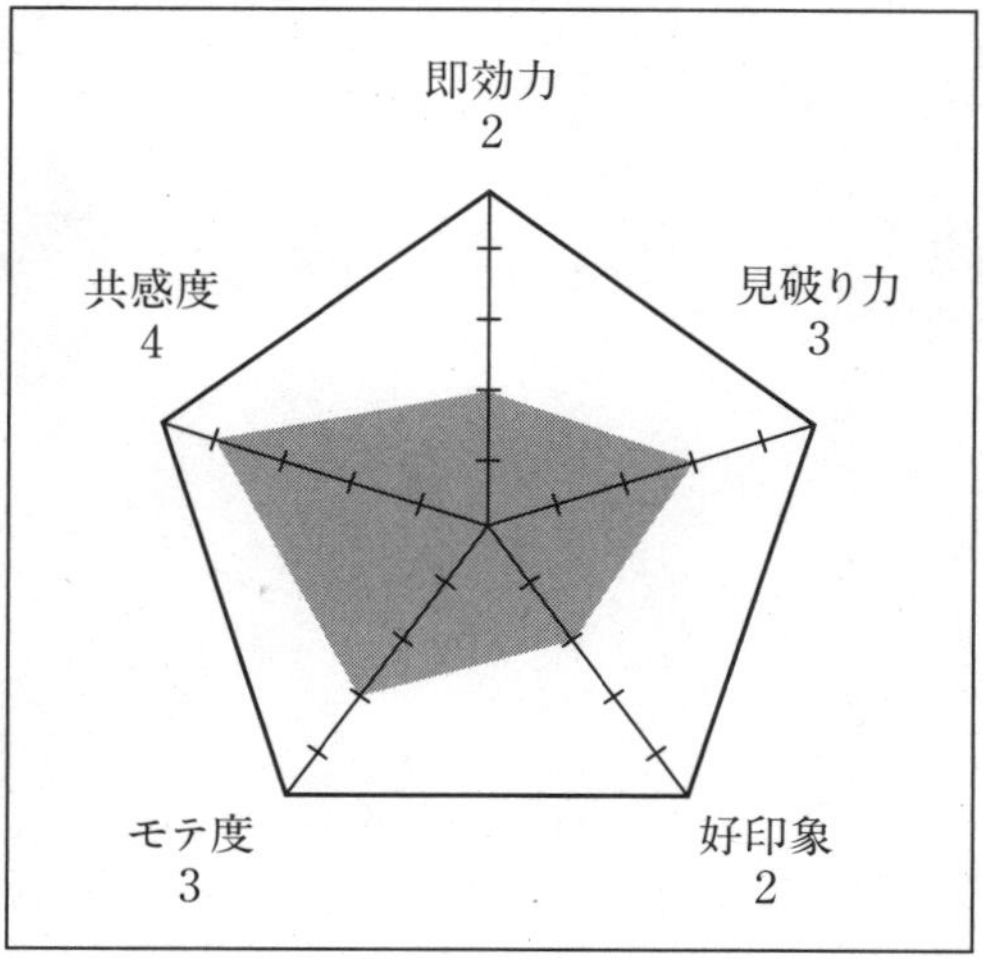

錯覚心理学

褒めるときは倒置法を使うと社交辞令だとバレない

TRICKキーワード　倒置法、反復法

キラキラとした眼差しで発言者の話を一生懸命聞き、終わったら興奮気味に「いいお話でした、本当に‼」と言われたら、誰しも悪い気はしないだろう。むしろ、その聞いてくれた相手に好印象を抱く。

こういったリアクションの言葉で気を配りたいのが、文法である。

「本当にいいお話でした！」

「いいお話でした、本当に！」

どちらがより感動を伝えられるかというと、おそらく後者だろう。はじめの文は、文法に忠実で、相手側からすると冷静さが感じ取れる。2つ目は「本当に」が強調されて、「本当に感動してくれたのだ」と感じるはずだ。あえて文法を崩すことで感情表現が豊かになり、言葉の意味にインパクトが増す。

「素敵な時間でした。とても素敵な時間でした。とてもとても」

「尊敬です。大変尊敬します。勉強熱心なんですね」

これらは、国語の文法でいうところの『倒

これができればあなたは…

やりすぎで白々しくならないように注意が必要‼

置法』や『反復法』と呼ばれるものを利用している。文字に表すとおかしいが、聞いている側の感覚に直接訴え、発言者の感情にリアリティが増し、気持ちがうまく相手に伝わるのだ。

さらに行動や表情をそれらしくすれば、こちらの感情がより相手に伝わりやすくなる。目を輝かせたり、両まゆを上げたり、身ぶり手ぶりで訴えるのだ。これらが意識的にできれば、相手はいい気分になり、その後の会話もうまく運ぶだろう。

しかし、当然ながら、やりすぎるのはNG。感情表現ばかりで何を言っているかわからない場合は控えたほうが得策だ。

悪魔の実践度チャート

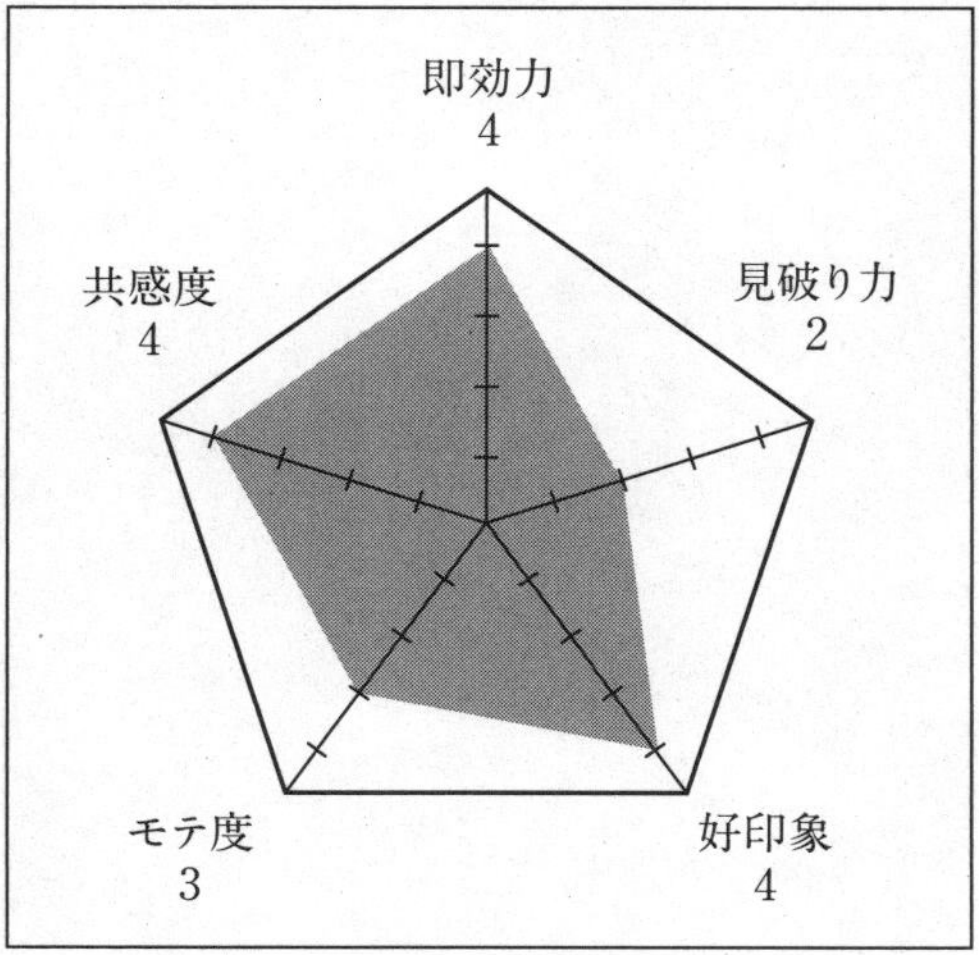

悪魔の格言

オーバーなはちゃめちゃ口調で相手を褒めちぎれ!!

あなたの本性がわかる
心理テスト⑩

どんな願望を隠し持っているのか!?
心の奥の本当の欲望がわかる!

問題1

社運のかかった大事なプレゼンを任されたあなた。本番成功のため、事前にどんな準備をしますか？

C	A
特別気負うことはなく、いつもと同じ準備をして挑む	仲間と可能なかぎり何度も打ち合わせする

D	B
自分たちの企画がいかに凄いか噂を流しておく	プレゼンの準備は仲間に任せ、自分は関係各社に根回し

「報復手段」診断

ここぞという場面での立ち回りは、誰かに対しての復讐の計画のときにもそのまま表れるはず。あなたはどんな手段を使って相手に「倍返し」する?

C 直接対峙を望む熱血タイプの復讐者

普段通りに準備にいそしむあなたは、正面から相手に挑んでいくタイプ。何事にでもストレートさを好み、簡単に恨みを解消できる。拳と拳で直接殴りあえば、恨みを水に流して友情を築くことすら可能だろう。

A 計画の完璧な遂行を目指す完全主義者

入念な準備や協議を事前に行う慎重さは、裏を返せば執念の表れ。報復を実行するからには確実に相手を仕留めてやる、という強い意志も感じられる。用意周到に完全犯罪を目指す知能犯の傾向あり。

D ヘビのような執念で相手をとことん追い詰める

積極的に工作したり行動したりはしないが、情報を巧みに利用するあなた。相手のパーソナルデータを徹底的に集め、そのテリトリーに侵入してじわじわ追い詰めていくストーカータイプの復讐者だ。

B 根回し、恫喝、情報操作……裏工作ならお手のもの

根回しが重要だと考えたあなたは、外堀から埋めていく裏工作が何より得意。また、普通の人なら思いもつかない卑劣なことを平然と実行してみせる残虐性を持っていて相手を震え上がらせる。

問題2

森の中でふと気配を感じて振り返ると、そこには愛らしい妖精が。さて、その妖精はどこにいたでしょう?

C 箱の中	A 地面
D 柵の上	B 木の上

「ずる賢さ」診断

あなたの中の願望や避けたいもの、それに対してあなたが取る態度が妖精の位置や高さとなって暗示されるテスト。同時に嫌なものを避け、望むものを得るずる賢さの指標にも。

C 手柄は欲しいが面倒事は勘弁 要領のいいものぐさ者

「囲まれた箱の中」にいる妖精をイメージしたあなたは、嫌なことはすぐ誰かに押しつけようとするずる賢さの持ち主。方法としてはアリだが、面倒なことを押しつけられた周囲の人々はいい迷惑だ。

A 利益のおこぼれを求める 狡猾な腰ぎんちゃく

「地面」という低い地点をイメージしたあなたはそこまで狡猾ではない腰ぎんちゃくタイプ。上司にお世辞を言ったり、せいぜい逆らえない人間に媚びへつらったりする程度のかわいいものだ。

D 手柄を横からかっさらう 卑劣なハイエナ野郎

乗り越えるべき「柵や壁」を連想した人は、自分が楽することばかり考えている人。また、このタイプの中には人の手柄まで横取りしようとする、ずる賢いを通り越して悪党の域に達した人も。

B 成功のためなら犠牲もやむなし ハングリー精神旺盛な成り上がり

高いところにいる妖精をイメージしたあなた。出世欲や上昇傾向が強く、周囲を巻き込むほどのずる賢さの持ち主。必要とあらば、ライバルの足を引っ張って蹴落とすことだってやる。

問題3

通勤ラッシュの電車。男子高校生が、無理やり乗ってきたおじさんに足を踏まれてしまいました。このあと、男子高校生のとった行動は？

C　「すいません、痛かったのですが」と怒りを抑えて謝罪を求めた	A　身をよじるふりをしてカバンをぶつけた
D　出発したあと、ずっと知らん顔でおじさんの足を踏んでいた	B　他人に押し出されたついでにおじさんをはじき出した

「イジワル度」診断

人から嫌な思いをうけた場合、どんな方法で落とし前をつけようとするかであなたが普段どんな人にどれくらいのイジワルをしているのかがわかる。

A 好きな子はいじめたくなる 永遠の悪ガキ

相手へのダメージが少ない、ささやか仕返しを選んだあなたは、好きな人を困らせたくて、ついイジワルをしてしまうタイプ。しかし、あなたにとっては照れ隠しでも、相手は嫌気がさしているかも。

B 悪いことなんて知りません すました顔の優等生

チャンスに乗じてちゃっかり仕返しすることを選んだあなたは、普段はイジワルなんてまったくしない、公明正大な人。中にはその優等生的な態度から、逆にイジワルされてしまうことも。

C 誤りを正しただけなのに…… 誤解されがちな正義漢

自分にも他人にも厳しいあなたの行為は、相手を戒める当然の対応だとあなた自身は思っているはず。しかし、あなたに厳しくされるほうは誤解してあなたをイジワルな人だと思ってしまっている。

D やられっぱなしは性にあわない! 気の強いかんしゃく持ち

何倍にもしてやり返さないと気が済まないタイプ。周りもそんなあなたを恐れているので、イジワルしてくることはめったにない。しかし、過剰な仕返しは人が離れていく原因にもなりかねない。

問題4

結婚にともない一戸建てに引っ越したあなた。見学した物件は2階の廊下の突き当たりの窓だけが二重のすりガラスになっていた。その先には何があった?

C 隣家のバスルーム	A にぎやかな商店街
D マンションの壁や窓	B 電柱と電線

「詐欺師度」診断

防犯のために外から見えなくしているすりガラス。その先に何があると想像するかであなたの表裏の度合い、詐欺師度を確認することができる。

C

嘘も真実もない 同じコインの表裏

他人のプライベートな場所を想像したあなたは、表裏というよりも、異なる2つの人格を持つ人。昼は真面目なOL、夜は歌舞伎町を華麗に舞うキャバ嬢、といったように、見事に「別の顔」を使い分ける。

A

詐欺とは一切無縁 愛と信頼に満ちた常識人

賑やかな商店街に面しているから防音のために二重のすりガラスにした、という合理的かつ現実的な理由を選んだあなたは、まごうことなき常識人。誰からもそれなりに信用されそうです。

D

まさかあの人が!? 意外性ナンバーワン

自分の家の窓を二重すりガラスにする必要などないものをイメージしたあなたは、一風変わった裏の顔の持ち主。あなたが詐欺師になったら、首尾よく仕事をこなし、完全犯罪を行う知能犯になるだろう。

B

一歩間違えれば異常者!? ヤバい顔が見え隠れ

人にはとても見せられないような薄暗い裏の顔をもっており、しかもそれを自覚している人。とはいえ、人を騙すことに快感を覚えるほどではなく、詐欺師よりはむしろ異常犯罪者になる可能性大。

参考文献

『本当は怖い心理学』監修／齊藤勇（イースト・プレス）

『本当は怖い心理テスト』監修／齊藤勇（イースト・プレス）

『本当は怖い心理学 BLACK』監修／齊藤勇（イースト・プレス）

『板ばさみの人間関係から抜け出す技術』著／齊藤勇（こう書房）

『逆引き夢辞典　願いがかなう夢占い』著／梶原まさゆめ（主婦の友社）

『【精神の迷宮】心はなぜ壊れるのか』著／尾久裕紀（青春出版社）

『よくわかる心理学』監修／渋谷昌三（西東社）

『恋の深層心理テスト』監修／齊藤勇（宝島社）

『別冊宝島　わかりたいあなたのための心理学・入門』（宝島社）

『植木理恵のココロをつかんで離さない心理テク』監修／植木理恵（宝島社）

『他人の心がカンタンにわかる！ 植木理恵の行動心理学入門』監修／
植木理恵（宝島社）

『ズルくやれば 50 倍成功する！』著／内藤誼人（宝島社）

『人づきあいがグンとラクになる人間関係のコツ』監修／齊藤勇（永岡書店）

『図解雑学　恋愛心理学』著／齊藤勇（ナツメ社）

『図解でわかる　深層心理のすべて』編著／齊藤勇（日本実業出版社）

『図解でわかる　はじめての自己分析』著／榎本博明（日本実業出版社）

『夢からのメッセージと深層心理　夢辞典』
著／志摩ツトム、監修／渋谷昌三（日東書院）

『生活の心理学』著／西川好夫（日本放送出版協会）

『夢辞典　現在・過去・未来を占う夢分析』
著／トム・チェトウィンド　訳／土田光義（白揚社）

『なぜか仕事がうまくいく人の「図解」テクニック』著／齊藤勇（PHP 研究所）

『チャートで知る社会心理学』編著／藤原武弘・高橋超（福村出版）

『しぐさで見抜く相手のホンネ』監修／匠英一（扶桑社）

『怖いくらい人を動かせる心理トリック』著／樺旦純（三笠書房）

『「しぐさ」を見れば心の 9 割がわかる！』著／渋谷昌三（三笠書房）

『図解　心理分析ができる本』著／齊藤勇（三笠書房）

齊藤 勇（さいとう いさむ）

立正大学名誉教授。大阪経済大学客員教授。ミンダナオ国際大学客員教授。文学博士。主な編・著書・監修に『イラストレート人間関係の心理学』（誠信書房）、『人間関係の秘訣は、カーネギーに聞け』（三笠書房）、『マンガ　思わず使ってみたくなる心理学』（宝島社）など。

STAFF

編集　住友光樹、中村洋介（株式会社 G.B.）
デザイン　森田千秋（G.B. Design House）
DTP　徳本育民
イラスト　秋葉あきこ、水國奈津子

本書は小社より刊行した『悪用禁止！ 悪魔の心理学』（2012 年 7 月）、『悪魔の心理テスト』（2012 年 10 月）、『悪魔の心理操作術』（2012 年 11 月）を加筆・改訂のうえ、再編集したものです。

悪用禁止！ 悪魔の心理学大全

2015 年 9 月 25 日　第 1 刷発行
2024 年 11 月 21 日　第 13 刷発行

監　修　齊藤 勇
発行人　関川 誠
発行所　株式会社 宝島社
〒102-8388　東京都千代田区一番町 25 番地
営業　03-3234-4621
編集　03-3239-0928
https://tkj.jp

印刷・製本　株式会社 光邦

First published 2012 by Takarajimasha, Inc.
ISBN 978-4-8002-4564-9